"十二五"普通高等教育本科国家级规划教材
面向 21 世纪课程教材

TECHNICAL ECONOMICS

技术经济学概论

(第五版)

主 编 虞晓芬 龚建立 张化尧

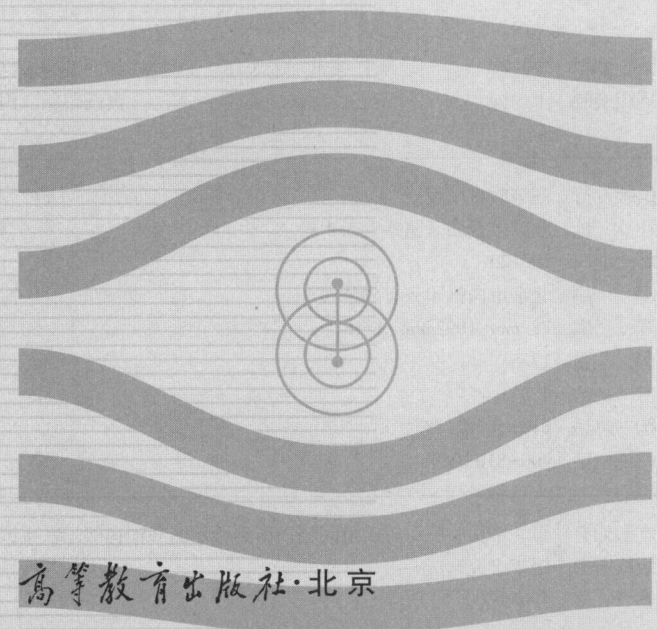

高等教育出版社·北京

内容简介

本书的第一版是教育部"高等教育面向21世纪教学内容和课程体系改革计划"的研究成果，前四版分别为"九五""十五""十一五""十二五"国家级规划教材，并被评为浙江省普通高校"十二五"优秀教材。

本书在第四版基础上修订而成，突出体现了技术经济学在日常经济活动应用中的时代性。本书延续了第四版的指导思想，旨在对高等院校工科学生加强经济管理基础知识教育，完善知识结构，促进经济观念、市场观念、竞争观念、效益观念和可持续发展观念的培养。本次修订沿用了第四版的知识安排顺序：导论、技术创新、经济性评价基本要素、经济性评价基本方法、不确定性与风险分析、设备更新与租赁的经济分析、价值工程、建设项目可行性研究、建设项目可持续发展评价。本次修订增加了便于移动阅读和学习的二维码链接，在案例更新中注重彰显中国特色，增加了体现中国智慧、反映互联网经济现象的创新事例，旨在培养学习者运用课本经典知识分析当前热点社会经济现象的能力。

本书可作为高等院校理工科各专业经济管理基础课的教材，也可供经济管理类学生和 MBA、项目管理硕士学员作为参考书，对工程技术人员、企业管理人员和教师也有很大参考意义。

图书在版编目（CIP）数据

技术经济学概论／虞晓芬，龚建立，张化尧主编. --5 版. -- 北京：高等教育出版社，2018.7（2021.12重印）
ISBN 978-7-04-049655-0

Ⅰ. ①技… Ⅱ. ①虞… ②龚… ③张… Ⅲ. ①技术经济学-高等学校-教材 Ⅳ. ①F062.4

中国版本图书馆 CIP 数据核字（2018）第 150776 号

| 策划编辑 | 牛 杰 | 责任编辑 | 宋志伟 | 封面设计 | 赵 阳 | 版式设计 | 马 云 |
| 插图绘制 | 于 博 | 责任校对 | 胡美萍 | 责任印制 | 田 甜 | | |

出版发行	高等教育出版社	网　　址	http://www.hep.edu.cn
社　　址	北京市西城区德外大街4号		http://www.hep.com.cn
邮政编码	100120	网上订购	http://www.hepmall.com.cn
印　　刷	北京市白帆印务有限公司		http://www.hepmall.com
开　　本	787mm×1092mm　1/16		http://www.hepmall.cn
印　　张	17.5	版　　次	1998年6月第1版
字　　数	420千字	印　　次	2018年7月第5版
购书热线	010-58581118		2021年12月第8次印刷
咨询电话	400-810-0598	定　　价	39.00 元

本书如有缺页、倒页、脱页等质量问题，请到所购图书销售部门联系调换
版权所有　侵权必究
物料号　49655-00

第五版前言

《技术经济学概论》一书的编写，一直遵循加强高等院校工科学生经济管理基础知识教育、完善工科学生知识结构，促进工科学生树立正确的市场观念、经济观念、效益观念，以更好地承担起通过技术创新创造更好的经济价值、社会价值，促进社会经济可持续发展的使命，本书同时也是教育部高等学校管理类专业教学指导委员会和高等教育出版社组织编写的系列规划教材之一。自第一版出版以来，本着与时俱进的态度，本书已经修订4次，累计印刷54次，销量超52万册。

本次修订在第四版加强建设项目可持续发展评价以适应建设环境友好社会的需要的基础上，重点体现在如下三个方面：一是便于移动阅读和学习。以智能手机、平板电脑为代表的智能移动终端发展迅速，已经成为人们必不可少的媒体接触工具，基于智能移动终端的学习越来越普遍，本次教材修改为增加移动学习的便利性，在每章都引入了二维码关联扩展阅读和知识点自测，可以更好地适应不同层次同学的深化学习需求。二是彰显中国特色，突出中国立场、中国观点、中国表达，对部分新闻链接和案例进行更新，特别增加了体现中国智慧、体现互联网经济现象的案例与创新事例，进一步突出了时代特色，注意与当前现实的联系，体现了当前经济发展的新气象。三是对部分章节内容进行了精简，如第八章的建设项目可行性研究，以体现时代特色，便于学习操作。

本次修订由汤临佳负责第一章，王飞绒负责第二章，李正卫负责第三章，周礼负责第四章，张化尧负责第五章、第六章，郭元源负责第七章，欧阳仲健负责第八章，虞晓芬负责第九章，虞晓芬、龚建立、张化尧负责统稿，乐颖同学进行全书素材格式整编和材料汇总。在本书的修订出版过程中，得到高等教育出版社的大力支持，在此表示衷心感谢。由于编者水平有限，书中错误和不当之处在所难免，望读者在阅读和使用过程中多提宝贵意见。

编　者

2018 年 5 月

第四版前言

随着信息产业的快速发展和互联网思维的产生，移动互联网、智能终端、大数据、云计算、高端芯片等新一代信息技术发展带动众多产业变革和创新。苹果公司的一代代产品创造了销售的奇迹，阿里巴巴成为全球最大的移动电商，小米公司创办后仅五年就成为亚洲安卓系统智能手机销售市场的领导者，去哪儿、58同城汽车之家等网站在美国成功上市，扭转了资本市场对于中国概念股的封闭态度，一个个垂直App卖出天价，打车软件备受资助烧钱圈地……研发重塑、生产重塑、销售重塑、协同重塑等颠覆了传统经济思维的新现象都极大地吸引了人们的眼球，挑动着年轻人的思维极限。《技术经济学概论》这本经典教材还能不能赶上时代步伐，帮助学子们拨云见日般地洞察社会经济现象，是本次修订的出发点。

延续前三版的积累，本次修订的基础仍是教育部高等学校管理类专业教学指导委员会和高等教育出版社共同确立的教育部"九五"国家级规划教材（第一版）、"十五"国家级规划教材（第二版）、"十一五"国家级规划教材（第三版）。教材的整体编写定位于对高等院校工科学生加强经济管理基础知识教育，完善工科学生的知识结构，促进工科学生树立经济观念、市场观念、竞争观念、效益观念和可持续发展观念，增强其社会适应能力。该教材自第一版出版以来，在国内高校中被广为使用，至今已经印刷40多次，累计销售近50万册。本书凝集着已故的浙江工业大学老校长吴添祖教授多年从事技术经济学研究的心得，在此也对吴添祖教授深表敬意与怀念！

为了突出时代特色，便于让学子们用本书所传达的知识和方法分析当前发生的实际问题，本次修订在相关章节增加了两个模块——新闻摘录和案例。新闻摘录的意图在通过提炼新闻报道的线索，帮助学子们把当前发生的社会经济现象跟相关章节的内容相联系，促进对当前热点问题的思考。案例则是通过对近几年的实践进行概括和编排，引导学子们运用相关章节的知识进行实战分析。除此之外，本次修订还对每章的关键概念进行梳理，列在章尾，便于大家进行检索和复习。结合第三版在教学中的反响，本次修订也对"不确定性与风险分析"中使用频率较低的部分内容进行了删减、对"建设项目可行性研究"中的综合应用分析题进行了简化。

本次修订由龚建立负责第一章，王飞绒负责第二章，李正卫负责第三章，周礼负责第四章，张化尧负责第五章、第六章，郭元源负责第七章，欧阳仲健负责第八章，虞晓芬负责第九章，汤临佳对第一章进行了补充。虞晓芬、张化尧负责统稿。在本书修订版出版过程中，得到了高等教育出版社的大力支持。在此谨表示衷心的感谢。由于编者水平有限，书中错误和不当之处在所难免，望读者在阅读和使用过程中多提宝贵意见。

编　者

2015 年 6 月 1 日

第一版前言

随着我国社会主义市场经济体制的建立和完善，对工科类学生加强经济管理基础知识教育已成为高等学校十分重要和紧迫的任务。加强经济管理基础知识，对于完善工科学生的知识结构，促进工科学生树立经济观念、市场观念、竞争观念、效益观念和可持续发展观念，提高学生素质，增强适应能力都具有非常重要的意义。

为此，国家教委高等学校管理类专业教学指导委员会和高等教育出版社共同组织编写了国家教委"九五"国家级规划教材——高等学校经济管理类基础课程系列教材，《技术经济学概论》是其中一本。本教材从工程师肩负的技术使命、经济使命和社会使命出发，着眼于工程技术人员的实际工作需要，吸收了国内外技术经济研究的新成果，在内容取舍与体系安排上作了新的尝试，除包括了技术经济评价理论、方法和应用外，特别安排了技术创新、可持续发展评价等内容。本教材适合工科类非管理专业本科大学生使用，也可供理科、经济管理类和 MBA 学生做参考用书。

本书第一章、第八章由吴添祖编写，第二章由虞晓芬编写，第三章、第五章由龚建立编写，第六章、第七章由杨思远编写，第四章由杨思远、虞晓芬、朱建荣共同编写。全书由吴添祖、虞晓芬总纂。

本教材的出版得到了国家教委高等学校管理类专业教学指导委员会的支持和指导。本书由徐大图教授主审，韩伯棠教授、张群教授参加了审稿。在出版过程中高等教育出版社傅英宝先生对书稿提出了许多宝贵意见，付出了大量辛勤劳动。在此谨向他们表示衷心的感谢。

尽管编者们在编写过程中做出了很多努力，但由于水平有限，特别是采用了新的体系，书中错误和不当之处仍在所难免，望读者提出宝贵意见。

编　者

1997 年 10 月

目　录

第一章　导论 …………………… 1

　第一节　技术与经济的关系 …… 2
　第二节　技术经济学研究的
　　　　　任务 …………………… 3
　第三节　工程师必须掌握技术
　　　　　经济学基本知识 ……… 8
　第四节　技术经济分析的一般
　　　　　过程 …………………… 10

第二章　技术创新 ……………… 13

　第一节　技术创新概述 ………… 14
　第二节　技术创新的过程模式 … 19
　第三节　技术创新战略及其
　　　　　选择 …………………… 25
　第四节　技术创新组织形式 …… 30
　第五节　商业模式创新 ………… 32
　第六节　知识产权保护与技术
　　　　　创新 …………………… 35

第三章　经济性评价基本要素 … 41

　第一节　经济效果 ……………… 43
　第二节　现金流量 ……………… 45

　第三节　投资与资产 …………… 48
　第四节　固定资产折旧 ………… 50
　第五节　成本 …………………… 53
　第六节　税金与税收 …………… 58
　第七节　销售收入、利润和
　　　　　利润率 ………………… 60
　第八节　资金时间价值及其等值
　　　　　计算 …………………… 62

第四章　经济性评价基本方法 … 77

　第一节　投资回收期法 ………… 78
　第二节　净值法 ………………… 82
　第三节　内部收益率法 ………… 87
　第四节　其他效率型指标 ……… 91
　第五节　多方案经济评价方法 … 95
　第六节　运用 Excel 计算评价
　　　　　指标 …………………… 107

第五章　不确定性与风险分析 … 119

　第一节　投资风险与不确定性
　　　　　概述 …………………… 120
　第二节　盈亏平衡分析 ………… 123
　第三节　敏感性分析 …………… 130

第六章　设备更新与租赁的经济分析 …… 137

第一节　设备的磨损及其寿命 …… 138
第二节　设备更新的经济分析 …… 144
第三节　设备租赁的经济分析 …… 147

第七章　价值工程 …… 157

第一节　价值工程的基本原理 …… 158
第二节　价值工程的基本内容 …… 164
第三节　方案的创造与实施 …… 175
第四节　价值工程案例 …… 181

第八章　建设项目可行性研究 …… 191

第一节　可行性研究概述 …… 192
第二节　市场预测与建设规模 …… 194
第三节　原材料、能源及公用设施分析 …… 199
第四节　厂址选择 …… 202
第五节　工艺技术路线选择 …… 205
第六节　环境影响评价 …… 207
第七节　财务基础数据估算 …… 209
第八节　建设项目财务分析 …… 213

第九章　建设项目可持续发展评价 …… 223

第一节　可持续发展的概念与内涵 …… 224
第二节　建设项目可持续发展评价 …… 229
第三节　建设项目资源与能源利用评价 …… 231
第四节　建设项目环境可持续发展评价 …… 233
第五节　建设项目社会评价 …… 239
第六节　建设项目后评价概述 …… 242

附录　复利系数表 …… 247

参考文献 …… 267

第一章
导 论

学习指导：本章以引导对课程的学习、理解为目的，对课程设置的目的、理论体系、章节安排作了具体的介绍。要求从理解技术与经济的关系着手，掌握技术经济学研究的主要内容，理解工程师承担的技术经济使命与本课程基本理论之间的关系，对项目技术经济分析的一般程序有所了解。

新闻摘录　苹果的失败产品

据国外媒体报道，10余年来，苹果借助iPod、iPhone、iPad等一系列产品获得繁荣，但却有一个例外。2006年面市的Apple TV是一款机顶盒，可以用于播放电影和其他数字内容。该产品的销量至今不到300万台，而iPad上市3个月的销量就达到了这一数字。

Apple TV的最大障碍

苹果Apple TV最大的障碍在于，他们没有权利按照自己想要的方式来出售电视节目。三名与苹果进行过谈判的传媒行业高管表示，内容制作商每年都能够通过有线电视运营商获得数十亿美元的收入，由于担心因此而惹恼了这些有线电视运营商，因此，他们拒绝与苹果合作推出付费服务。消费者原本能够通过自选模式购买他们喜欢的频道，而不必一次性购买数百个从来都不看的频道。

上述传媒行业高管表示，苹果2010年春天放弃了这个想法，不再继续寄希望于取代有线电视公司，而是将注意力放在通过多个设备观看相同的内容上。参与谈判的高管透露，苹果并没有要求内容制作方大幅降价，而是申请了租赁权，并以每集0.99美元的价格出租这些剧集。

尽管明知很难成功，但内容制作商的高管还是在借助各种方式拓展全新的电视播放方案。Netflix、雅虎和亚马逊都已经与手机厂商、电视制造商和其他硬件公司签订了协议。谷歌也推出了类似的服务，与索尼和罗技共同开发机顶盒。最终，只有新闻集团旗下的20世纪福克斯和迪士尼旗下的ABC允许苹果提供内容出租业务。对于新闻集团而言，这一业务还处于试用期。

Apple TV 的花费

产品价格：Apple TV 售价为299美元，不包括电源线外的高清晰度多媒体接口（HDMI）、色差等其他数据连接线。

后续费用：在 iTunes 上下载影片新片的价格在预订和第一周时间里是每部12.99美元，此后是14.99美元，图书馆中的老电影价格为每部9.99美元。

资料来源：BW 中文网相关报道，2010-09-05.

第一节 技术与经济的关系

技术和经济在人类进行物质生产、交换活动中始终并存，是不可分割的两个方面。两者相互促进又相互制约。技术具有强烈的应用性和明显的经济目的性，没有应用价值和经济效益的技术是没有生命力的。而经济的发展必须依赖于一定的技术手段，世界上不存在没有技术基础的经济发展。技术与经济的这种特性使得它们之间有着紧密而不可分割的联系。

任何新技术的产生与应用都需要经济的支持，受到经济的制约。综观世界各国，凡是科技领先的国家或产品超群的企业，无一不是在研究与开发上高投入的。美国、日本、德国、英国、法国等国家的研究与开发费用在20世纪80年代就已占国民生产总值的2.3%~2.8%，而发展中国家由于经济发展水平的制约大多在1%左右。对企业来说重大的技术革新需要大量的投资，冒很高的风险。例如，德国西门子公司的电气技术专利约占德国该方面专利数的1/4。西门子每年有上万项发明和创新，除了该公司多年的技术积累外，主要得益于研究与开发经费的高投入，其经费每年高达20多亿马克。又如美国研制一类新药一般需要投入数亿美元经费，以及10~12年的开发周期。一般重大技术创新，往往都要经过基础研究、应用研究和开发研究，不但周期长、耗费多，而且风险大。据统计，美国基础研究的成功率为5%左右，技术开发的成功率为50%左右。一旦研究开发失败，经济上要承受相当大的损失。因此，没有雄厚经济实力的企业是难以支撑重大新技术的研究与开发的。

但同时，技术的突破将会对经济产生巨大的推动作用。综观世界的经济发展史与技术发展史，无论从世界层面上还是国家层面上，都可以清晰地看到这一点。从世界层面上，科技革命导致了产业革命，产业革命引起的经济高涨又对新技术提出了更高的需求，提供了更好的经济支持，从而引发了新一轮的技术革命。每一轮的技术革命又引发了新兴产业的形成与发展，世界的经济就在这种周而复始的运动中得到高涨、繁荣与发展。

18世纪的工业革命，蒸汽机的出现取代了人们的繁重体力劳动，产生了现代意义上的冶金、纺织、机械制造、交通运输业，使手工作坊转向机器大生产，产生了现代意义上的工厂，引发了社会生产力的巨大变革。工业革命使生产效率提高到手工劳动的百倍以上，极大地推动了经济的高涨，发展了的经济又对新技术提出了更高的需求，孕育了以电子、电机应用和无线电通信等为代表的新技术，促成了第二次技术革命的发生，以电力时代取代了蒸汽机时代，使得社会生产力又产生了一次新飞跃。以信息科学为代表的新技术革命将人类从工业化时代带入信息时代，必将再次引起社会生产力的更大飞跃。技术革命与经济高涨交替作用，周而复始，推动着人类社会的不断进步。

从国家、企业的层面上观察，一个国家、一个企业的兴衰从根本上是由技术创新及其有效性决定的。比较一下20世纪的富国排行榜与当今的富国排行榜，保持领先地位的国家和后来居上的国家和地区，无一不是依靠富有成效的技术创新（除了极个别石油资源特别丰富、人口又稀少的国家外）。其中最典型的是资源稀缺的日本，从20世纪初的前20名之外，一跃成为名列前茅的佼佼者。而20世纪一些依靠资源而富有的国家，由于不在技术创新上大力投入，到今天许多已名落孙山。美国王安计算机公司曾盛极一时，王安本人亦曾为美国第五大富豪，由于该公司未及时跟上计算机转型创新步伐，终于败给了IBM公司和苹果公司，使企业濒临破产。而以BATJ（百度、阿里巴巴、腾讯、京东的缩写）为代表的新型企业依靠技术创新和商业模式创新，快速占领了市场，并基于此塑造了全球性的商业巨头。其中，阿里巴巴2010年以来深度介入大数据、云计算、智能商务等技术创新领域，创造了支付宝、蚂蚁金服、菜鸟物流、跨境电商等一系列新业态，全球竞争能力快速提升。

中华人民共和国成立以来，特别是改革开放以来经济增长保持高速度，除了由于生产关系的变革解放了生产力外，主要得益于技术创新。我们引进了大量的国外技术（包括"一五"期间从苏联引进的156个项目和改革开放后引进的数千个项目），建立了现代化的汽车工业、飞机工业、钢铁工业、石油化学工业、通信工业、电力能源工业等基础工业，向中小企业扩散了大量的适用技术，使得过去很多需要进口的产品能自己生产了。进入新千年后，我国经济体制改革不断深化，从而推动了大批民营企业做大做强，社会生产能力大幅提升，一举扭转了经济短缺的局面。党的十九大报告明确提出，当前我国社会矛盾已发生根本性变化，这一论断也更加要求全社会借助技术革新和产业升级来满足人民群众的需求升级。

综观世界、国家与企业的兴衰交替，可以得出一个明确的结论：一方面，发展经济必须紧紧依靠技术创新与技术进步，科学技术是第一生产力；另一方面，技术的进步要受到经济条件的制约。技术与经济这种相互促进、相互制约的关系，使任何技术的发展和应用都不仅是一个技术问题，同时又是一个经济问题。

第二节　技术经济学研究的任务

技术经济学是一门技术学与经济学交叉的学科，它是应用经济学的一个分支。应用经济学是指应用理论经济学的基本原理，研究国民经济各部门、各个专业领域的经济活动规律，或进行经济效益、社会效益的分析而建立的经济学科。技术经济学是一门应用理论经济学的基本原理，研究技术领域经济问题和经济规律，研究技术进步与经济增长之间的相互关系的科学，是研究技术领域内资源的最佳配置，寻找技术与经济的最佳结合以求可持续发展的科学。

技术经济学研究的任务主要有下列三个方面：

一、研究技术方案的经济效果，寻找具有最佳经济效果的方案

随着社会化大生产的发展，技术已从各种生产工具、装备和工艺等物质手段，即物化形态的"硬技术"，发展到"广义技术"。广义技术是指把科学知识、技术能力和物质手段等要素结合起来所形成的一个能够改造自然的运动系统，包括硬技术与软技术。技术的广义性以及技术应用的普遍性，使得人们注意这样一个命题：技术的应用是否有某种限度？

分析这个问题，我们不妨观察一下早期的资本主义社会。资本家是不是一定愿意用技术装备代替工人的活劳动呢？这要看使用技术装备减少雇佣工人能否给资本家带来超额利润。也就是说，资本家要做一个经济决策，是多用技术装备少用工人合算，还是少用技术装备多用工人合算。马克思是比较早又比较深刻地分析这个命题的人。他在《资本论》中写道：如果只把机器看作使产品便宜的手段，那么使用机器的界限就在于：生产机器所费的劳动要少于使用机器所代替的劳动……对资本来说，只有在机器的价值和它所代替的劳动力的价值之间存在差额的情况下，机器才会被使用。①

当然，马克思的分析是说明资本主义社会对技术发展有阻碍作用，进而说明其腐朽性。尽管如此，这里给我们一点启示：使用技术是有经济上的限度的，这个限度，就要看使用技术是不是"合算"。所谓合算，在经济评价中就是指是否具有经济效果。

经济效果在技术经济学中是一个重要的概念。它是指实现技术方案时的产出与投入比。所谓产出是指技术方案实施后的一切效果，包括可以用经济指标度量的和不能用经济指标度量的产品和服务，包括正效果，也包括负效果，例如生态破坏、环境污染就是负效果。所谓投入是指各种资源的消耗和占用。任何技术的采用，都必须消耗和占用人力、物力和财力。由于资源的有限性，特别是一些自然资源的不可再生性，要求人们有效地利用各种资源，以满足人类社会不断增长的物质文化生活的需要。而技术经济学就是研究在各种技术的使用过程中，如何以最小的投入取得最大的产出的一门学问，即研究技术的经济效果。

研究技术的经济效果，往往是在技术方案实施前，通过对各种可能方案的分析、比较、完善，选择出最佳的技术方案，保证决策建立在科学分析之上，以减少失误。这是关系到有限资源最佳利用的大事，关系到国家和企业竞争力强弱的重大问题。这方面我们有过许多正反两方面的经验和教训。

---

① 马克思恩格斯全集（第四十四卷）．北京：人民出版社，2001：451．

第一个五年计划期间，我国引入了苏联的技术经济分析方法，要求各个重点项目都要进行技术经济论证。由于重视经济分析，基本建设取得了较好的经济效果，"一五"期间固定资产交付使用率达到83.7%。而在"二五""四五"期间，由于采取了"大跃进"等所谓群众运动的方法来搞工业建设，事前不做经济分析，事中不做投资控制，事后不做审计分析，致使固定资产交付使用率大大下降，"二五"期间仅为59.5%，"四五"期间为61.4%，与"一五"期间相差甚远。如果按照"一五"期间的水平来计算，在1950年至1980年的31年间投资交付使用的固定资产应接近6 000亿元，而实际只有5 000亿元，少形成了1 000亿元的固定资产。

改革开放后，我国在过去技术经济分析的基础上引进了西方国家的"可行性研究"的内容。可行性研究是指在调查研究的基础上，通过对投资项目的市场分析、技术分析、经济效益和社会效益分析，对项目的必要性、技术可行性、经济及社会的合理性进行综合评价。可行性研究内容的引入丰富了技术经济评价的理论与方法。

过去的技术经济分析与现在的可行性研究有两个大的不同。首先，前者是计划经济的产物。当时的项目是由"计划"确定的，因此项目中的各项指标与各种因素都是事前确定的，既不需要预测研究，也不需要比较选择。所以项目的技术经济分析只是一个单纯的企业财务评价，而且是静态的。而可行性研究是市场经济的产物，项目中的各项资源都需要从市场中获得，而产品也在市场中销售，影响项目经济效果的各种因素都随未来环境的变化而变化。因此，在做可行性研究时，必须对未来的经济、社会、政策等环境做预测研究，也就是"动态"的评价。其次，前者的技术经济分析只涉及企业的财务评价，后者必须做经济效果评价，包括经济评价与社会评价。经济评价中又包括企业的财务评价与国民经济评价。研究技术的经济效果，不仅仅应用在投资项目实施前的科学论证上，还广泛应用于产品设计开发中的经济效果比较和分析，应用于设备更新、原料选择、工艺选择等领域。

二、研究技术与经济的相互促进与协调发展

如前所述，技术与经济是相互促进、相互制约的。技术经济研究的任务之一就是要从这对矛盾关系中寻找一条协调发展的途径，以求经济快速、持续地发展。

技术与经济的协调发展包含着两层含义，第一层意思是技术选择要视经济实力而行，不能脱离实际，不能好高骛远。这个道理是显而易见的。在一个国家经济不甚发达的时候，在大多数领域只能优先发展适用技术。但是适用技术的选择不是消极的、被动的，而应是积极的、主动的。现在采用适用技术是为了将来掌握先进技术。20世纪80年代以来，我国制药行业发展迅速，其原因之一是正确选择了适用技术。制药厂如选择开发一类新药作为发展方向，除了需要企业有丰富的研发积累外，还需要投入大量的人力与财力。按照国外的经验，开发一类新药平均要投入数亿美元，开发周期10~12年，显然这不是我国大部分企业所能承受的。因此，我国很多制药厂采取了另外一条"适用技术"的路，主攻国外专利即将到期的药品研发，提前攻关，模仿破解。一旦国外厂家的专利到期，我们的仿制药就可以立即上市。由于我国的劳动力等生产成本低廉，具有很强的竞争力。因此，我

国的仿制药占有较大的市场占有率。这不但促进了企业的发展，而且积累了研究、开发的经验，为今后新药的开发打下了基础。

第二层意思是技术与经济协调的目的是为了发展。所以在处理技术与经济关系时，发展是中心问题。要创造条件去争取可能条件下的发展速度，如果按部就班，落后国家、落后企业永远只能跟在发达国家、先进企业的后面，就不可能出现中国的奇迹、日本的奇迹，就不可能有苹果公司、微软公司的产生。20世纪90年代很多民营中小机械企业，引进了全套国外先进的加工技术，纺织企业引进了全套国外最先进的剑杆织机、喷水织机、圆网织机等，企业的产品上了档次，再加上我国民营企业固有的优势，使这些企业在国际市场上具有竞争优势。

以发展为中心，在发展中协调，在协调中发展，这种动态的概念又是一个重要的观点。讲发展就要有超前意识，要抓住关键领域、关键部门、关键产品、关键技术的超前发展，从而带动其他领域、部门、产品、技术的协调发展。一个国家、一个产业或一个企业，一般来说不可能做到样样领先，面面一流，总有些方面相对不先进，但是只要抓住关键就会产生联动作用。乙烯工业的发展是一个很好的例子。乙烯工业是三大合成材料的原料工业，它的产业链很长，从基本有机合成工业到合成橡胶、塑料、合成纤维工业，从国防到民用，涉及面相当广，发展乙烯工业可以带动许多工业。我国从20世纪70年代开始全套引进了当时世界上先进的30万吨乙烯裂解装置，从而奠定了我国石油化学工业基础，带动了一连串的后续加工工业。

日本的钢铁和电子工业在20世纪50年代是比较落后的，经济效益也不佳。然而他们以超前的意识引进了奥地利的炉顶吹氧和连续铸造技术，从美国贝尔实验室引进了晶体管制造技术，在短短的几年间使得日本发展成为世界钢铁强国和半导体产品强国。这又带动了其他相关产业的发展，使日本成为汽车、造船和家用电器生产王国，极大地促进了日本经济的增长。这是一个典型的以发展为中心，用超前意识进行技术选择，从而走上技术与经济协调发展道路的成功范例。

强调适用技术的重要性，大量推广因地制宜的适用技术，是由我国的经济实力决定的。但一定要处理好与"超前"的关系。顾此失彼就有可能走上引进（或开发）—落后—再引进（或再开发）—再落后这条永远摆脱不了落后的死胡同。特别是在国际化大市场的背景下，技术的发展更要从国际大背景下来考虑。

超前意识绝不是越先进越好，而是在量力而行的前提下有所为，有所不为。有所为指一定要看准目标，一举达到先进水平从而带动其他产业。有所不为指在大部分量大面广的领域中，不一定追求最先进技术，而要大力发展适用技术，更新落后技术。

如前所述，处理技术与经济的协调发展的核心问题是技术选择问题。从国家层面上要研究在一定的发展阶段内各产业和经济部门的技术政策、技术路线，要明确鼓励什么，限制什么，淘汰什么。技术选择要符合技术发展的趋势，要符合中国的国情，要符合可持续发展的战略。例如，中国城市是发展以私人小汽车为主，还是发展公共交通为主；火车运输是发展内燃机车还是电气机车，是发展高速火车还是发展磁悬浮火车，是以新建线路为主还是以现有线路和机车改造提速为主等都是宏观技术选择问题。

技术路线和技术政策是带有全局性的技术选择问题，关系到全局性的投入产出和技术进步问题，关系到环境保护和可持续发展问题。1958年我国曾经提出以发展小高炉、小转炉为代表的"小、土、群"钢铁工业发展方针，结果浪费了矿产资源和人、财、物。这种全局性的技术路线错误，导致全国上百亿元的直接经济损失，对资源和环境的破坏更是触目惊心。

从企业层面上，同样有技术选择问题，包括技术路线选择、设备选择、加工工艺选择、运输方式选择、"三废"处理技术选择等。这些直接关系到企业的竞争力问题。企业是社会经济活动的细胞。企业的技术选择首先要服从国家的总体技术路线和技术政策，国家明令禁止和淘汰的技术、装备，企业不管有什么理由也得"小局"服从大局。当前很多地方关闭了大量的"小造纸"工厂就是为了执行国家的技术政策和环保政策。当然，企业在不违反国家法律和政策的大原则下，可以根据自己的发展目标、资源状况和外部环境选择技术。总之，国家的技术政策、技术路线是企业技术选择的根据，企业的技术选择又是保证国家技术路线执行的保证。

 扩展阅读　企业如何选择合适的技术源

三、研究技术创新，推动技术进步，促进企业发展和国民经济增长

科学技术是第一生产力，技术创新是促进经济增长的根本动力，是转变经济增长方式的有效途径。技术创新的这种特殊地位，决定了它是技术经济学的重要研究任务。

自从1912年美籍奥地利经济学家约瑟夫·阿罗斯·熊彼特（1883—1950）在其著作《经济发展理论》中提出创新的概念和理论后，创新理论一直成为经济学家们研究的重要领域，特别是20世纪70年代以后，技术创新已成为世界性的热门研究课题。熊彼得的创新理论在世界经济史上具有革命性的意义，人们越来越认识到技术创新作为一种"创造性的破坏"，作为实现生产要素和生产条件的新组合在经济生活中的重要性。技术创新包括新产品的生产、新生产技术在生产过程中的应用、开辟原材料的新的供应来源、开辟新市场和实现企业的新组织。技术创新从本质上就是一个经济概念，它与技术开发不一样，后者是一个技术概念。技术创新强调的是新的技术成果在商业上的第一次运用，强调的是技术对经济增长的作用。

改革开放以来我国经济增长迅速，主要得益于技术创新。其中部分得益于高新技术的引进，更多的是中低技术的模仿扩散。所以经济增长的重要部分仍然是以资金和劳动力投入为主，与经济发达国家的技术水平、经济指标还有相当大的差距。因此，我们应加快技术创新的步伐，从低水平的模仿提高到高水平的模仿，从单纯的模仿创新逐步提高到自主创新。

创新是国家兴旺发达和企业增长发展的不竭动力，因此中国提出要把建立技术创新机

制作为建立社会主义市场经济体制的一个重要目标,把建立健全企业的技术创新体系作为建立现代企业制度的重要内容和搞好国有大中型企业的关键环节,这具有重要意义。

学习"技术创新"的理论就是要树立技术创新意识,掌握技术创新规律和一些基本的实施要领,从而在工作中主动、积极地开展技术创新活动,建立促进技术创新的机制和环境,促进企业发展方式的转变和国家经济增长方式的转变。

第三节 工程师必须掌握技术经济学基本知识

高等院校工科类专业以培养未来的工程师为目标。作为中国特色社会主义的高级建设人才,他们除了肩负着崇高的政治使命外,在业务上又肩负着三项使命:技术使命、经济使命与社会使命。

工程师不同于其他的就业者,他所从事的工作是以技术为手段,创造和提供工程产品或技术服务,满足人们的物质和文化生活的需要。这就是工程师的技术使命。正如著名的空气动力学家冯·卡门所说:"工程师创造还没有的世界。所以工程师以发明、革新和应用为己任。"为此,工程师必须具有广泛而扎实的基础理论知识,要精通本门类工程领域的技术知识和相关领域的知识,具备本门类的工程技能和能力,掌握当代科技发展趋势,具有适应21世纪需要的人文知识、经济知识和工程素质。这就需要在大学中通过基础课、专业基础课和专业课学习掌握这些知识和技能。技术经济学中的技术创新部分,就是要求学生通过学习提高技术创新意识,掌握技术创新规律,自觉运用所掌握的科学技术知识进行创造性思维,创造本地区、本国和世界上还没有的新产品、新技术、新的管理制度,寻找新材料、新工艺,开辟新市场。

技术作为人类发展生产力的强有力手段,具有十分明显和突出的经济目的,工程师的每项成果都涉及经济问题,都涉及投入、产出和经济效果问题。举一个最简单的例子:设计一幢大楼必须要考虑墙面隔热问题,这对能源的节约有很大影响。从技术上讲,隔热问题很容易解决,除了选用隔热性能优良的材料外还可以加厚墙体。加厚墙体就要增加基本建设费用,而不加厚墙体则要增加能源的损耗,这之间就有一个经济性评价和方案的选择问题。科学管理之父泰勒曾经说过一句名言:"一个工程师能以一元钱完成别人必须用两元钱方能完成的工作。"半个世纪以前就有人作过这样的论述:除了少数例外,每项工程结构都是首先由经济需求提出的,并且每个零件的设计,除少数以外,最后基本上都是从经济观点出发作出判断的。所以工程师的工作离不开经济,工程师必须掌握常用的、基本的经济学理论和方案评价的知识和方法。他的脑海中不但要有技术的"弦",还要有经济的"弦",提出的一个技术方案除了考虑功能、性能、质量、效率、精度、寿命、可靠性等技术指标外,一定要同时考虑投资多大,成本多高,运行费用多少,利润如何,在市场上有没有竞争力等一系列的经济性评价问题。否则再好的技术方案,只能是好看不中用。因此工程师必须具有强烈的经济意识,必须要掌握技术经济的基本理论和方法。工程师们应当明白，尽管产品是由工人在生产过程中制造出来的，但是产品的技术先进程度、满足消费者的程度和制造费用高低在很大程度上是由工程师在设计产品和选择工艺过程中就已决定了的。

此外，现代工程技术与人类社会的关系十分密切，与人类的生存环境、文化发展休戚相关。工程师除了为人类提供价廉物美的产品和服务外，还必须关注环境保护和资源的利用，走可持续发展的道路。可持续发展最早在 1980 年联合国环境规划署（UNEP）、世界自然保护基金会（WWF）、国际自然保护联盟（IUCN）三者共同发布的《世界自然保护战略》中谈到"为实现可持续性发展而进行的自然资源的保护"时首次使用。在 1987 年"环境与开发世界委员会"发表的报告书《我们共同的未来》中，可持续发展成为关键词，并将"开发、发展"定义为人类"从周围环境获得的最大利益"，将"保护"定义为"人类子孙后代从周围环境获得的最大利益"，从而使开发、发展和保护从人与自然的协调关系上统一了起来。工程师必须要树立这么一个观点：地球只有一个，它是全人类共同所有的。要处理好发展与保护的关系，没有发展的保护是没有意义的，没有保护的发展是不能持续的。这方面的知识将在本书的第九章具体阐述。

 **扩展阅读　工程师使命的现实召唤：论工匠精神**

综上所述，技术经济学研究的任务与工程师的职责是紧密相连的（见图 1-1）。这是一门未来工程师必须掌握与应用的知识。为此，本书除了吸收技术经济学近几年新的发展成果，在内容上作了适当扩充和增加外，还在章节安排上作了较大的变动：将与工程师的技术职责紧密相连的技术创新安排在了第二章，使工科学生更容易接受与理解学习技术经济学的必要性；将"设备更新与租赁的经济分析""价值工程"这两章作为经济性评价方法的具体应用而安排在第六章和第七章，使学生对经济性评价有更深入的了解；此外，考虑到"建设项目可行性研究"是其他各章理论、评价方法的综合运用，所以安排在本书靠后的部分。

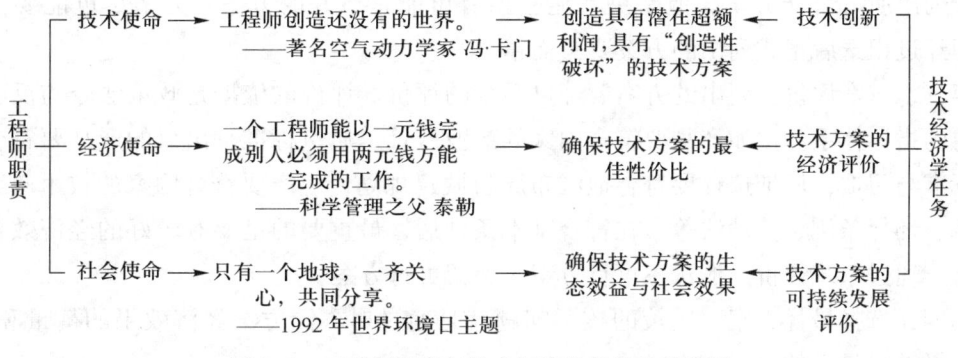

图 1-1　工程师职责与技术经济学任务的关系图

第四节 技术经济分析的一般过程

技术经济分析基本程序如图 1-2 所示。

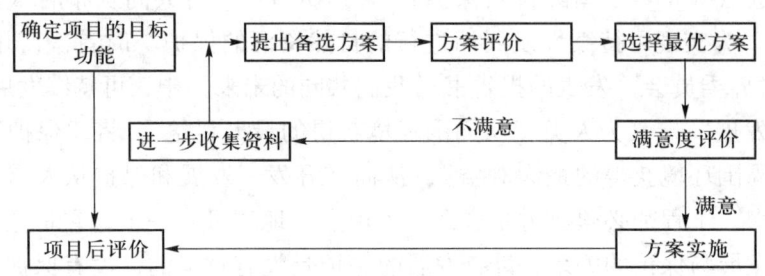

图 1-2 技术经济分析的基本程序

第一，要确定目标功能，这是建立方案的基础。如果我们预计缺 300 万千瓦电力，那么就要建立方案来满足 300 万千瓦电力的需要。如果是为了解决甲地与乙地之间每年 1 000 万人次与每年 1 000 万吨货物的交通运输问题，那么我们要提出方案，可以是通过铁路运输也可以是通过公路，可以是单一方案，也可以是复合方案，如公路与铁路、公路与空运、公路与水运等，但都必须能解决这样的运输量。当然有时方案没有特定社会功能，只有经济功能。例如某公司现有 3 亿元资金寻找投资方向，其目的只有一个：取得较好的回报率。那么我们就要提出一系列投资方案，最终的回报率要达到或超过预期回报率。

第二，提出备选方案。一般来说为了达到一定的目标功能，必须提出很多方案，如为了解决能源问题可以建火电厂、核电厂或水电站，而建核电站又有许多方案，如采用重水式的、轻水式的……寻找备选方案，实际上是一项创新活动。人们要求决策者能针对某一特定的问题提出"最优"的解决方法，因而决策者必须创新。因为现有的一些方案可能比他所创造出来的方案要差得多。决策者的任务是要尽量考虑到各种可能方案。实际工作中不可能列出所有可能方案，但是决不能丢掉有可能是最好的方案。方案尽可能要考虑得多，但经过粗选后正式列出的方案要少而精。

第三，方案评价。列出的方案要经过系统的评价。评价的依据是政策法令与反映决策者意愿的指标体系。比如产品要符合国家的产业政策、质量标准，出口的产品要符合进口国的标准与习惯，厂址选择要符合地区布局与城建规划，生产要符合国家的技术政策、劳保条例、环保条例、劳动法等。在符合基本条件后，最重要的是要有较好的经济效益和社会效益。通过系统评价，淘汰不可行方案，保留可行方案。

第四，选择最优方案。决策的核心问题就是通过对不同方案经济效果的衡量和比较，从中选择效果最好的最优方案。

要运用好技术经济学的基本理论和方法，必须树立系统观念和动态观念。所有的技术方案，包括技术路线、技术政策、技术措施等都不是孤立存在的，它们是整个社会的技术经济系统中的一个有机组成部分。在作经济决策时，我们追求的不仅是子系统、小系统的目标，而是整个大系统的目标。长江三峡工程的论证与决策，不光是大坝与发电的技术问题，也不光是发电的本身效益问题，还要考虑三峡工程建设所带来的综合效果问题。比如水库的水位问题，它关系到工程规模、移民数量、淹没损失、库区的上下游和库区本身的开发。水位越高，可能会给项目建成后带来更大的经济效果，但是淹没损失也相应增加。因此三峡工程必须与国民经济联系在一起论证、决策。再如，上海港的项目建设评估也充分体现了技术方案的全局统筹过程。上海港本身的自然条件并不适合建设深水良港，但是考虑到上海在长三角地区无法替代的经济作用，国家制定了以上海港+宁波港+江苏省部分港口的区域港口群发展战略。近年来随着"大湾区"建设的不断深入，上海港进一步与杭州湾多地区资源进行深度整合，未来将形成一个更为立体式的海上交通与商贸枢纽，而这些国家和区域发展战略的制定过程都超越了个体项目技术论证的局限。

动态的观念是用发展的眼光去建立方案，评价方案。方案所处的环境是变化的，因此要用发展的眼光预测未来的效果。特别是我们的评价是事前评价，各种参数在将来的实施过程中必定会发生各种变化。项目越大，周期越长，变动的可能也越大。如果没有一套正确的预测方法和恰当的指标设置，事前的评价与实施后的效果会有很大的出入，甚至完全相反。

例如，石油作为一种重要的工业原料，它的价格影响着很多产业的经济效益，甚至影响到方案的技术选择。特别是石油化学工业和以石油为燃料的航空业、公路运输业以及部分电力工业。2008年以来，由于国际金融危机的影响，石油价格从2008年下半年的最高价位147美元/桶，降到2009年3月的40美元/桶以下，短短的半年内下降了75%，石油价格的大幅波动，给相关项目技术方案的经济效果带了巨大的不确定性，甚至可能推翻原有的评估结论。

系统方法与动态方法要求决策者具有较广博的知识和较丰富的经验，同时也要求评价人员要由各方面的专家组成，包括市场营销专家、技术专家、财务专家、法律专家等。只有发挥集体的智慧才能做出正确的评价。

本章小结

本章主要介绍了技术与经济的关系、技术经济学研究的主要任务，在此基础上，阐述了工程技术人员学习技术经济学基本知识的重要性，最后分析了技术经济分析的一般过程。

技术和经济之间具有相互制约、协调发展的关系。具体来讲，新技术的产生与应用需要经济的支持，也受到经济的制约，同时，技术的突破会对经济发展产生巨大的推动作用。正是技术和经济之间的这种紧密关系，决定了技术经济学的三大研究任务，分别是：研究技术方案的经济效果，寻找具有最佳经济效果的方案；研究技术和经济的相互促进和协调发展；研究技术创新，推动技术进步，促进企业发展和国民经济增长。

高等院校工科类专业以培养未来的工程师为目标。作为一名工程师，在业务上主要肩负着三项使命：技术使命、经济使命与社会使命。为了更好地履行这三项使命，工程技术人员应该从技术经济学的研究对象和研究内容入手，好好学习技术经济学的基本知识。技术经济分析的一般过程主要包括确定目标功能、提出备选方案、方案评价和选择最优方案等阶段。

关键概念

技术　经济　技术经济分析一般过程　技术使命　经济使命　社会使命

思考与练习

1. 为什么说技术创新是推动经济增长的引擎？请举例说明。
2. 什么是技术经济学？技术经济学研究的主要任务是什么？
3. 企业在技术选择过程中，需要注意哪些问题？为什么？
4. 为什么工程技术人员要学习一些技术经济学的基本知识？
5. 请收集相关资料，阐述世界（一个国家、地区或企业）经济发展史实际上就是技术发展史。

即测即评

第二章
技术创新

学习指导：创新是一个民族进步的灵魂，是国家兴旺发达的不竭动力，而技术创新则是一个国家技术进步的发动机，是企业竞争优势的主要来源。了解技术创新，参与技术创新是工科学生履行技术使命和社会使命不可推卸的责任。学习本章后，应了解创新的产生和发展历史、创新与经济发展和企业竞争优势的关系；掌握创新的过程模式以及创新战略的选择；理解和掌握创新的组织形式、商业模式的要素及其创新的途径、知识产权保护与创新的关系。

新闻摘录　中国 2017 年全球创新指数排名攀升至第 22 位

2017 年 6 月 15 日，《2017 年全球创新指数报告》在日内瓦发布，通过 81 项指标对世界 127 个国家和经济体的创新表现进行排名。中国大陆继 2016 年成为首个进入全球创新指数前 25 位的中等收入经济体后，今年又创新高，名次提升 3 位，攀升至第 22 位（见表 2-1）。

全球创新指数（Global Innovation Index，GII）由英士国际商学院（又译欧洲工商管理学院）、美国康奈尔大学和世界知识产权组织共同研制，2017 年全球创新指数是该指数发布的第十版，本次的知识伙伴还有印度工业联合会、普华永道思略特、巴西全国工业联盟（CNI）和巴西小微企业支持服务协会（SEBRAE）。

本次的评价指标体系，继续沿用之前的构架。创新指数包括 2 个亚指数，7 项一级指标，21 项二级指标，81 项三级指标。2 个亚指数分别是创新投入亚指数、创新产出亚指数。其中，创新投入亚指数下设 5 项一级指标，分别为政策制度环境、人力资源与研发、基础设施、市场成熟度和商业成熟度五个支柱；创新产出亚指数下设 2 项一级指标，分别是知识与技术产出、创意产出两个支柱。

从国家和地区来看，2017 年全球创新指数排名中，瑞士再度位列第一，已经连续 7 年位居排行榜榜首，之后是瑞典、荷兰、美国和英国。与 2016 年相比，排名前十位的国家虽然名次上有变化，但都保持在前十。这说明这些国家仍然在引领全球创新，是世界上最具创新力的国家。

表 2-1　GII 指数排名前 25 位的国家和地区近五年变化

国家和地区	2013 年	2014 年	2015 年	2016 年	2017 年
瑞士	1	1	1	1	1
瑞典	2	3	3	2	2
荷兰	4	5	4	9	3
美国	5	6	5	4	4
英国	3	2	2	3	5
丹麦	9	8	10	8	6
新加坡	8	7	7	6	7
芬兰	6	4	6	5	8
德国	15	13	12	10	9
爱尔兰	10	11	8	7	10
韩国	18	16	14	11	11
卢森堡	12	9	9	12	12
冰岛	13	19	13	13	13
日本	22	21	19	16	14
法国	20	22	21	18	15
中国香港	7	10	11	14	16
以色列	14	15	22	21	17
加拿大	11	12	16	15	18
挪威	16	14	20	22	19
奥地利	23	20	18	20	20
新西兰	17	18	15	17	21
中国大陆	35	29	29	25	22
澳大利亚	19	17	17	19	23
捷克	28	26	24	27	24
爱沙尼亚	25	24	23	24	25
比利时	21	23	25	23	27
马耳他	24	25	26	26	26

资料来源：王婷. 中国 2017 年全球创新指数排名攀升至第 22 位. 科学网，2017-06-22.

第一节　技术创新概述

近现代世界历史表明，技术创新是现代化的发动机，是一个国家进步和发展最重要的因素之一。特别是近 200 年来的经济发展史有力地表明了这样一个事实：世界经济发展的中心总是随着技术创新中心的转移而转移。一个自然资源贫乏的国家可以因为技术创新的活跃而发达繁荣，反之，一个原来富饶的国家也可以因为技术创新活动的沉寂而落后。18 世纪至 19 世纪中叶，世界技术创新的中心在英国，蒸汽机的发明和应用，新兴纺织业和钢铁业的兴起使得英国成为经济发展最快的国家。从 19 世纪下半叶开始，德国、美国技术创新非常活跃，逐渐取代英国，成为世界创新中心，新发明、新技术、新产品层出不穷，从而促进两国的经济蓬勃发展，在 19 世纪末至 20 世纪初两国的经济相继超过英国，美国还成为 20 世纪世界头号经济强国。我国改革开放后，经济发展迅猛，多年来一直保持高速的增长速度，除了体制变化的重要因素外，技术创新的活跃是一个重要原因。

 扩展阅读 "新四大发明"：标注世界、启示世界

一、技术创新与经济发展

世界经济的发展历史就是一部技术创新的发展史。从 18 世纪到 20 世纪人类社会经历了两次工业革命，以及当今的信息化、数字化时代等，虽然中间有些人为的间断，如世界大战等，但是技术创新所带来的经济发展水平的大幅度提升仍是具有连续性的，技术创新首先带来了新的生产工具和手段，使得人类改变自然有了新的动力，然后通过生产力的提升来改变社会上层建筑，间接促进了经济的发展。通过收集人类历史上发生的重大技术变革来看经济增长，如表 2-2 所示，在工业革命后的时期内，科学技术、社会教育培训等都得到了大幅度提升，使得经济有了发展的动力。经济发展水平日新月异，世界经济水平总体上不断向前发展。

回顾一下英国工业革命以来资本主义社会几次基本创新及其引起的经济增长。可以看出 1780 年起源于英国的蒸汽机和冶炼技术的创新产生了 1780—1840 年的经济增长，历时 60 年。1840 年起由英国的钢铁和铁路技术的创新产生了 1840—1892 年左右的经济腾飞，历时 52 年。主要的资本主义国家纷纷在这个时期加快发展。在这轮增长中，世界经济结构产生了深刻的变化，1881 年美国的工业生产占世界工业生产总额的 29%，英国占 27%，美国超过英国，成为新的资本主义经济中心。1892 年起由美国产生的电力、化学以及汽车技术的创新则引起了 1892—1948 年左右的经济增长，历时 56 年。这一时期，美国、德国超过了英国，而美国则成了新的资本主义经济长波中心。1946 年起的半导体、电子计算机等的创新引起了其后的经济增长，到 20 世纪 70 年代能源危机后开始走向衰退。这一时期以"亚洲四小龙"、巴西等为代表的新兴市场经济国家加入了这轮经济增长。20 世纪 90 年代起的以微电子、计算机网络为代表的创新引发了又一轮经济增长，以美国的新经济最为瞩目。而 21 世纪以来，随着人工智能技术特别是"互联网+"为主要特征的智能与大数据信息经济不断创新发展，对人类"技术—经济—社会"范式变革和社会文明进步产生了重大影响。世界主要发达国家都把人工智能作为当前最大的发展战略，力图在新一轮的经济增长中掌握主导权。

表 2-2 重大技术创新时期表

时期	长波或周期		主要基础设施的关键特征		
	康得拉捷耶夫经济长波	科学技术/教育/培训	交通/通信	能源系统	关键要素
1780—1840	工业革命：纺织品的工厂化生产	学徒制，干中学，学派，科学社团	运河，马路	水力	棉花
1840—1890	铁路和蒸汽动力时代	专业的技术人员和工程师，技术学院，大众初等教育	铁路（铁制铁轨），电报	蒸汽动力	煤，铁
1890—1940	电力和钢铁时代	工业 R&D 实验室，化工和电气的国家级实验室，标准实验室	铁路（钢制铁轨），电话	电力	钢铁
1940—1990	汽车和合成材料等批量生产时代	大规模工业和政府 R&D 实验室，大众高等教育	高速公路，无线电和电视，航空	石油	石油，塑料
1990—	微电子和计算机网络时代	数据网络，R&D 的全球网络，终身教育和学习	信息高速公路，数字网络	天然气石油	微电子

资料来源：C. Freeman：The Economics of Industrial Innovation. The MIT Press, 1997.

从上述分析可以看出，经济增长与技术创新有着很一致的表现，即技术创新的大量出现带来经济的腾飞。如表 2-2 中所列的 18 世纪 80 年代到 1840 年，是所谓的"工业革命时期"，以纺织创新为代表，1840—1897 年，是蒸汽和钢铁时代，或者说是铁路化时代，这些经济腾飞的时代无不是技术创新活跃的时代。很多经济学家都对这样的现象做出过解释，研究了创新和结构变迁、经济长波的关系。比如，苏联经济学家尼古拉·康德拉季耶夫于 1926 年提出经济长波理论，认为技术变化对资本主义的内在力量的响应，体现在有周期性的经济波动上。

二、技术创新与企业竞争优势

技术创新也是企业获取竞争优势的重要来源。竞争优势是指企业在竞争中所拥有的、相对于该行业中其他企业的优势。这种优势表现为企业在特定的业务经营中能够向顾客提供超过竞争对手的价值，它主要有两种方式：一是企业能够向顾客以低于竞争对手的价格提供同等的利益；二是企业向顾客提供远远大于其价格的独特利益。获取持久的竞争优势对于一个企业的生存和发展有着至关重要的影响，如何培育持久竞争优势备受企业的关注。不同的学者由于研究的角度不同对竞争优势及其来源有着不同的解释，例如：范围经济、规模经济、学习曲线、纵向一体化、多元化、企业文化等都曾是学者们所关注的对象。但随着时代的变迁，企业的经营环境发生了巨大的变化，以往的某些竞争优势的来源虽然仍然在起作用，但其重要性已大大降低。在当今经济全球化、信息化、知识化的新经济时代，企业竞争优势的来源与构成因素也发生了巨大的变化，在动态环境下，竞争对手对于竞争优势的模仿和侵蚀能力大大加强，由模仿障碍和先动优势组成的防护机制失去了其应有的防护效果或作用，其竞争优势都将消散。所以，企业的持续竞争优势不可能只建立在单一的竞争优势之上，尤其是可模仿性较高和溢出效应明显的技术优势。因此，要想使技术优势得以持续，企业只有通过持续性技术创新，建立一系列的技术竞争优势，形成技术整体上的持续优势。如英特尔在计算机芯片业务中的竞争优势主要归功于其持续不断地在该领域的技术创新，在任何一代新技术被完全模仿、丧失之前，英特尔公司就推出新一代的产品，从而使竞争者疲于追赶。那么什么样的技术创新是构建企业持久竞争优势所必需的呢？从众多的成功企业的经验来看，在众多的技术中核心技术是关键，掌握核心技术对于企业提升竞争力是至关重要的。核心技术在不同的产品中表现为专利、产业标准等不同形式的知识。这类技术不仅可以重复使用，而且还呈现价值持续增长，边际报酬递增的特征。核心技术是企业在市场竞争中获得超额利润的主要原因，因此，技术创新就是培育核心技术和能力的基础和关键，尤其是针对核心技术的创新。在世界500强企业中无论是高技术企业如微软、戴尔，还是如西门子、奔驰等老牌企业都是通过不断的技术创新为其创造和保持持续竞争优势的。

三、技术创新的概念及内涵

技术创新理论的产生应追溯到18世纪，当时古典经济学家亚当·斯密在其著作《国民财富的性质和原因的研究》（即《国富论》）中谈到了技术变革和经济增长，提出了18世纪科学研究上的专业分工增加的趋势以及机械制造业创新与科学家之间的联系，探讨了科学在技术变迁中的作用和"干中学"的问题。可以说，亚当·斯密已经开始认识并密切关注技术变革与市场之间的关系。一直到20世纪初，对技术创新进行深入研究的经济学家还很少，大多数古典经济学家在研究经济增长模式时，将技术和制度变化视为外生变量而未加以考虑。

1912年，美籍奥地利经济学家熊彼特（J. A. Schumpeter）在其成名作《经济发展理论》一书中率先提出"创新"的概念，他认为创新是指"企业家对生产函数中诸要素（土地、劳动和资本等）进行新的组合"，换句话说就是建立一种新的生产函数，把一种完全新的生产要素组合引入生产过程，使生产的技术体系发生变革，从而增加附加价值。技术创新的目的是为了获取潜在的超额利润。它具体包括以下五种形式：① 生产新的产品；② 引入新的生产方法、新的工艺过程；③ 开辟新的市场；④ 开拓并利用新的原料或半制成品的供应来源；⑤ 采用新的生产组织方法。

对技术创新概念的理解需要强调以下几点：

（1）企业家是创新的关键。企业家是技术创新全过程的决策者与组织者，创新过程的每一个环节都需要企业家敏锐的目光、果断的决策与高效率的组织，都需要用其所掌握的生产要素作为后盾。市场的需求与占有率和超额的利润前景始终是诱发企业家创新的动力。为了实现创新，企业家必须了解科技、熟悉科技，掌握本行业内的科技发展动态和趋势，从而对技术创新所采用的技术的先进性与可行性做出正确判断和决策。

（2）技术创新的核心是商业化。技术创新是将生产要素的新组合应用在生产中，应用在商业化的生产系统中，这是一个经济上的概念。技术创新与发明不同，发明是科技行为，技术创新则是经济行为。熊彼特认为：只要发明还没有得到实际上的应用，那么它在经济上就是不起作用的。无论是科学发明还是技术发明，在发明未能转化为商品之前，发明只是一个新观念、新设想，在它们没有转化为新装置、新产品、新的工艺系统之前，不能创造任何经济价值。提出发明和创新的区别，被认为是熊彼特的一大贡献。熊彼特认为，创新就是发明的第一次商品化。发明不一定导致创新，但创新的前身大多是发明。发明和创新往往存在滞后期，如表2-3所示。创新有明确的经济目标，创新的成功与否是要通过市场检验的，最后要以市场实现而结束，它通过营销环节来实现技术创新的价值，创新成功的标志是市场占有率和超额利润。

表2-3 历史上重大技术创新例子

技术与产品	发明年份	创新年份	滞后期
日光灯	1859	1938	79
采棉机	1889	1942	53
拉链	1891	1918	27
电视	1919	1941	22
喷气发动机	1929	1943	14
雷达	1922	1935	13
复印机	1937	1950	13
蒸汽机	1764	1775	11
尼龙	1928	1939	11
无线电报	1889	1897	8
三极真空管	1907	1914	7
圆珠笔	1938	1944	6

资料来源：许庆瑞. 研究、发展与技术创新管理（第二版）. 北京：高等教育出版社，2010.

同样，创新与研究开发（Research and Development，R&D）也有区别。经济合作与发展组织对研究开发的定义是"在一个系统的基础上的创造性工作，其目的在于丰富有关人类、文化和社会的知识库，并利用这一知识进行新的发明"。R&D一般包括三种活动：基础研究、应用研究和技术开发，它是创新的前期阶段，是创新的投入，创新成功的物质和科学基础。过去的误解是，认为只要有 R&D 活动，便有创新。R&D 活动越多，创新便越多，故常把 R&D 和创新看作是同一回事。后来人们发现，有 R&D 并不一定有创新，创新也并不一定非要有 R&D 活动。但是，尽管不是强烈的线性关系，两者之间还是有紧密联系的，很多技术创新始于 R&D 而终于市场实现，技术创新多数从 R&D 开始，没有 R&D 就谈不上进行技术创新；R&D 是构成技术创新的一个必要环节，重大的技术创新则更需要有 R&D 来支持。技术创新最后以市场实现而结束，它通过营销环节来实现 R&D 的价值。故现在人们常用 R&D 经费多少来测定一国或一个企业对技术创新的重视程度，并把 R&D 活动看作是创新的关键部分。

（3）科技人员在技术创新中具有重要作用。创新特别是重大技术创新必定建立在重大科技突破上，建立在研究与开发工作基础上，蒸汽机、发电机、无线电、核能源、计算机等划时代的发明都导致一批新兴产业的诞生，极大地促进了经济的高涨与社会发展，充分体现了科学技术作为"第一生产力"的巨大作用。要使研究与开发成果真正转化为生产力，具有产业化价值，要求科技人员既要有科技意识，更要有经济意识，从选题开始就要有明确的商业化目的，就要清晰地认识到实验室成果是研究开发的初步成果，最终目的是实现产业化。

（4）技术创新的目的是获得超额潜在利润。没有技术创新的企业最多只能获取行业的平均利润，而技术创新成功的企业，它的新产品、新技术在别人没有模仿、技术没有扩散前往往可以垄断市场，在价格上采取高价策略，利润自然可以较大地超过平均利润。技术创新之所以能获取超额利润，在于它建立了一种新的生产函数，把最新的科学技术融入生产过程，提高了生产力的技术构成，从而大大提高了劳动生产率。而不进行创新的企业不仅无法保证正常的利润，甚至还常常面临着被淘汰的命运。

第二节 技术创新的过程模式

技术创新是企业持续创新的根本竞争力，是企业在市场经济条件下所必须采取的把科技进步和需求结合起来以提高企业效益的过程，这一过程不仅是知识的产生、创造和应用的进化过程，更是一种创造性的破坏过程，促使资源从旧的过时的方面转向更富有生产性的方面。可见，企业技术创新是一个完整的行为过程，因而，有必要首先对企业的技术创新过程有个清楚的认识。

一、技术创新过程概述

对技术创新过程的认识和划分，目前国内外学者有不同的认识，既然技术创新是一个新产品或新工艺的第一次商业运用，那么技术创新过程也必然是一个从新的产品或工艺创意到真正商业化的过程。结合我国企业技术创新运行过程的实际情况，我们可以把技术创新过程划分为如下几个阶段：

（一）创意的形成阶段

创意的形成主要表现在创新思想的来源和创新思想形成环境两个方面。创意可能来自科学家或从事某项技术活动的工程师的推测或发现，也可能来自市场营销人员或用户对环境或市场需要或机会的感受，但是这些创意要变成创新还要走很长的路。人造纤维大约用了200年，计算机用了100年，而航天飞机更长。创新思想的形成环境主要包括市场环境、政策环境、经济环境、社会人文环境、政治法律环境等。

（二）研究开发阶段

研究开发阶段的基本任务是创造新技术，一般由科学研究（基础研究、应用研究）和技术开发组成。企业从事研究开发活动的目的是很实际的，那就是开发可以或可能实现实际应用的新技术，即根据本企业的技术、经济和市场需要，敏感地捕捉各种技术机会和市场机会，探索应用的可能性，并把这种可能性变为现实性。研制出可供利用的新产品和新工艺是研究开发的基本内容。研究开发阶段是根据技术、商业、组织等方面的可能条件对创新构思阶段的计划进行检验和修正。有些企业也可能根据自身的情况购买技术或专利，从而跳过这个阶段。

（三）中试阶段

中试阶段的主要任务是完成从技术开发到试生产的全部技术问题，以满足生产需要。通过小型试验考验技术设计和工艺设计的可行性，解决生产中可能出现的技术和工艺问题，是技术创新过程不可缺少的阶段。

（四）批量生产阶段

批量生产阶段的任务是按商业化规模要求把中试阶段的成果变为现实的生产力，产生出新产品或新工艺，并解决大量的生产组织管理和技术工艺问题。

（五）市场营销阶段

技术创新成果的实现程度取决于其市场的接受程度。市场营销阶段的任务是实现新技术所形成的价值与使用价值，包括试销和正式营销两个阶段。试销具有探索性质，而探索市场的可能接受程度，进一步考验其技术的完善程度，并反馈到以上各个阶段，从而不断改进与完善。市场营销阶段实现了技术创新所追求的经济效益，完成技术创新过程中质的飞跃。

（六）创新技术扩散阶段

在创新技术扩散阶段，创新技术被赋予新的用途，进入新的市场，如雷达设备用于机动车测速，微波技术用于微波炉的制造。

在实际的创新过程中,阶段的划分不一定十分的明确,各个阶段的创新活动也不仅仅是按线性序列递进的,有时存在着过程的多重循环与反馈以及多种活动的交叉和并行。下一阶段的问题会反馈到上一阶段以求解决,上一阶段的活动也会从下一阶段所提出的问题及其解决中得到推动、深入和发展。各阶段相互区别又相互联结和促进,形成技术创新的统一过程。

二、技术创新过程的主要模式

(一)技术推动模式

技术推动模式最早由熊彼特提出,并于20世纪50年代被广为推崇。这一观点认为,技术创新从基础研究开始,而后经历应用研究、技术开发、创新、生产,最后止于销售,各环节间保持一种直线联系(见图2-1)。现实中的很多技术创新成果,如尼龙、人造纤维、核电站、电视机、半导体、计算机、激光等划时代的技术创新,都是技术推动模式。技术推动模式的技术创新基本都是重大的创新,往往会因此形成一大类新的产品或一个新的产业,但这类创新的周期一般都很长,风险也很高。

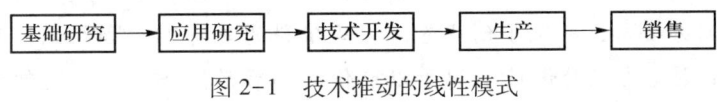

图2-1 技术推动的线性模式

> **案例**
>
> ### 杜邦公司的尼龙开发
>
> 杜邦公司初建时期,以制造炸药和军火为主,持续130多年,到20世纪中期,才第一次组织其他方面的研究力量,在崭新领域开展具有目的性的基础研究,其中之一是高分子化学,这个领域德国人在第一次世界大战期间就开拓过。杜邦经过了几年时间,研究工作毫无进展,到1928年有个助手无意中发现烧锅中的材料已凝成纤维,靠这个偶然机会才发现了尼龙,此后,杜邦公司又花了10年时间才找出制造尼龙的方法。尼龙的合成奠定了合成纤维工业的基础,是高分子化学的一个重要里程碑,尼龙的出现使纺织品的面貌焕然一新。用这种纤维织成的尼龙丝袜既透明又耐穿,1939年10月24日杜邦在总部所在地公开销售尼龙丝长袜时引起轰动,被视为珍奇之物争相抢购,人们曾用"像蛛丝一样细,像钢丝一样强,像绢丝一样美"的词句来赞誉这种纤维,到1940年5月尼龙纤维织品的销售遍及美国各地。从第二次世界大战爆发直到1945年,尼龙工业被应用于制造降落伞、飞机轮胎、帘子布、军服等军工产品。由于尼龙的特性和广泛的用途,第二次世界大战后发展非常迅速,尼龙的各种产品从丝袜、衣着到地毯、渔网等,以难以计数的方式出现,是三大合成纤维之一。
>
> 资料来源:根据相关资料整理。

（二）需求拉动模式

20世纪60年代中期，人们通过对大量技术创新的实际考察发现：大多数技术创新不是由技术推动引发的，需求拉动起了更重要的作用。需求拉动模式认为技术创新是由市场需求和生产需求激发产生的，如图2-2所示。

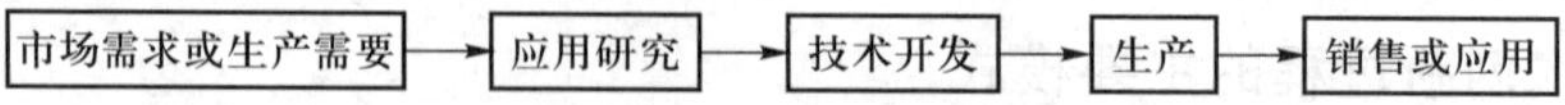

市场需求或生产需要 → 应用研究 → 技术开发 → 生产 → 销售或应用

图2-2 技术推动的线性模式

案例

福特的全自动流水线

福特的生产模式创新就是典型的需求拉动模式。在亨利·福特的时代，汽车还不是大众产品，那时的汽车价格昂贵，少人问津，人们非常希望有一种价廉物美的汽车。从1899年开始，福特凭着创业热劲两次创办汽车公司，结果都失败了。但是，他并不气馁，后来与马尔科姆共同创办公司，并做了创业分工，马尔科姆负责财务和组织，而福特与朋友工程师C.H.威利斯则全力以赴设计不同于以前价格昂贵的汽车，而是既便宜又实用的、仅850美元一辆的价廉汽车。产品一问世，供不应求。一个季度销售5 000辆，成为同行中的佼佼者。如果说这时的产品创新是满足市场对低价汽车需求的话，而接下去，福特又考虑起究竟什么样的汽车最符合市场需求，从而进一步进行产品创新。福特按照新产品采用标准化生产的思路，随之设计出T型车，一投产便广受欢迎，无须推销，客户自己找上门来。在产品创新的极大成功后，T型车销售量剧增，原来的生产工艺、设备满足不了产量日益增加的需要，这一切使福特意识到工艺必须创新，从1908年起，经过五六年时间的摸索，终于在1914年成功设计出"福特式的全自动流水线"，93分钟内从无到有地装成一辆汽车，这在工业发展史上写下了辉煌的一页。其后，福特继续改进流水线，于1920年实现每分钟生产一辆汽车，1925年又创造了每10秒钟制造一辆汽车的记录。福特汽车公司的T型车产品创新和全自动流水线的创新，正是消费者需求拉动和生产需求拉动的典型例证。

资料来源：冯勤，池仁勇，欧阳仲健. 工业技术创新管理. 北京：中国水利水电出版社，2005.

（三）耦合模式

随着科学技术的迅猛发展，技术的综合程度越来越高，涉及的因素越来越多，越来越复杂，我们很难有一个明确的断定，哪种是纯粹的技术推动模式的创新，哪种是纯粹的需求拉动模式创新。因此，在20世纪70年代末，又有学者提出耦合模式。他们认为，技术创新应是技术推动力和需求拉动力共同作用下的活动，科学技术进步和需求变化都是决定创新成功与否的重要因素。

耦合模式下的技术创新，以市场的潜在需求为出发点，以技术应用为支撑，其创新成果往往是开发出全新的产品，从而将潜在的市场激活为一个现实的市场。这种模式的轨迹如图2-3所示。耦合模式下的创新产品，不但具有新颖性，而且还具有一定的持久性，其产品生命周期一般会较长。

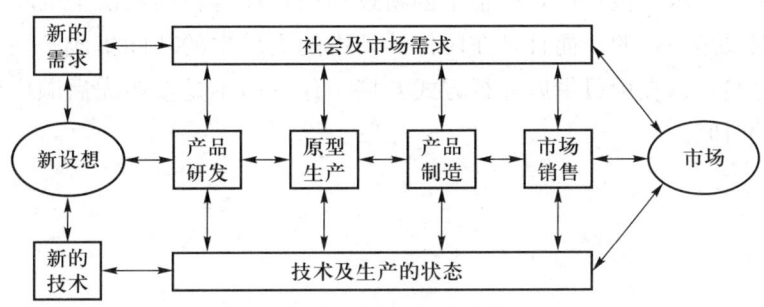

图2-3 技术创新的耦合模式

案例

摩托罗拉汽车收音机的开发

摩托罗拉的技术创新模式就是典型的耦合模式。摩托罗拉公司的创始人是美国人高尔文，前身是创办于1928年的"高尔文制造公司"，1947年改名为摩托罗拉公司。20世纪20年代高尔文制造公司开始生产无线电收音机的专用电池；后来，开发并制造出A—电源整流器，到30年代，高尔文根据客户需求把收音机安装到汽车上，转而生产本公司品牌的汽车收音机，并借用"公司外脑"，即聘用了美国最聪明的发明家之一，利尔喷气机发明者威廉·利尔来开发汽车收音机的新产品，发明了一种无线电广播收音机，可在行驶的汽车上使用。同时，公司发挥"内脑"作用，1931年公司的一个工程师发明了振子型电源取代了蓄电池，公司这一时期汽车收音机的销售量大大增加。早在30年代，一些警察部门希望在移动中使用无线电话，因为那时的警车中只装有收音机，当遇到紧急情况，须通过电台才能通知到警车，警察部门强烈需要提供一种专供他们使用的广播频率。正是这个机会促使高尔文进行技术升级，从电气技术转到开发半导体技术上来，并邀请制造出移动调频通信系统的丹尼尔·诺布尔教授来摩托罗拉公司工作。在他的领导下，摩托罗拉公司技术升级得以实施，开发出低成本的锗晶体管汽车收音机。

资料来源：冯勤，池仁勇，欧阳仲健. 工业技术创新管理. 北京：中国水利水电出版社，2005.

（四）整合模式

整合模式把创新视为企业内部研究、开发、制造、营销等职能并行运作的过程，即并行工程（Concurrent Engineering，CE）。同时强调与市场相交界面的整合，企业与上游供应者的联系，与先行性用户的联系，研究开发和制造相结合的"可制造的设计"。与此同时，企业的横向合作加强,企业网络、战略联盟等横向联合形式急剧增长。这种整合模式的出现代表着创新范式的转变,同时也说明技术创新是技术、市场、组织演进交互作用的过程。整合模式是第一个真正的并行的创新模式。

这种模式力图使开发者从一开始就考虑到产品全生命周期中的所有因素,包括质量、成本、进度与用户需求。整合模式在整个创新过程中存在着较高层次上的功能交错,模式的核心特征不仅仅是并行的,而且是在协作活动中的高层次的功能集成。强调企业内部不同部门之间通过整合,在项目中以并行方式开展工作,而不是按照先后顺序依次进行,以加快进入市场的时间。

> **案例**

ABB 的并行工程应用

ABB(Asea Brown Boveri Ltd.)是电力和自动化技术的全球领导厂商,集团总部位于瑞士苏黎世。其火车运输系统建立了支持并行工程的计算机系统、可互操作的网络系统和一致的产品数据模型,组织了设计和制造过程的团队,并应用仿真技术。应用并行工程后产品开发周期大大缩短,过去从合同签订到交货需3~4年,现在仅需3~18个月,对于东南亚的顾客,可在12个月内交货。整个产品开发周期缩短25%~33%,其中从用户需求到测试平台需6个月,缩短了50%。

资料来源:根据相关资料整理。

(五)系统集成及网络化模式

随着对技术创新模式研究的深入,人们越来越发现技术创新是一个复杂过程。企业原有的封闭结构已经被打破,技术创新已经不再是单个企业的独立创新活动而必须在创新网络中进行,创新项目已经穿越公司固有的边界,用户、供应商、高校、科研机构、政府、其他公司甚至竞争对手都有可能成为创新网络的重要成员,涉及创新过程中的研发、试验、生产、验证、安装、调试、维护、更新换代和再创新等活动。上述四种传统的技术创新模式已经无力解析这些创新现象和指导创新实践。这样,系统集成及网络化模式应运而生。

技术创新网络化模式的特征表现为企业间密切的战略合作,更多地利用专家作为辅助开发手段,利用仿真模型代替实物原型,并采用技术创新过程一体的计算机辅助设计与计算机集成制造系统。这种模式不但把技术创新看作一个跨部门的过程,而且看作跨机构的网络过程。因为技术创新过程是在不断变化的,研究开发与生产组织也因此随之改变,创新过程也越来越多地使用技术战略和企业间联系——纵向的客户和供应商联系以及横向的战略伙伴联系,这种联系加快了企业与外部的信息交换及协调,对于创新具有重要影响和作用。它可以有效克服单个企业在从事复杂技术创新时的能力局限,降低创新活动中的技术和市场不确定性。另外，由于整个技术创新过程中企业间密切的战略一体化和不断提高的创新过程电子化，技术创新过程的线性模式基本被改变了。

系统集成及网络化模式的特点是方法上更加关注创新的持续性，通过不断的调整，使得所有员工形成交互型的功能组织，充分利用团队思想，利用现有的技术，形成开放、交互的复杂创新系统，从而形成创新的融合并产生新的核心竞争力。

第三节　技术创新战略及其选择

技术创新战略就是要充分利用外部的机会和威胁去评价企业现在和未来的环境，用其技术优势和劣势去评价企业的内部条件，进而选择和确定适当的技术目标，并制定和选择实现目标的谋划。企业应该综合考虑各种环境因素以及自身实际情况来制定适合自身的技术创新战略。关于创新战略的划分有多种类型，英国学者弗里曼（Freeman）将创新战略按创新时机和创新程度分为进攻型战略、防御型战略、模仿型战略、传统型战略和投机型战略。而尼德尔（Needle）根据经营战略将创新战略分为市场领先战略、追随领先者战略、应用工程战略和模仿战略。本书按照技术资源和技术能力的来源作为划分标准，把技术创新战略模式分为自主创新战略模式、模仿创新战略模式和合作创新战略模式三种。

一、自主创新战略模式

自主创新战略模式是指创新主体以自身的研究开发为基础，实现科技成果的商品化和产业化，获取商业利益的创新活动。自主创新并不要求所有的技术环节都由企业自身攻克，但是核心技术必须是独立研究开发的。如美国英特尔公司的计算机微处理器是一种自主原创新，我国北大方正的中文电子出版系统虽然参考了大量国外技术成果，但是其核心技术——汉字信息计算机处理技术——是自行开发的，是来源于企业内部的技术积累和突破，也是属于率先突破核心技术的自主创新。因此，自主创新一般是指重大技术难关的攻克和完全新型产品的问世。

自主创新必须以领先性的技术为目标，如果别的企业已创新成功，再自主创新就没有必要了，率先性的技术一旦攻克就具有独占性的优势，就能使企业的竞争优势极大地增强，从而保证企业获得超额利润。如能充分利用创新的技术积累，沿着形成的技术轨道，产生派生创新，那么企业可在相当时期内始终站在新兴产业的前沿。

自主创新作为率先创新，具有一系列优点：一是有利于创新主体在一定时期内掌握和控制某项产品或工艺的核心技术，在一定程度上左右行业的发展，从而赢得竞争优势；二是一些技术领域的自主创新往往能引致一系列的技术创新，带动一批新产品的诞生，推动新兴产业的发展，如美国杜邦公司通过在人造橡胶、化学纤维、塑料三大合成材料领域的自主创新，牢牢控制了世界化工原料市场；三是有利于创新企业更早积累生产技术和管理经验，获得产品成本和质量控制方面的经验；四是自主创新产品初期都处于完全独占性垄断地位，有利于企业较早建立原料供应网络和牢固的销售渠道，获得超额利润。

自主创新模式也有一些缺点：一是往往需要巨额的投入，不仅要投巨资于研究与开发，还必须拥有实力雄厚的研发队伍，具备一流的研发水平，如英特尔公司2014年的研发投入就超过115亿美元；二是高风险性，自主研究开发的成功率相当低，在美国基础性研究的成功率仅为5%，在应用研究中有50%能获得技术上的成功，30%能获得商业上的成功，只有12%能给企业带来利润；三是时间长，不确定性大；四是市场开发难度大、资金投入多、时滞性强，市场开发投入收益较易被跟随者无偿占有；五是在一些法律不健全、知识产权保护不力的地方，自主创新成果有可能面临被侵犯的危险，搭便车现象难以避免。因此，自主原创新模式主要适用于少数实力超群的大型跨国公司。

新闻摘录　研发海洋潮流能技术　获重大突破

以潮流能为代表的海洋能是最理想的清洁可再生能源，享有水下能源"金矿""蓝色的油田"之誉，近年来越来越受到欧美发达国家的普遍关注。海洋潮流能发电机组大型化研发和商业化应用，更是各国科学家着力攻破的世界性难题。为抢占这一最新科技领域，美国、英国、法国、日本、韩国等国均对海洋潮流能研发利用投入了大量的人力、物力、财力。2008年，世界上技术最先进、规模最大的海洋潮流能发电站由英国国家实验室和SEAGEN公司联合研发，装机容量为1.2兆瓦，据此英国成为世界上公认的潮流能强国，并在全世界掀起新一轮技术革新浪潮。

2009年，为响应中央组织部、浙江省委省政府倡导的"将孵化器前移至发达国家"的号召，澳大利亚La Trobe大学"海归"、杭州绿盛集团董事长林东在美国洛杉矶成立了"LHD美国联合动能科技有限公司"。林东作为总工程师联合"海归"学者组建LHD科研团队，致力于海洋潮流能发电技术的研发创新和产业化应用，并在很多关键工程技术环节取得重大突破。

2012年，林东团队在杭州淳安千岛湖创建了"杭州林黄丁新能源研究院"，自筹巨资建设"模拟海洋能大型实验室"，正式开始了大型海洋潮流能发电产业化示范样机——"7.5兆瓦LHD林东模块化大型海洋潮流能发电机组"项目的研发工作。项目一体化设计、分两期实施，一期3.4兆瓦，二期4.1兆瓦。

2014年5月，国家海洋可再生能源项目、浙江省重大科技专项项目、国家"十三五"部省会商项目——世界首台"3.4兆瓦LHD林东模块化大型海洋潮流能发电机组"在舟山市岱山县秀山岛正式开工建设。

2015年年底，总投资1.8亿元的一期项目总成平台完成组装施工，2016年3月1日总成平台成功实施下海安装，2016年7月27日，首批1兆瓦两套涡轮发电模块机组安装就位，2016年8月26日成功并入国家电网。中国也因此成为继英国、美国之后，亚洲第一个、世界第三个掌握潮流能发电并网技术的国家。世界首台"3.4兆瓦LHD林东模块化大型海洋潮流能发电机组"是完全由我国科研人员研发、完全拥有自主知识产权、世界上装机容量最大的模块化大型潮流能发电机组。研发至今共申请了国际国内五十多项专利，其中基础发明专利已在美国、英国、法国、日本、韩国等国注册，并都已进入巴黎公约和PCT（专利合作条约）等国际知识产权保护体系。

该项目所采取的开创性技术路径，一举突破了潮流能发电单机功率难以大型化的世界性难题，并在能量采集效率、工作可持续性、系统可维护性、环境适应性、使用寿命等关键技术环节具有国际先进优势，成为我国潮流能发电技术领先世界的重要标志，为人类大规模开发利用海洋清洁能源探索出一条行之有效的科学路径，属于新能源领域世界级重大突破。这必将大幅提升我国海洋清洁能源的开发利用水平，推动潮流能发电产业的大发展。

资料来源：研发海洋潮流能技术获重大突破. 中国海洋，2017-02-06.

二、模仿创新战略模式

模仿创新战略模式是指创新主体通过学习模仿率先创新者的方法，引进、购买或破译率先创新者的核心技术和技术秘密，并以其为基础进行改进的做法。模仿创新是各国企业普遍采用的创新行为，日本是模仿创新最成功的典范，日本松下公司、三洋电机等都依靠模仿创新取得了巨大成功。综观世界各国，当今市场领袖大多并非原来的率先创新者，而更多的恰恰是模仿创新者。模仿创新并非简单抄袭，而是站在他人肩膀上，投入一定研发资源，进行进一步的完善和开发，特别是工艺和市场化研究开发。因此模仿创新往往具有低投入、低风险、市场适应性强的优势，其在产品成本和性能上也具有更强的市场竞争力，成功率更高，耗时更短。模仿创新模式的劣势也很明显，作为先进技术的跟随者，模仿创新者只能被动适应。由于企业在研发上的投入很少，新产品的更新速度依赖领先者，只能获得微薄利润，因为在技术高速发展时期，领先者会降低被模仿产品的价格以排挤模仿者，而在技术成熟期，大量模仿者进入必然会使企业的利润降低。当新的自主创新高潮到来时，企业就会处于非常不利的境地，如日本企业在信息技术革命中就处于从属的地位；另外，模仿创新往往还会受到率先创新者技术壁垒、市场壁垒的制约，有时还面临法律、制度方面的障碍，如专利保护制度就常被率先创新者利用作为阻碍模仿创新的手段。

采用模仿创新战略的企业需要具备一定的条件：① 快速的信息识别能力。模仿创新者要能够有效地利用公共信息媒介、专利信息库等识别和追踪技术信息和领先者的创新成果，并结合自身的优势，识别领先者创新成果中的技术知识。② 较强的技术消化吸收和改进能力。能够迅速消化领先者的研究成果并巧妙地加以利用、改进和完善，研制出在产品质量、成本、性能、功能、外观设计等方面优于已有产品的新产品。

> **案例**

企鹅称霸　模仿也是创新

和大多数成功的国内互联网公司类似，腾讯的成功也是从模仿开始的。但腾讯的不同之处是能够在模仿中进行有效的创新。腾讯的核心产品QQ就是模仿创新的典型案例。实际上马化腾从不讳言QQ当初是作为ICQ的一个模仿者出现在中国用户面前，但QQ的成功绝不是因为模仿。虽然QQ本身是一个仿制品，但是像离线消息、QQ群、魔法表情、移动QQ、炫铃等都是腾讯的创新。正是有了创新的产品才有了QQ庞大的用户群，这成为支撑整个腾讯体系的支点。这些创新是QQ能够最终超越ICQ的关键所在。

实际上腾讯目前众多的产品中都能找到这种模仿式创新的影子：网络游戏、拍拍网、无线增值、门户网站、QQ空间、QQ邮箱等。和众多尝试多元化而惨遭失败的互联网公司不同，大举扩张的腾讯却几乎在所有的领域都取得了成功。

腾讯能够在互联网的各个领域取得成功，不仅仅是因为拥有即时通信软件QQ这一强大的平台，还在于腾讯对于用户体验的理解。正是凭着对用户体验的理解，能够让腾讯做出的产品相较于被模仿者更出色。例如QQ邮箱，除了拥有其他邮箱都拥有的功能外，它可以一起接收其他邮箱邮件，给用户提供了极为顺畅的产品体验。

用户的选择是残酷的，也只有像腾讯这样顺应用户需求的公司才能成功。不仅是在产品层面，在创新机制的建立上马化腾也已经远领先于竞争对手。2006年10月腾讯宣布投资亿元人民币设立腾讯研究院，以吸引中国的科学家和技术人员加盟，除了将创新作为腾讯的核心价值观之外，马化腾还建立了一个健全的创新体系和机制让腾讯能够保持创新的活力。

在成功地进行模仿创新以及搭建起公司内部的创新体制以后，这个以小企鹅为标志物的公司正在步入自己全新的创新之旅。以后，腾讯的创新已不仅仅局限于技术、产品等方面，还包括商业模式的创新，以及用户体验的创新。

资料来源：周勇. 腾讯马化腾：企鹅称霸　模仿也是创新. IT经理世界，2010-11-10.

三、合作创新战略模式

合作创新战略模式是指企业间或企业与科研机构、高等院校之间联合开展创新的做法。合作创新一般集中在新兴技术和高技术领域。由于全球技术创新的加快和技术竞争的日趋激烈，技术问题的复杂性、综合性和系统性日益突出，依靠单个企业的力量越来越困难。因此，利用外部力量和创新资源，实现优势互补、成果共享，已成为技术创新日益重要的趋势。合作创新有利于优化创新资源的组合，缩短创新周期，分摊创新成本，分散创新风险，能够最快速度利用和掌握他人先进技术，成本投入低。合作创新模式的局限性在于无论何种企业间合作，技术领先方一般不愿将先进技术公开，利益分配上存在冲突，企业不能独占创新成果以获取绝对垄断优势。

案例

Wintel 联盟

Wintel 联盟由微软和英特尔组成，它们生产互补性的产品，一个生产个人计算机的软件，一个生产个人计算机的硬件。

微软与英特尔的合作可以追溯到 20 世纪 80 年代。1981 年 IBM 推出第一台 IBM PC 时，采用英特尔 8080 作微处理器、微软的 MS-DOS 作操作系统，从此微软与英特尔共同搭上了 IBM 的快车，并逐步在计算机市场上形成唇齿相依的关系。软件必须依赖硬件才能发挥作用，而硬件的使用也同样离不开软件系统的支持。微软和英特尔基于战略利益的一致性和产品结构互补特点，终于走到一起携手合作，结成了 Wintel 联盟。

自 Wintel 联盟形成之日起，两者之间就密切协作、默契配合。它们使其产品相互兼容和匹配，适应对方产品更新换代的需要。英特尔总是在微软推出新的大型软件的时候，紧锣密鼓地隆重推出其最新研制的 CPU。

合作使得微软与英特尔得到长足的发展。英特尔芯片和微软操作系统分别成为个人计算机的心脏和大脑，控制着每年销售 8 000 万台计算机的中枢系统，它们的联盟得以制定个人计算机产业的行业标准。两者在相互关联的市场上的互补性使它们认为对方是最重要的合作伙伴，在应用技术开发和产品升级等方面给予对方步调一致的响应。

微软和英特尔的联盟推动了计算机事业的发展。随着计算机事业的发展，计算机由实验室走入生活、由贵族产品变为普通的办公和家庭用品，人们对计算机软硬件的需求发生了翻天覆地的变化。微软和英特尔的合作促进了计算机向个人计算机的转变，彻底地改变了个人对计算机的需求，创造了一个更大的个人计算机需求市场。

资料来源：根据相关资料整理。

以上三种创新战略模式各有特点，采用这些模式也需要有不同的条件和要求。自主创新要求创新主体有强大的经济实力、雄厚的研发力量和大量的成果积累，在技术上具有领先优势，起点和要求是最高的；相对来说，模仿创新和合作创新起点和要求就低得多。因此，自主创新模式更多地为少数发达国家和大型跨国公司所采用；而模仿创新则是后进国家实现快速创新、缩小与发达国家差距的一种有效途径，是发展中国家较为现实的选择，也是技术较弱的企业追赶领先企业的一种有效途径。日本、韩国就是靠模仿创新发展起来的，实践证明经济发展较为成功的其他新兴工业化国家、地区也大多是这样发展起来的。

当然，上述三种模式也不是完全排斥的，而是可以相互结合的。首先，具有不同实力和研发水平的企业可以根据自身情况选择适宜的创新模式，少数有实力的大企业可以在某些有优势的领域选择自主创新，而大多数中小企业则适宜选择模仿创新和合作创新模式。其次，从时间上看，模仿创新往往是自主创新必经的过渡阶段，一个新建企业只有通过模仿创新才能逐步积累自己的技术、资金实力、管理经验和人才队伍，为进行自主创新创造条件。在一批这样有实力的大企业崛起之前,发展中国家过早地提出以自主创新为主是不现实的,也是难以做到的。最后,即使是一些大跨国公司在其不同发展阶段和对不同产品、不同技术领域,也可以同时分别采取三种不同的模式,扬长避短,改善创新效果。

我国作为一个发展中国家,在选择技术创新模式上既要尊重技术创新的一般规律,又要考虑我国的国情。在我国,集中一定人力物力财力有选择地加强自主创新,不仅是占领国际竞争制高点、发展高新技术产业的需要,也对我国政治军事安全有着特殊的意义。作为拥有超过13亿人口的大国,我们不应完全依赖引进技术和模仿跟随,还应有选择地在一些战略领域有所突破。我国巨大的市场潜力、一定的科技基础、可观的科技人才队伍、大量高素质的劳动力以及作为世界制造业基地的种种优势和条件,都使我国开展必要的自主创新成为可能。因此,我国可本着"有所为、有所不为"的原则,在局部企业和技术领域重点鼓励开展自主创新;同时我们必须面对现实,利用一切有利机遇和条件,特别是技术创新全球化的有利机遇,提高与跨国公司合作水平,加强对外科技交流与合作,大力推动模仿创新和合作创新,提高我国的创新水平。我们尤其要完善专利制度、产权制度,加强知识产权保护,为自主创新和吸收跨国公司来华从事研发活动创造良好的法律制度环境。

第四节 技术创新组织形式

企业的技术创新需要多种因素的有机组合,包括正确的企业技术创新战略目标,合理的技术创新组织形式,有效的技术创新激励机制,高素质的技术创新队伍,以及高效率的技术创新管理等。这其中创新的组织机构会影响到组织的效率,组织效率又直接关系到创新的成败与效率。因此,建设适合企业技术进步的、高效的技术创新组织机构是每一个企业都必须认真对待的问题,也是企业不断追求的目标。

企业的技术创新组织形式在企业的技术创新活动中具有重要地位。良好的组织方式能调动创新者的创新积极性,减少和消除创新活动中的阻力和"瓶颈",提高创新活动的有效性,从而可取得事半功倍的效果。反之,组织形式的不顺导致阻力重重,进展艰难,效率极低。因此各国和各企业都在探索和建立能促进技术创新的最佳组织形式。

技术创新的组织模式多种多样,可以根据产品、技术、企业自身状况和市场情况,灵活设立,不存在一个固定的模式。

一、内企业与内企业家

企业根据特定技术开发的特点,允许或鼓励企业内员工在一定时间内离开本岗位,从事员工自己感兴趣的创新活动。并且企业可提供资金、设备、人员支持,在外建立高技术小公司,创新风险和收益均在所属企业内。因此,称这类从事创新活动的企业为内企业,进行创新活动的员工为内企业家。内企业内部基本上没有分工,很少受到部门或企业整体战略决策的影响,可以根据市场情况原始决策、原始开发,运作方式基本上是非正式的。所以,内企业是结构最为简单,行动最灵活的创新组织形式。对激发创新意识,实现创新人员的成就感具有良好的促进作用。实践证明,这类模式较好地处理了企业制度约束和创新的自由运作这一矛盾。

美国的明尼苏达矿务及制造业公司(简称3M公司)准许员工有15%的上班时间用来搞创造发明,这一规定极大地刺激了员工的创造热情。同时,为使公司全体员工的创造性有机会得到发展,公司每年设立了总额为450万美元的个人创造开发基金。只要你的新想法和新点子经过专家小组论证后,就可获得1万~5万美元的立项和初期开发经费。经过初期研究认为可行,公司就会支持你牵头成立课题组进行成果开发、工业试制直至投产。3M公司的员工费拉伊就是通过内企业活动而发明了"即时贴"不干胶贴纸。

二、在产品事业部内组成新产品或新技术开发小组

由于产品事业部具有同类产品的核心技术能力,由事业部内人员组成的创新小组可以较容易地在此核心技术上加以延伸或扩散。这类模式较普遍,广泛存在于一些中小型企业,主要从事成熟技术的局部、渐进改进,从产品的构思、设计、制造、市场试验等基本上在产品开发部进行。其他职能部门在企业的领导和协调下配合产品或技术的开发。实践证明,这是一种中小型企业从事成熟技术的后续改进、开发、提高组织效率的一种比较有效的方式。

例如,自行车事业部可以开发变速自行车和以汽油或蓄电池为动力的助动车。

三、创新小组

创新小组是指为完成某一创新项目临时从各部门中抽取若干专业人员成立的一种创新组织。创新小组具有明确的创新目标和任务,企业高层主管对项目小组充分授权,小组成员参与小组创新活动的决策,共同确定小组的工作目标,共同完成创新过程。它在结构上表现为两个特征:一是淡化了纵向和横向的直线权力制;二是小组成员共同决策。这样,创新小组在原有结构基本稳定的前提下建立了一种开放性的灵活性组织;既进行技术创新,又可以维持原有业务流程的一种创新性组织;另一方面,技术创新的不确定性,客观上需要一种信息交流更为开放,分权更为彻底,管理跨度更大,创新各职能联结更为紧密的组织结构。因此,创新小组作为一种自由联合体,充分发挥了小组成员的创新潜力,提高了创新效率。

例如,美国IBM公司在1980年8月决定成立个人计算机创新小组,授予负责人很大的权力,他有权从公司任何部门抽调精干人员,要负责从研制到销售的全过程,目标是一年内开发出新产品。由于充分的授权,创新小组把创新重点集中在整个系统的布局、结构和配置的优化上,一年后准时推出了新产品,取代了原先占领市场的"苹果"个人计

算机。

四、技术中心（风险事业部）

大企业为了进行重大技术创新，从各部门抽调人员，给予经费，单独设立从事重大创新的事业部。因为重大技术创新往往有较大的风险性，若将此任务交给一般事业部，由于成功的不确定性，往往将其放到次要任务中去，甚至受到排斥。风险事业部可以在企业总部的直接领导下，集中力量，及时解决创新"瓶颈"，有利于重大创新的实施。

例如，通用电气公司在1952年按事业部进行大规模改组时，每个事业部都同时承担两项任务：经营现有事业和开拓未来事业，事实证明，维持和发展现有事业都很艰难，更无暇顾及创新活动。经过10年左右，通用电气公司才开始把重大创新独立出来，单独在企业的发展部门中进行。

五、"产、学、研"结合

科研单位与生产企业的结合是社会科技开发要素优化配置的需要。科研单位集聚了大量的人才、信息、科研设备，一旦与技术创新的主体——企业相结合，必将加快创新步伐，提高创新效率。"产、学、研"结合不但是中小企业的需要，因为它们缺乏技术开发力量，更需要依靠科研单位的人才、信息、科技和成果。而且大企业也需要，特别是当前我国大部分大企业的技术开发力量还不够强。企业与科研院所、大学的结合，不失为一种很好的创新组织模式。

第五节　商业模式创新

彼得·德鲁克指出，未来企业间的竞争，不再是单一产品或者服务的竞争，而是商业模式之间的竞争。商业模式概念的兴起得益于20世纪90年代互联网经济的蓬勃发展。但商业模式并不是互联网企业的专利。任何一个组织，无论是营利性组织还是非营利性组织，都有一套确立其生存和发展的目标体系以及运作的手段和措施，这就是运作模式。对于非营利性组织而言，由于其生存和运作的目的带有非营利性特点，我们可以把其运作模式理解为业务运作模式；对营利性组织而言，则把它视为商业模式。

一、商业模式概念及作用

关于商业模式的定义很多，Timmers（1998）认为商业模式是产品、服务和信息流构架的描述，包括各种业务的影响要素及其作用、各种业务参与者的潜在获利和收入来源体系结构。最通俗的定义,商业模式就是描述企业如何通过运作来实现其生存与发展的故事。

商业模式对企业有着非常重要的作用。切萨布鲁夫(Chesbrough)和罗森布鲁姆(Rosenbloom)认为商业模式的一个重要作用就是在早期阶段释放技术所蕴含的潜在价值,并尽可能多获取价值,将技术转化为市场收入。因为技术发明本身并不能保证企业取得商业成功,它没有与生俱来的价值,再伟大的技术发明在商品化之前也不能为企业带来满意的利润,企业必须通过商业模式来实现创新理念和研发成果的商业化,这样才能不断获得竞争优势。新产品研制计划必须与商业模式有机整合,才能确保新产品"走向市场"和"获取价值"。

切萨布鲁夫和罗森布鲁姆提出商业模式是反映企业商业活动的价值创造(value creation)、价值提供(value offering)和价值分配(value distribution)等活动的一种架构。因此,商业模式应该具有6个功能,即:① 清晰地说明价值主张,即说明基于技术的产品为用户创造的价值;② 确定市场分割,即确定技术针对的用户群;③ 定义企业内部的价值链结构,来生产和经销产品;④ 在一定的价值主张和价值链结构下,评估生产产品的成本结构和利润潜力;⑤ 描述价值网中联结供应商和顾客的企业位置,包括潜在进入者和竞争者;⑥ 制定竞争策略,创新性的企业将通过此策略获得和保持竞争优势。

二、商业模式的要素

商业模式的要素如图 2-4 所示,具体表述如下:

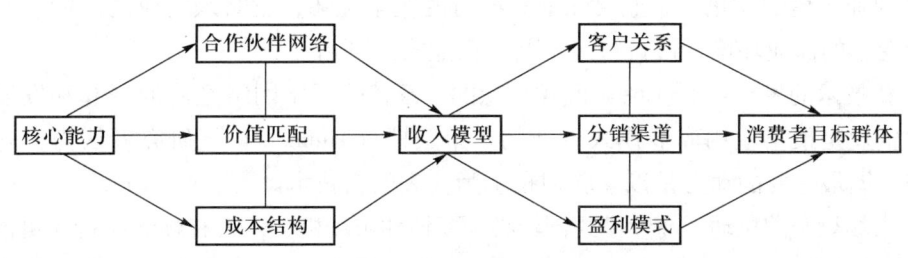

图 2-4 商业模式要素

(1)价值主张。价值主张即企业通过其产品和服务所能向消费者提供的价值。价值主张确认企业对消费者的实用意义。从消费者的角度来看,价值主张就是消费者所能感知到的企业为其创造的价值。

(2)消费者目标群体。群体或社会群体是指两人或两人以上通过一定的社会关系结合起来进行共同活动而产生相互作用的集体。具有某种共同特征的若干消费者组成的集合体就是消费者群体。凡是具有同一特征的消费者都会表现出相同或相近的消费心理行为,因为同一群体成员之间一般有较经常的接触和互动,从而能够相互影响。

(3)分销渠道。分销渠道是指某种产品或服务在从生产者向消费者转移过程中,取得这种产品和服务的所有权或帮助所有权转移的所有企业和个人。因此,分销渠道包括商人中间商(经销商)和代理中间商,此外,还包括处于渠道起点和终点的消费者或用户,但是不包括供应商、辅助商。

（4）客户关系。客户关系是指企业为达到其经营目标，主动与客户建立起的某种联系。这种联系可能是单纯的交易关系，也可能是通信联系，也可能是为客户提供一种特殊的接触机会，还可能是为双方利益而形成某种买卖合同或联盟关系。

（5）价值匹配。价值匹配又称资源配置，即资源和活动的配置，它指的是如何优化配置企业的内外部资源，将独特的顾客价值生产出来。

（6）核心能力。核心能力是企业在长期生产经营过程中的知识积累和特殊的技能以及相关的资源组合成的一个综合体系，是企业独具的与他人不同的一种能力。

（7）合作伙伴网络。合作伙伴网络即企业同其他企业之间为有效提供价值并实现其商业化而形成合作关系网络，可以包括供应链上下游的众多企业。

（8）成本结构。成本结构亦称成本构成，产品成本中各项费用所占的比例或各成本项目占总成本的比重。当某种生产因素成本占企业总成本的比重比较高时，该生产因素便成为企业主要风险。

（9）收入模型。收入模型即企业通过各种收入流来创造财富的途径，也就是说企业用什么方法来获得顾客的回报从而创造盈利。

三、商业模式创新的动力和途径

（一）商业模式创新的动力

（1）商业环境的变化。企业要保证其绝对的竞争优势，就必须适应动态的、不可预知的、不断变革的商业环境，进行持续不断的商业模式创新。

（2）新技术的发展需要。商业模式概念的广泛接受源于网络经济的崛起和发展，新兴的互联网企业是最早应用商业模式创新的。蒂蒙斯（Timmers）等研究者认为，商业模式创新早期发展最主要的动力是以互联网技术为代表的新技术。

（3）市场机会的拉动。商业模式创新必须要抓住市场机会，只有顺势而行才可能取得更大的成功。研究发现，那些在经济危机或倒退时期仍能顶住压力、表现出色的企业不仅仅是靠运作或者财务方面的创新，更重要的是他们能够有效抓住并合理利用危机所提供的机会。

（4）竞争的巨大压力。学者们研究发现企业经营方式的变化会给企业发展带来一定的压力，当这种压力累积到一定程度时，企业就需要进行商业模式的创新。

（二）商业模式创新的途径

商业模式创新因其本质的复杂性和内容的广泛性，创新的途径也会因创新环境或创新视角的不同而不同。

（1）商业模式系统的创新。随着商业模式创新研究的不断深入，学者们开始从系统视角来研究商业模式创新，认为商业模式系统的设计应主要考虑两个方面的因素，一方面是设计主题，具体包括新颖性、互补性和效率；另一方面是设计组成因素，主要包括结构、内容以及治理。

（2）商业模式组成要素的创新。在商业模式这一价值体系中，企业可以通过改变价值主张、目标客户、分销渠道、顾客关系、核心能力、价值结构、伙伴承诺、收入流和成本结构等因素来激发商业模式创新。

（3）基于创新程度视角的创新途径。不同类型的企业商业模式创新的实施途径不同，其实施程度也各不相同。奥斯特沃尔德尔（Osterwalder）把商业模式创新分为全新型创新、增量型创新和存量型创新三类。他认为全新型创新适用于那些能够敏锐把握市场机会，同时具有新技术的企业；增量型创新方式主要适用于那些在某些方面比较滞后的企业；存量型创新主要适用于那些能够获得新的资源、核心能力或分销渠道的企业。

（4）价值链视角的商业模式创新。价值链的组成分为两个部分：一部分包括所有与生产有关的活动；另一部分包括与销售相关的所有活动。一个新的商业模式往往起源于一个产品或者一项流程的创新。

 扩展阅读　中国十大经典商业模式案例分析　

第六节　知识产权保护与技术创新

一、知识产权保护与技术创新的关系

技术创新是企业提高经济效益、增强市场竞争力的内在源泉。由于技术创新的高投入性、不确定性和高风险性，对以营利为目的的企业而言，如果技术创新在市场上得不到应有的保护，也就是其技术创新的高风险得不到相应的高回报，或者市场特征增加了其创新获利的不确定性，造成创新企业有形资产的巨大损失，就会严重挫伤企业和企业经营者创新的积极性，则必然导致创新动力的减退，因此就需要通过对市场进行干预来鼓励创新。

知识产权保护制度就是通过法律手段，确认知识产权的权利归属，规定对知识产权的保护措施，以法律的形式赋予权利人对其在科学文化领域内所创造的智力成果享有的权利，以促进知识发展，推动人类进步。它的出台是社会对技术创新的一种激励措施，使技术创新者对其创造的知识拥有垄断性的产权，以使其获得高额垄断收益。知识产权本质上是一种垄断性经营权。它的存在就是通过非市场力量来推动技术创新。

知识产权保护是使技术创新活动健康发展的关键环节。对于企业外部科技人员的发明和创造，企业必须依照相应的产权法律，按适当的形式给知识提供者以符合法律、双方认可的物质与精神补偿；对于企业内部的发明创造，企业应求助于专利制度的法律保护。对于一些较为直观、易于复制的原始创新成果，尤其要借助于专利制度获得法律上的保护。在竞争较为激烈，多个竞争对手同时从事研究开发的情况下，还应注意专利申请的及时

性。因为法律并不保护首先获得技术突破但并未申请专利的创新者。现实中，不少原始创新企业由于未申请专利或者未及时申请专利保护导致其核心技术被其他企业仿制或不能合法使用原始研究技术，而蒙受损失。在技术创新的实施过程中也要时时运用知识产权制度来保护技术创新成果。总之，知识产权保护制度是保证技术创新成果权利化、资本化、商品化和市场化的基本前提之一。技术创新成果需要知识产权的保护，知识产权保护制度的完善反过来又大大激励和推动了技术创新，成为技术创新促进科技进步的关键。

但是，知识产权保护对不同企业的创新具有不同的效应。对于创新能力强的企业来说，知识产权保护为企业创新提供了动力。一方面，知识产权保护保证了企业在一定的期限内从创新产品中获得垄断性收益的权利。知识产权保护的本质就在于在一定的时期内授予创新者垄断利益，激励他们将智力、知识、时间和资金不断投入创新活动之中。在创新成本不变的条件下，创新的净收益增加了，企业创新的积极性也就相应提高。另一方面，知识产权保护使其他企业的模仿和"盗版"的成本提高，这些企业要想生产同样的或者相似的产品，就必须从创新企业购买技术专利，或者冒着被处以重罚的风险，而两者都是要付出成本的。总之，无论是从提高创新企业的预期收益的角度来看，还是从增加落后企业的模仿成本从而减少模仿的方面来分析，强化知识产权保护都为创新能力强的企业提供了创新的动力。同时，创新企业从创新产品中获得的垄断收益也为企业进一步创新提供了可能。因此，知识产权保护对于创新能力强的企业的原始创新具有积极效应。从历史和现实实例来看，知识产权保护对创新的积极效应也是很明显的。而世界著名的德国西门子公司、美国AT&T公司、日本邓禄普公司，都得益于知识产权保护。

对于创新能力弱的企业而言，知识产权保护为企业创新设置了障碍。创新能力弱的企业主要进行的是模仿创新，借助知识的外部性，以较低的成本进行创新。知识产权保护削弱了知识的"溢出效应"，提高了应用他人技术的成本，在创新收益不变的条件下，创新能力弱的企业从创新中获得的净收益下降，因此知识产权保护打击了它们创新的积极性。我国台湾地区的发展经验表明，知识产权保护具有"鳗鱼效应"，即在较强的知识产权保护下，侵权会受到严厉的惩罚，迫使以前不重视原始创新的企业进行原始创新，最终提高企业的创新能力。但是，如果企业本身的确不具备原始创新能力，只能通过模仿创新作为跳板，在模仿中学习，从而最终培育起原始创新能力，那么，在企业还不具备原始创新能力的条件下，加强知识产权保护只能中断这个学习过程，加速企业的灭亡。这就如同在一群老弱病残的金枪鱼中放入一条凶狠的鳗鱼，结果不是促使金枪鱼变得强壮，而是加速它们的死亡。要想发挥知识产权保护的"鳗鱼效应"，只有在落后企业本身具有一定的创新能力的条件下才能实现，所以知识产权保护对于创新能力弱的企业的创新具有消极效应。

二、专利与技术创新

专利是知识产权保护中最重要的一种保护制度。专利是政府依法向创新者（发明者）授予的，在一定时期内对其某项实用新型产品、工艺、物质或设计的独占权利。专利制度产生的首要目的就是通过保证发明人为其发明活动获得一定数量的回报来激励发明研究。

一方面，专利可以为独立发明家或者从事研究开发活动的企业提供一定的利益保障，并通过保护发明家和创新企业的发明收益而刺激技术创新所必需的科学技术成果供应的数量与质量，进而刺激研究开发资源的最优配置，增加科学技术知识的供应，从而有助于减少技术创新过程中技术方面的不确定性。从这个意义上说，专利制度无疑是有利于技术创新活动的。另一方面，由于专利制度规定发明者具有在一定时期内独家使用该发明的排他性权力，这又会在很大程度上限制可供交易的科学技术成果供应量，从而减少科学技术成果从潜在生产力变为现实生产力的可能性，延长发明与创新之间的时滞。即使在企业内部，由于雇主对于其雇员所开发的任何专利都拥有所有权，它们也可能不利于创新技术的溢出。

由此可见，专利制度在技术创新过程中的作用非常复杂，它既有减少技术方面的风险、促进技术创新过程的一面，也有过分强调保护发明家的发明收益而延缓技术创新的一面，因此，在专利保护的年限上进行了两方面的权衡。事实上，如何更好地促进技术发展与创新方面各国也有相应的尝试，比如德国的专利法就是一个很好的尝试方法，德国的雇员发明法规定，如果雇主没有充分利用其雇员所做出的发明，则雇员可以开发利用他的发明，并可以投入商业化应用之中。

新闻摘录　特斯拉宣布专利"裸奔"是因为大公无私？

特斯拉首席执行官埃伦·穆斯克（Elon Musk）指出，全球汽车市场年产量逼近1亿辆，但"特斯拉无法足够快地生产电动汽车以应对碳排放危机"。他于2014年6月12日宣布，特斯拉出于诚意，将免费公开其所有专利。在特斯拉网站上发布的一篇博文中，该公司表示，它最初担心其他公司会抄袭它的技术，因此积极采取措施以保护知识产权。但事情的发展却是，汽车厂商生产的零排放汽车寥寥无几，这类汽车在他们的总产量中所占比例还不到1%。特斯拉希望该公司的这一举动能开始转变这种状况。

穆斯克召开了一个电话会议，对该举措展开了更为详细的讨论，他阐明了公司的意图：特斯拉并不认为这么做会让情况在一夜间有所改变。汽车厂商花数年时间推出新车，而提高产量甚至会耗时更久。日产的聆风（Leaf）是一款全球领先的电动汽车，它的售价远远低于特斯拉Model S，上市超过三年后，直到最近销量才突破10万大关。除特斯拉之外，没有任何一款纯电动汽车的销量接近该数字。但在一个拥有20亿辆汽车的世界里，10万辆也只不过是沧海一粟罢了。

然而，穆斯克仍然坚守自己的信念。"长远来说，我希望这一举动能加快我们过渡到可持续交通运输工具的步伐。"他相信特斯拉的技术可能会鼓励汽车制造商考虑生产单元更小的电池，正如特斯拉所做的那样。因为该公司使用标准尺寸的笔记本计算机电池，在所有生产电动汽车的公司中，它的每千瓦时成本是最低的。或许，现在特斯拉把专利开放给其他公司，能激励其他汽车厂商跟随特斯拉的脚步。

穆斯克说，特斯拉于6月11日与宝马召开会议，讨论了各种问题，公开技术的想法已经摆上桌面。特斯拉提到，只要其他公司生产的汽车能够兼容特斯拉的高速超级充电站网络并"按照对该网络的使用比例支付合理的成本分摊费用",特斯拉从一开始就能向其他汽车公司开放自己的高速超级充电站网络。穆斯克建议,宝马或其他汽车生产商甚至也有可能建设它们自己的可兼容充电站网络,根据协议与其他公司共享。此外,他建议宝马像特斯拉那样,建造自己的电池千兆工厂,以降低自身的生产成本。

这一公开专利的声明引出了一个问题,特斯拉是否正在放弃皇冠上的明珠而得不到任何回报。穆斯克似乎毫不关心这一点。他主要想让电动汽车行业避免出现手机或互联网公司中的那种情况:频繁的专利诉讼威胁了创新的步伐。穆斯克说,特斯拉仍将不断提交专利申请,以确保"专利流氓"不会获得滥用特斯拉技术的权利,但特斯拉将继续免费公开后续专利。

他还表示,这一举动并不是为了免费获得行业中的知识产权以供特斯拉使用:"我没听说我们公司正在使用或计划使用任何其他公司的任何专利。"他还明确表示,如果特斯拉需要来其他汽车厂商的某项极具价值的专利授权,它并不会因自己免费公开了自己的技术而期待能从其他公司获得同等待遇。特斯拉追求的是"有诚意的"举动。如果两家公司互相使用对方的技术,且具有相似的价值,那么任何一家公司都无须认为应起诉对方或向对方收取专利授权费。

穆斯克对专利的现状也提出了自己的看法,表达了一些担忧。"我确实认为我们需要进行某种专利改革。"太多的精力"被投入"并不能鼓励创新的专利中"。他坚信,通过免费公开能推动电动汽车行业发展的知识产权,特斯拉将成功"吸引并激励全世界最优秀的技术人才",因为这些工程师会知道,他们的工作会产生最大的影响力,那对股东来说也是件好事。

如果特斯拉在全球成功地推动了电动汽车行业的发展,对于地球来说,这也是好事一桩。

资料来源:特斯拉宣布专利"裸奔"是因为大公无私?陈岳林,译. 李其奇,校. 福布斯中文网,2014-06-13,稍有调整。

本章小结

技术创新是提高企业核心竞争力的关键因素,随着知识经济时代的到来,以创新谋求发展已成为当今企业发展的必由之路,技术创新也成为现代企业发展的重要选择。创新最早是由美籍奥地利经济学家熊彼特首先提出来的,他认为创新是指"企业家对生产要素所做的新的组合",并把创新概括为五种形式:① 生产新的产品;② 引入新的生产方法、新的工艺过程;③ 开辟新的市场;④ 开拓并利用新的原料或半制成品的供应来源;⑤ 采用新的生产组织方法。

技术创新的过程模型包括技术推动的线性模式、市场需求拉动的线性模式、耦合模式、整合模式和系统集成及网络化模式。

本章还介绍了三种创新战略模式:自主创新战略模式、模仿创新战略模式和合作创新战略模式，每一种战略都有各自适用的条件。企业在选择和制定技术创新战略时，应该根据外界环境的变化和自身的条件选择适合自身发展的技术创新战略，也可以进行战略的组合。

企业的技术创新组织形式在企业的技术创新活动中具有重要地位，技术创新的组织模式多种多样，可以根据产品、技术、企业自身状况和市场情况，灵活设立，不存在一个固定的模式，常见的企业技术创新组织模式有内企业与内企业家、在产品事业部内组成新产品或新技术开发小组、创新小组、技术中心（风险事业部）、"产、学、研"结合。

知识产权保护是技术创新活动健康发展的关键环节，知识产权保护对不同企业的创新具有不同的效应。专利是知识产权保护中最重要的一种保护制度。专利制度具有两面性。

关键概念

技术创新　R&D　商业模式创新　自主创新战略　模仿创新战略　合作创新战略
商业模式创新　知识产权保护　专利

思考与练习

1. 什么是创新？熊彼特提出的创新有几种分类？
2. 技术创新与经济增长的关系如何？与企业竞争优势的关系如何？
3. 请你分析自己所在省份改革开放以来经济的发展与技术创新的关系。
4. 寻找一个典型企业，分析其技术创新的历史及创新的效益。
5. 请你选择一个企业，分析其发展过程中技术创新的战略及其选择的原因。
6. 分别寻找自主创新、模仿创新和合作创新的案例，与同学进行交流。
7. 技术创新的过程模式包括哪几种？每一种模式适用什么条件？
8. 未来技术创新的组织形式可能有哪些变化？试举出目前出现的几种技术创新组织形式。
9. 你能找出商业模式创新的其他案例吗？
10. 目前我国技术创新工作中知识产权保护状况如何？
11. 查找最新出台的国家或地方政府促进创新的政策或举措。

即测即评

第三章
经济性评价基本要素

学习指导：技术经济学把技术领域内的经济效果作为研究的核心。以最少的投入取得尽可能多的积极成果或产出，是各种技术活动追求的经济目标。因此，如何对各种技术方案的经济效果进行评价，如何优选技术方案是工程技术人员必须掌握的内容。评价技术方案的经济效果，首先需要了解经济效果、现金流量以及资金时间价值及其等值计算等基本概念和问题。本章将对这些基本概念和问题进行分析和介绍。

新闻摘录　营改增促进税制更加公平

在市场经济中，税收是为全社会提供公共产品和公共服务的对价，就像实现消费要有收入保障，获取利润必须承担成本一样，人们对税收的必要性早已达成共识。但是，对于税制优劣的判断，却见仁见智，争论不休。我们认为，判断税制优劣的核心标准之一，就是其公平性。总的来看，所谓税制公平就是要一视同仁和量能课征，也即横向公平和纵向公平。牵一发而动全身的营改增试点改革，是一项为公平和统一税制，发挥财政支撑和保障作用，助推国家治理体系现代化的宏大改革。

一、营改增促进税制横向公平和产业升级

营改增消除了"营增并存"二元税制，实现了货物劳务税制的科学、统一。它优化简化了税制，打通了增值税抵扣链条，增强了税收中性，消除了重复征税，实现了税制的横向公平，也促使企业加强规范管理，促进公平竞争。营改增使得产业间交融更加顺畅，有利于制造业和服务业协同发展。它有效促进了创业创新，拉长了产业链，扩大了产业分工，催生了大量新业态、新商业模式，促进了产业结构优化，增强了发展后劲。

改革实施以来，营改增红利逐渐释放。在经济增速整体放缓情况下，我国第三产业占 GDP 的比重从 2012 年的 44.6%，增长到 2016 年的 51.6%。据国家税务总局统计，截至 2017 年 7 月底，我国生活服务业、建筑业、房地产业、金融业等四大行业纳税人比改革前增加 207 万户。前期试点的"3+7"行业 2017 年月均增加 11.2 万户，其中专业技术服务业、信息技术服务业和研发技术服务业纳税人户数的增加最为显著。营改增使企业购进服务的进项税得以抵扣，带动了企业购买服务的增长，发展了服务业，提升了制造业。从制造业企业购进服务的金额来看，2017年前8个月，全国制造业企业购进服务金额同比增长37.6%，同时制造业实现销售额同比增长21.9%。其中，高技术制造业购进的服务金额同比增长54.1%，占制造业购进服务金额的比重达17.3%。这说明营改增促进了制造业与服务业的融合发展，提高了市场效率，减少了市场扭曲，提升了制造业水平，实现了多赢。

二、营改增实现税负只减不增，推动税制纵向公平

营改增实施5年来，营改增试点改革共为纳税人减负1.7万亿元，实现了所有试点行业税负只减不增，也带动了税基扩大和就业增加。营改增实施以来，98%左右的试点纳税人实现了税负下降或持平，越来越多的纳税人享受到改革带来的减税红利，总体减税规模越来越大。中国财政科学研究院发布的"营改增试点改革"第三方评估报告也显示，5年多来，营改增以改革促减税，扩围、转型和税制转换多渠道实现减税目标，试点纳税人与原增值税纳税人全面受益。

营改增实现了税制横向公平，对销售商品和服务一视同仁地适用相同税制。但是，由于不同纳税人所从事的行业和规模等因素影响，事实上也存在一些税负差异。比如，有些劳动密集型和科技型中小企业，因人工成本占比较高，原材料等一次性投入占比偏低等因素，导致无法实现充分抵扣而出现税负波动。为了适应经济新常态，推进供给侧结构性改革，保持经济健康发展、促进就业，同时消除因行业、规模等因素而引起的税负差异，大量税收优惠政策相继出台，特别是关于高新技术企业、中小企业和小型微利企业的各类税收优惠政策持续发力，大力助推营改增，促进了税制的纵向公平。同时，营改增后，还有一些企业短期内不能适应新税制要求，也会出现税负的波动。但是，这正是营改增的题中应有之义，即由此倒逼企业加强自身的规范化经营和提高管理与核算水平。

三、营改增仍然在路上

20世纪中叶，法国等欧洲国家率先引入增值税，由此迈向经济转型时代。如今，处在转型关口的中国，正通过营改增开启大国税制新时代。当前，营改增仍需要解决一些突出的问题：适当整合试点期间临时出台的过渡性优惠政策，健全增值税抵扣链条，解决部分行业和小微企业税收抵扣不足问题；尽快启动有关法规改废工作，完善增值税标准税率，适时将目前的税率进一步简并等。

总之，营改增并非仅仅出于直接减税目的的权宜之计，它更是完善税制，降低制度性交易成本，激发市场活力和促进公平竞争的重要举措，也是推进中央与地方事权和支出责任相统一的财政体制改革的重要一环。只要坚定不移地将营改增进行到底，改革红利的效果将更大、更持久、更宽广。

资料来源：陈文东. 营改增促进税制更加公平. 中国政府网，2017-10-17.

第一节 经济效果

一、经济效果的概念

经济效果指人们为了达到一定目的所从事的实践活动的成果和劳动消耗的比较。而将经济活动中所取得的有效劳动成果与劳动耗费的比较称为经济效益。应当指出，为了对上述经济效果概念做出正确理解，必须注意以下三点：

（一）成果和劳动消耗相比较是经济效果的本质所在

在现实生活中，较常见的大致有三类对经济效果的误解：第一类，将产出（产量、产值）的多少视作经济效果，产量大、产值高就说经济效果好。第二类，把"快"和"速度"视作经济效果。第三类，认为经济效果就是企业利润，"钱"赚得多，就是经济效果好。为了防止出现对经济效果概念的误解，必须强调将成果和劳动消耗联系起来综合考虑的原则，而不能仅使用单独的成果或劳动消耗指标。不将成果与劳动消耗、投入与产出相联系，就无法判断其优劣、好坏。当然在投入一定时，也可以单独用产出衡量经济效果，产出越多效果越好；在产出一定时，投入越少效果越好。

（二）技术方案实施后的效果有正负之分

比如环境污染就是负效果。经济效益概念中的产出是指有效产出，是指对社会有用的劳动成果，即对社会有益的产品或服务。不符合社会需要的产品或服务，生产越多，浪费就越大，经济效益就越差。反映产出的指标包括三方面：① 数量指标，如产量、销量、销售收入、总产值、净产值等；② 质量指标，如产品寿命、可靠性、精度、合格率、品种、优等品率等；③ 时间指标，如产品设计和制造周期、工程项目建设期、工程项目达产期等。

（三）经济效果概念中的劳动消耗由三部分组成

经济效果概念中的劳动消耗，包括技术方案消耗的全部人力、物力、财力，即包括生产过程中的直接劳动消耗、劳动占用、间接劳动消耗三部分。直接劳动消耗指技术方案在生产运行中所消耗的原材料、燃料、动力、生产设备等物化劳动消耗以及劳动力等活劳动消耗。这些单项消耗指标都是产品制造成本的构成部分，因而产品制造成本是衡量劳动消耗的综合性价值指标。劳动占用通常指技术方案为正常进行生产而长期占用的用货币表现的厂房、设备、资金等，通常分为固定资金和流动资金两部分。投资是衡量劳动占用的综合性价值指标。间接劳动消耗是指在技术方案实施过程中社会发生的消耗。

二、经济效果表达式

成果与劳动消耗或产出与投入进行比较通常有三种表达方式：

（一）差额表示法

这是一种用成果与劳动耗费之差表示经济效果大小的方法。其表达式为：

$$经济效果 = 成果 - 劳动耗费 \tag{3-1}$$

如利润额、利税额、国民收入、净现值等都是以差额表示法表示的常用的经济效果指标。显然，这种表示方法要求劳动成果与劳动消耗必须是相同计量单位，其差额大于零是技术方案可行的经济界限。

这种经济效果指标计算简单，概念明确，但不能确切反映技术装备水平不同的技术方案的经济效果的高低与好坏。

（二）比值表示法

这是一种用成果与劳动耗费之比表示经济效果大小的方法。其表达式为：

$$经济效果 = 成果 / 劳动耗费 \tag{3-2}$$

采用比值法表示的指标有：劳动生产率和单位产品原材料、燃料、动力消耗水平等。比值法的特点是劳动成果与劳动消耗的计量单位可以相同，也可以不相同。当计量单位相同时，比值大于1是技术方案可行的经济界限。

（三）差额—比值表示法

这是一种用差额表示法与比值表示法相结合来表示经济效果大小的方法。其表达式为：

$$经济效果 = \frac{成果 - 劳动消耗}{劳动消耗} \tag{3-3}$$

如成本利润率、投资利润率等是用差额—比值表示法表示的经济效果指标。

三、经济效果的分类

（一）企业经济效果和国民经济效果

这是根据受益分析对象不同所作的分类。人们站在企业立场上，从企业的利益出发，分析得出的技术方案为企业带来的效果称企业经济效果。而技术方案对整个国民经济以至整个社会产生的效果为国民经济效果。

对于同一个技术方案，站在不同的立场和角度来看有时会有数量不同的收益与成本，并可能出现企业经济效果评价结果与国民经济效果评价结果不一致的现象，这就要求不仅作企业经济效果评价，而且还要分析国民经济效果。对技术方案的取舍应主要取决于国民经济评价的结果。

（二）直接经济效果和间接经济效果

直接经济效果是指项目自身直接产生并得到的经济效果，即项目系统直接创造的经济效果。间接经济效果是指项目带来的自身之外的经济效果。一个技术方案的采用，除了给实施企业带来直接经济效果外，还会对社会其他部门产生间接经济效果。如一座水电站的建设，不仅给建设单位带来发电收益、旅游收益，而且给下游带来防洪收益。一般来说，直接经济效果容易看得见，不易被忽略，但从全社会角度，则更应强调间接经济效果。

（三）有形经济效果和无形经济效果

有形经济效果是指能用货币计量的经济效果，比如利润；无形经济效果是指难以用货币计量的经济效果，例如技术方案采用后对改善环境污染、保护生态平衡、提高劳动力素质、填补国内空白等方面产生的效益。在技术方案评价中，不仅要重视有形经济效果的评价，还要重视无形经济效果的评价。

 扩展阅读　经济效果相关术语辨析

第二节　现金流量

一、现金流量的概念

现金流量是指特定经济系统（这个系统可以是一个建设项目、一个企业，也可以是一个地区、一个部门或一个国家）在一定时期内（如年、半年、季等）现金的流入数量和流出数量的代数和。

流入系统的现金称为现金流入，通常用 CI 表示。例如，企业销售商品或提供劳务、出售设备、从金融机构获得的借款等取得的现金，都是现金流入。流出系统的现金称为现金流出，通常用 CO 表示。例如，企业购买货物、购置固定资产、偿还债务等支付的现金，都是现金流出。同一时点上现金流入与现金流出之差称为净现金流量，通常用 $CI-CO$ 表示。净现金流量有正有负，正现金流量表示一定时期的净收入，负现金流量为一定时期的净支出。为了正确理解现金流量，需要注意以下三点：

（一）每一笔现金流入和现金流出都应有明确的发生时点

每一笔现金流入和现金流出都是在一定的时间点上发生的，因此，在分析现金流入和现金流出时，除了说明现金流入和流出的数量外，必须说明发生现金流入和流出的具体时间。此外，需要说明的是，为了分析和计算简化起见，一般可以假定将某一期（年、半年、季、月等）中发生的现金流入或流出都集中到该期的期初、期末或期中，本书不做特殊说明时，一般假定集中到该期的期末。

（二）现金流量不受经济系统内部现金转移和人为调整的影响

这一点说明现金流量必须是实际发生的，每一笔现金流量都要有可靠的凭证验证。例如，不应将应收账款、应付账款、暂时不能兑现的有价证券和不能立即出让的固定资产账面价值等作为现金流量。

（三）现金流量会因看问题的视角不同而发生不同的结果

例如，国家对企业经济活动征收的税金，从企业角度看是现金流出，而从整个国民经济的角度看，由于税金对国家来说所有权并未改变，而是在国家范围内资金的一种再分配，所以它既不是现金流入也不是现金流出。

二、现金流量图

现金流量图是能反映经济系统现金流量运动状态的图式，即把经济系统的现金流量绘入一个时间坐标中，表示出各现金流入、流出与相应时点的对应关系，如图 3-1 所示。

现以图 3-1 说明现金流量图的作图方法：① 以横轴为时间轴，向右延伸表示时间的延续，轴上每一刻度表示一个时间单位，可取年、半年、季或月等，在不做特殊说明的情况下，一般以年表示，0 表示时间序列的起点，n 表示时间序列的终点。箭线与时间轴的交点即为现金流量发生的时点。时间序列中某一期的期末正好是下一期的期初。

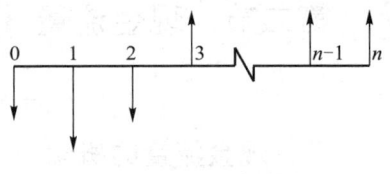

图 3-1 现金流量图

② 垂直于时间坐标的箭线表示不同时点的现金流量的大小和方向，一般规定，向上的箭线表示现金流入，向下的箭线表示现金的流出，在现金流量图中，箭线长短与现金流量数值的大小本应成比例，但是由于经济系统中各时点现金流量的数额常常相差悬殊，很难成比例画出，故在实际绘制中，箭线长短只要能适当体现各时点现金流量数值的差异，并在各箭线上方（或下方）注明其现金流量的数值即可。

三、现金流量的作用

在现代市场经济环境下，经济系统的所有者和债权人最关心的莫过于系统的现金流量情况。在技术经济分析中现金流量的作用主要体现为以下几个方面：

（一）为正确计算和评价活动方案的经济效果提供统一的信息基础

对技术方案可以从物质形态和货币形态两个方面进行考察。从物质形态看，经济主体通过提供其他经济主体所需要的产品或劳务，获得自己需要的厂房、设备、原材料、能源、动力等。从货币形态看，经济主体通过垫付资本，在生产经营中产生成本，获得销售收入和利润。现金流量可以将技术方案的物质形态转化为货币形态，为进一步正确计算和评价该方案的经济效果提供统一的信息基础。

（二）现金流量能够反映人们预期设计的各种活动方案的全貌

在技术经济活动的前期决策阶段，研究人员提出的各种备选方案以及每个备选方案中的产品方案、工艺方案、筹资方案、建设方案和经营方案等，都可以通过预测或估计的现金流量得到具体的展示。

（三）现金流量能够真实揭示经济系统的盈利能力和清偿能力

技术经济分析的目的，就是要根据方案的现金流出和现金流入，通过计算经济效果评价指标，选择合适的技术方案。而技术经济活动的盈利能力指标和清偿能力指标主要是通过现金流量图或表计算出来的。

四、项目现金流量的基本构成要素

项目在寿命期的不同阶段，现金流量的基本构成要素不同。项目的寿命期包括建设期和运营期。建设期是指从项目资金正式投入开始到项目建成投产为止经历的时间，可以按照合理的工期或预计的建设进度确定建设期，建设期是经济主体为了获得未来的经济效益而筹集资金、垫付资金或其他资源的过程，在此期间，只有投资，没有收入，因此要求项目建设期越短越好。运营期分为投产期和达产期两个阶段。投产期是指项目投入生产，但生产能力尚未达到设计生产能力时的过渡阶段。达产期指生产运营达到设计预期水平后的时间。运营期是投资的回收期和回报期，因而投资者希望其越长越好。

（一）建设期现金流量的确定

建设期现金流量的计算公式如下：

$$CI-CO = 0 - 固定资产投资 - 流动资产投资 \\ - 无形资产投资 - 递延资产投资 \tag{3-4}$$

（二）运营期现金流量的确定

运营期现金流量的计算公式如下：

$$\begin{aligned} CI-CO &= 销售收入 - 经营成本 - 税金及附加 - 所得税 \\ &= 销售收入 - 经营成本 - 折旧 - 税金及附加 - 所得税 + 折旧 \\ &= 销售收入 - 总成本费用 - 税金及附加 - 所得税 + 折旧 \\ &= 利润总额 - 所得税 + 折旧 \\ &= 税后利润 + 折旧 \end{aligned} \tag{3-5}$$

（三）停产时现金流量的确定

停产时现金流量的计算公式如下：

$$CI-CO = 销售收入 + 回收固定资产余值 + 回收流动资金 - 经营成本 - 税金及附加 - 所得税 \tag{3-6}$$

为了能够正确地理解和计算在项目寿命期不同阶段的现金流量，以下第三节到第七节将分别对上述现金流量公式中的主要概念做出说明。

第三节 投资与资产

一、投资的概念和构成

投资是一种特定的经济活动，即为了将来获得收益或避免风险而进行的资金投放活动。投资活动按其对象分类，可分为证券投资和产业投资两大类。证券投资是指投资者用积累起来的货币购买股票、债券等有价证券，借以获得收益的行为。产业投资是指经营某项事业或使真实资产存量增加的投资，它是为了保证项目投产和生产经营活动的正常进行而进行的投资活动。本书中投资活动主要是指产业投资。产业投资投入的资本可以是资金，也可以是人力、技术、设备、房屋、土地等。对于一般建设项目来说，投资包括固定资产投资、流动资产投资、无形资产投资和递延资产投资，下面依次做出介绍。

二、固定资产投资

固定资产投资是指用于建设或购置固定资产所投入的资金。固定资产是指使用期限超过一年的房屋、建筑物、机器、机械运输工具以及其他与生产经营有关的设备、工具、器具等。固定资产投资由建筑工程费用、安装工程费用、设备及工器具购置费用、其他工程费用、建设期利息以及不可预见费等构成，如图3-2所示。

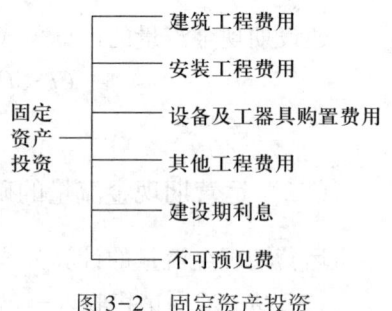

图3-2 固定资产投资

固定资产属于企业耐用资产，在生产经营中经常使用，可供企业在几年甚至更长的时间内为企业生产产品或提供劳务服务，而不是为了出售。由于固定资产使用的期限长，参与生产的过程，其特点是：从实物形态上看，固定资产能以同样的实物形态为连续多次的生产周期服务，而且在长期的使用过程中始终保持原有的实物形态；从价值形态上看，固定资产可以以同样的实物形态为连续多次的生产过程服务。因此，固定资产的价值应当随着固定资产的使用而磨损，其损耗的价值以折旧的形式逐渐转移到产品成本中去，并通过销售收入得以补偿。固定资产使用一段时间后，其原值扣除累计的折旧费称为固定资产净值，固定资产报废时的残余价值称为固定资产的残值。

三、流动资产投资

流动资产投资是指项目在投产前预先垫付在投产后生产经营过程中周转使用的资金。流动资产是指可以在一年或者超过一年的一个营业周期内变现或者耗用的资产。它由货币资金、应收及预付款项以及存货等项目组成，如图3-3所示。

流动资产的特点是：在生产过程中，流动资产的实物形态不断发生变化，在一个生产周期中，其价值一次全部转移到产品成本中去并在产品销售后以货币形态获得补偿。每一个生产周期流动资产完成一次周转，但是流动资产的货币形态在整个项目寿命周期内始终被占用，到项目寿命结束时，全部流动资产才以货币资金的形态退出生产和流通，并如数收回。

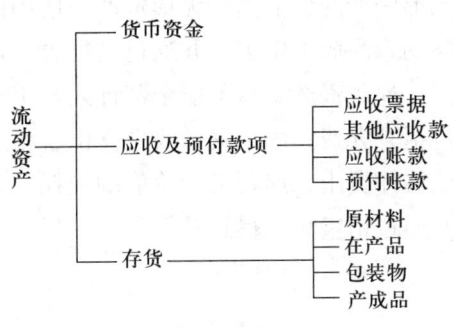

图3-3 流动资产构成

四、固定资产投资和流动资产投资的关系

首先，固定资产投资的结果形成劳动手段，对未来企业生产什么、如何生产、在什么地方以多大规模进行生产有着决定性影响。流动资产投资的结果是劳动对象，而投在劳动对象上的价值要和固定资产的大小所决定的生产规模相适应，流动资产投资的数量及其结构是由固定资产投资的规模及其结构所决定的。

其次，固定资产和流动资产都是生产过程中不可缺少的生产要素，固定资产投资必须有流动资产投资的配合。

再次，固定资产投资从项目动工到建成交付使用，往往要经历较长的时间。在这期间，只有投入，没有产出，投入的资金好像被冻结起来。因此，一个企业和社会究竟能在多大规模上经受得住这种暂时的"冻结"而不至于影响再生产的正常进行和人民的生活水平，客观上就有一个界限。而流动资产投资，一般时间短，只要流动资产投资的规模与固定资产投资的规模相适应，产品适销对路，流动资产投资很快就可以回收。

最后，固定资产价值的回收依赖于流动资产的顺利周转。这是因为，固定资产的转移价值以折旧的形式，只能在列入生产成本以后，作为产品销售成本的一部分，通过产品销售，从销售收入中得到实现。假如流动资产不能顺利周转，意味着存货不能顺利地转化为货币资金，也就难以实现销售收入。因此，固定资产投资和流动资产投资是相互依存、密不可分的。

五、无形资产投资和递延资产投资

无形资产投资是指用于购置无形资产所投入的资金。无形资产指没有物质实体,但却可使拥有者长期受益的资产。它是企业拥有的一种特殊权利,有助于企业取得高于一般水平的收益。无形资产主要包括专有技术、专利权、商标权、土地使用权、特许经营权等。无形资产的价值随着无形资产的使用而磨损,其损耗的价值以无形资产摊销的方式逐渐转移到产品成本中去,并通过销售收入得到补偿。

递延资产是指不能全部计入当年损益,应当在以后的年度内分期摊销的各项费用。它包括开办费、固定资产改良支出、租入固定资产的改良支出以及摊销期限在一年以上的其他待摊费用。递延资产价值的损耗一般以递延资产摊销的方式逐渐转移到产品成本中去,并通过销售收入得到补偿。

第四节 固定资产折旧

企业在生产过程中,流动资产的实物形态不断发生变化,在一个生产周期中,其价值一次全部转移到产品成本中去并在产品销售后以货币形式得到补偿。但是对于非流动资产(包括固定资产、无形资产和递延资产),一般可以在几年甚至更长的时间内为企业生产服务,因此,其价值不能在一个生产周期中全部转移到产品成本中去,而需要逐期进行转移。对于无形资产和递延资产,主要通过无形资产摊销和递延资产摊销的方式将其价值逐期转移到生产成本之中,对于固定资产,则通过固定资产折旧的方式将其价值逐期转移到生产成本当中。由于无形资产摊销、递延资产摊销的基本思路和固定资产折旧类似,因此,本节将主要介绍固定资产折旧的具体计算方式,对于无形资产摊销和递延资产摊销的计算,可参照固定资产折旧的计算方法和《企业会计准则》的有关规定执行。

一、固定资产折旧含义

固定资产折旧是指在固定资产的使用过程中,随着资产损耗而逐渐转移到产品成本费用中的那部分价值。将折旧费计入成本费用是企业回收固定资产投资的一种手段。按照国家规定的折旧制度,企业把已发生的资本性支出转移到产品成本费用中去,然后通过产品的销售,逐步回收初始的投资费用。根据我国财务会计制度的有关规定,计提折旧的固定资产范围包括:房屋、建筑物;在用的机器设备、仪器仪表、运输车辆、工具器具;季节性停用和在修理停用的设备;以经营租赁方式租出的固定资产;以融资租赁方式租入的固定资产。结合我国的企业管理水平,将固定资产分为三大部分、二十二大类,按大类实行分类折旧。在进行建设项目的经济分析时,可分类计算折旧,也可综合计算折旧,要视项目的具体情况而定。我国现行的固定资产折旧方法，一般采用平均年限法、工作量法或加速折旧法。

二、平均年限法

平均年限法亦称直线法，即根据固定资产的原值、估计的净残值率和折旧年限计算折旧。它是在设备资产估算的折旧年限里按期平均分摊资产价值的一种计算方法，即对资产价值按时间单位等额划分。它是最简单与最普遍应用的方法，也是我国多年使用的传统方法。其计算公式为：

$$年折旧费 = (固定资产原值 - 预计净残值)/折旧年限 \tag{3-7}$$

如果以资产的原值为基础，每年的折旧率表达式为：

$$年折旧率 = (年折旧费/固定资产原值) \times 100\% \tag{3-8}$$

上式中各项参数的确定方法如下：

（1）固定资产原值一般为购置设备时一次性支付的费用，又称初始费用。它是根据固定资产投资额、预备费和建设期贷款利息等计算求得。

（2）预计净残值率是预计的固定资产净残值与固定资产原值的比率，净残值指设备的残值减去其清理费用以后的余额。设备的残值是指设备报废清理时可供出售的残留部分（如当作废料利用的材料和零件等）的价值，它可以用来抵补一部分设备的原值。设备资产的清理费用是指设备在清理报废时，因拆除、搬运、整理和办理手续等的各项费用支出。根据企业会计制度规定，固定资产净残值率按照固定资产原值5%确定。特殊情况，如净残值率高于5%的，由企业自主决定，并报主管财政机关备案。在建设项目中的经济分析中，折旧年限是根据项目的固定资产经济寿命期决定的，因此，固定资产的残余价值较大，净值残率一般可选择10%。个别行业，如港口等，可选择高于10%的净残值率。

（3）折旧年限。国家有关部门对各类固定资产折旧的最短年限做出如下规定：房屋、建筑物20年；飞机、火车、轮船、机器、机械和其他生产设备10年；与生产经营活动有关的器具、工具、家具等5年；飞机、火车、轮船以外的运输工具4年；电子设备3年。若采用综合折旧方法，项目的生产期即为折旧年限。在建设项目的经济分析中，对轻工、机械、电子等行业的折旧年限，一般可确定为8~15年；有些项目的折旧年限可确定为20年；对港口、铁路、矿山等项目的折旧年限可选择30年或30年以上。

例 3-1 某设备的资产原值为 15 500 元，估计报废时的残值为 4 500 元，清理费用为 1 000 元，折旧年限为 15 年。计算其年折旧费、折旧率。

解：依据平均年限法的计算逻辑，得年折旧费：

$$年折旧费 = [15\,500 - (4\,500 - 1\,000)]/15 = 800 \text{（元）}$$

如果以资产原值为基础，运用（3-8）式，得折旧率为：

$$年折旧率 = 800/15\,500 \times 100\% = 5.16\%$$

三、工作量法

工作量法即根据每年固定资产的工作量大小来确定该年的折旧数额,具体地,根据固定资产的原值、预计的净残值率和总工作量计算年折旧费。对于下列专用设备可采用工作量法计提折旧。

(1) 交通运输企业和其他企业专用车队的客货运汽车,按照行驶里程计算折旧费。其计算公式如下:

$$单位里程折旧费 = (原值 - 预计净残值)/规定的总行驶里程 \quad (3-9)$$

$$年折旧费 = 单位里程折旧费 \times 年实际行驶里程 \quad (3-10)$$

(2) 大型专用设备,可根据工作小时计算折旧费。其计算公式如下:

$$每工作小时折旧费 = [原值 \times (1 - 预计净残值率)]/规定的总工作小时 \quad (3-11)$$

$$年折旧费 = 每工作小时折旧费 \times 年实际工作小时 \quad (3-12)$$

例 3-2 某公司 2017 年 10 月购入一辆小轿车,原始价值 205 000 元,预计残值收入 10 000 元,预计清理费用 5 000 元,预计可使用 40 个月,可行驶 500 000 公里。2017 年 10 月份行驶了 10 000 公里,2017 年 11 月至 2019 年 3 月每月均行驶了 12 500 公里,共行驶 222 500 公里,2019 年 4 月汽车报废,报废当月没有行驶。请用工作量法计算折旧。

解: 运用式(3-9)计算该汽车单位里程折旧费:

单位里程折旧费 = (205 000 - 10 000 + 5 000)/500 000 = 0.4(元/公里)

由式(3-10),可计算得出 2017 年 10 月发生折旧 = 0.4×10 000 = 4 000(元)

2017 年 11 月至 2019 年 3 月每月发生折旧 = 0.4×12 500 = 5 000(元)

2019 年 4 月不计提折旧,该小轿车合计计提折旧 = 4 000 + 5 000×17 = 89 000(元)

四、加速折旧法

加速折旧法又称递减折旧法,是指在固定资产使用初期提取折旧较多,在后期提取较少,使固定资产价值在使用年限内尽早得到补偿的折旧计算方法。它是一种鼓励投资的措施,即国家先让利给企业,加速回收投资,增强还贷能力,促进技术进步。因此,只对某些确有特殊原因的建设项目,才准许采用加速折旧法计提折旧。加速折旧的方法很多,主要有双倍余额递减法和年数总和法。

(一) 双倍余额递减法

双倍余额递减法是以平均年限法确定的折旧率的双倍乘以固定资产在每一会计期间的期初账面净值,从而确定当期应提折旧的方法。其计算公式为:

$$年折旧率 = (2/折旧年限) \times 100\% \quad (3-13)$$

$$年折旧费 = 年初固定资产账面净值 \times 年折旧率 \quad (3-14)$$

实行双倍余额递减法的固定资产,应当在其固定资产折旧年限到期前两年内,将固定资产净值扣除预计净残值后的净额平均摊销，即最后两年改用平均年限法计算折旧。

例 3-3 某机床的原始价值为 90 000 元，净残值为 10 000 元，折旧年限是 6 年，试按双倍余额递减法求各年的折旧率和折旧费。

解：运用式（3-13），第 1~4 年每年折旧率均为：

$$\frac{2}{6} \times 100\% = 33.33\%$$

运用式（3-14），第 1~4 年中每年折旧额依次为：

第 1 年折旧额为：90 000×(2/6)＝30 000（元）

第 2 年折旧额为：(90 000－30 000)×(2/6)＝20 000（元）

第 3 年折旧额为：(60 000－20 000)×(2/6)＝13 333.33（元）

第 4 年折旧额为：(40 000－13 333.33)×(2/6)＝8 888.89（元）

第 5 和第 6 年年折旧额按照平均年限法折旧，每年折旧额均为：(26 666.67－8 888.89－10 000)/2＝3 888.89（元），折旧率为 3 888.89/90 000×100%＝4.32%。第 5 年期初的固定资产净值为 26 666.67 元。

（二）年数总和法

年数总和法是以固定资产原值扣除预计净残值后的余额作为计提折旧的基础，按照逐年递减的折旧率计提折旧的一种方法。采用年数总和法的关键是每年都要确定一个不同的折旧率。其计算公式为：

年折旧率＝(折旧年限－已使用年数)/[折旧年限×(折旧年限+1)÷2]×100%

(3-15)

年折旧费＝(固定资产原值－预计净残值)×年折旧率 (3-16)

例 3-4 请用年数总和法计算例 3-3 中各年的折旧率和折旧额。

解：运用式（3-15），可以计算得出第 1 年的折旧率为：

$$(6-0)/(6\times7\div2)\times100\% = 28.57\%$$

第 2 年的折旧率为：

$$(6-1)/(6\times7\div2)\times100\% = 23.81\%$$

类似地，可以求出第 3 年到第 6 年的折旧率分别为：19.05%、14.29%、9.52%、4.76%。

根据式（3-16），可以求出第 1 年到第 6 年的折旧额分别为：22 856 元、19 048 元、15 240 元、11 432 元、7 616 元和 3 808 元。

第五节 成本

成本通常是指为获得商品和服务所需支付的费用，但事实上成本的含义非常广，不同的情况需要用不同的成本概念。在本节中我们将讨论投资决策过程中所需要用到的一些主要的成本概念。

一、总成本费用

总成本费用也称会计成本，是会计记录在公司账册上的客观的和有形的支出，包括生产和销售过程中发生的原料、动力、工资、租金、广告、利息等支出。按照我国财务制度，总成本费用由生产成本、管理费用、财务费用和销售费用组成。

生产成本是生产单位为生产产品或提供劳务而发生的各项生产费用，包括各项直接支出和制造费用。直接支出包括直接材料（原材料、辅助材料、备品备件、燃料及动力等）、直接人工（生产人员的工资、补贴）、其他直接支出（如福利费）；制造费用是指企业内的分厂、车间为组织和管理生产所发生的各项费用，包括分厂、车间管理人员工资、折旧费、维修费、修理费及其他制造费用（办公费、差旅费、劳保费等）。

管理费用是指企业行政管理部门为管理和组织经营而发生的各项费用，包括管理人员工资和福利费、公司一级的折旧费、修理费、技术转让费、无形资产和递延资产摊销费及其他管理费用（办公费、差旅费、劳保费、土地使用费等）。

财务费用是指为筹集资金而发生的各项费用，包括生产经营期间发生的利息净支出及其财务费用（汇兑净损失、银行手续费等）。

销售费用是指为销售产品和提供劳务而发生的各项费用，包括销售部门人员工资、职工福利费、其他销售费用（广告费、办公费、差旅费）。

管理费用、财务费用和销售费用统称为三大期间费用，直接计入当期损益。

二、机会成本

机会成本是指将有限资源用于某种特定的用途而放弃的其他各种用途中的最高收益。机会成本这个概念的产生来源于这样一个现实：资源是稀缺的。资源的稀缺性决定了人类只有充分考虑了某种资源用于其他用途的潜在收益后，才能做出正确的决策，使有限的资源得到有效的利用。

由此可见，机会成本并不是实际发生的成本，而是方案决策时所产生的观念上的成本，因此，它在会计账本上是找不到的，但对决策却非常重要。例如某企业有一台多用机床，可以自用，也可以出租，出租可以获得 7 000 元的年净收益，自用可产生 6 000 元的年净收益。当舍弃出租方案而采用自用方案时，其机会成本为 7 000 元；当舍去自用方案而采用出租方案时，其机会成本为 6 000 元。很显然，应采用出租方案。

案例

机会成本的算法

小明是一名大学生，国庆长假期间他准备做兼职。现在有三份工作可以选择：第一，发调研问卷，每天 70 元报酬；第二，做推销员，每天 80 元收入；第三，做家教，每天 100 元收入。如果小明选择发问卷，他的机会成本就是 100 元；如果选择做推销员，机会成本还是 100 元；如果选择做家教，则机会成本为 80 元。

 扩展阅读　机会成本与会计成本

三、经济成本

我们一旦认识到存在着机会成本，就可以清楚地看到企业除发生看得见的实际成本——显性成本（诸如企业购买原材料、设备、劳动力、支付借款利息）外，还存在着隐性成本。它是指企业自有的资源实际上已经投入生产经营活动，但在形式上没有支付报酬的那部分成本。

例如，某人利用自己的地产和建筑物开了一个企业，那么此人放弃了向别的厂商出租土地和房子的租金收入，也放弃了受雇于别的企业而可赚得的工资，这些隐性成本并没有列入企业的账册，导致经营利润偏高。而事实上，以自己拥有的资源投入，存在着自有要素的机会成本，这一成本应该被看作是实际生产成本的一部分。因此在经营决策时应运用经济成本概念，经济成本是显性成本和隐性成本之和。

案例

创业是否明智？

小王担任某服装公司的销售部经理，最近受国家创新创业政策的激励，他决定自己创业，于是创办了一家服装厂，创业一年后，会计人员小张拿来了收支报表，此时小王的一个经济学家朋友小李正好在场。小李看完收支报表后说，我的算法和你的会计小张不同。小李也列出了一份收支报表。这两份报表如表 3-1 所示。

表 3-1　服装厂的收支报表　　　　　　　　　　　　单位：万元

会计小张的报表		经济学家小李的报表	
销售收入	100	销售收入	100
设备折旧	3	设备折旧	3
厂房租金	3	厂房租金	3
原材料	60	原材料	60
电力	3	电力	3
工资	10	工资	10

续表

会计小张的报表		经济学家小李的报表	
贷款利息	15	贷款利息	15
总成本	94	小王应得的工资	6
		自有资金利息	2
		总成本	102
利润	6	利润	-2

请问：根据这两个报表判断，小王自己创业创办服装厂是否明智？

四、沉没成本

沉没成本是指过去已经支出而现在已无法得到补偿的成本。它对企业决策不起作用，它主要表现为过去发生的事情，费用已经支付，事后尽管可能认识到这项决策是不明智的，但木已成舟，今后的任何决策都不能取消这项支出。例如某企业一个月前以 3 300 元/吨①的价格购入钢材 500 吨（这是不能改变的事实，3 300×500 = 1 650 000（元）是沉没成本），现该规格的钢材市场价格仅为 3 000 元/吨，该企业在决策是否出售这批钢材时，不应受 3 300 元/吨购入价格的影响，而应分析钢材价格的走势。若预计价格将上涨，则继续持有，如有剩余资金，也可逢低吸纳；若预计价格将继续下跌，则应果断出货。

案例

要不要签合同？

某安装公司打算承揽一项 100 000 元的安装空调管道的合同，需用一吨铁皮。公司库存的铁皮，原价为 40 000 元/吨，但现价只有 25 000 元/吨。铁皮的行情在一定时期内不会有大的上涨，继续存放不会有什么好处。经估算，除铁皮外，完成该合同的施工与其他经营还需要费用 60 000 元。问：该公司是否应该签订这份合同？

五、经营成本

经营成本是为了分析的需要，从产品总成本费用中分离出来的一部分费用，是在一定期间（通常为一年）内由于生产和销售产品及提供劳务而实际发生的现金支出。它不包括虽计入产品成本费用，但实际没发生现金支出的费用项目。在技术方案财务分析时，经营

---

① 1 吨 = 1 000 千克

成本一般按下式计算：

$$经营成本 = 总成本费用 - 折旧费 - 摊销费 - 财务费用 \qquad (3-17)$$

在经营成本中不包括折旧费、摊销费（指无形资产和递延资产的摊销费）和利息支出的原因是：① 由于投资已经在期初作为一次性支出被计入现金流量，所以不能再以折旧和摊销费用形式计入现金流出，否则就会产生重复计算；② 在评价项目经济效益时，只评价这笔投资的经济效益，一般不考虑资金的来源问题，因此利息支出不作为现金流出，但是在计算自有现金流量时需要将利息支出单列。

六、变动成本和固定成本

按照与产量的关系分类，成本可以分为变动成本和固定成本两种。固定成本指在一定产量范围内不随产量变动而变动的费用，如固定资产折旧费、管理费用等。变动成本指总成本中随产量变动而变动的费用，例如直接原材料、直接人工费、直接燃料和动力费及包装费等。

固定成本的特点是：其总额在一定时期和一定业务量范围内不随产量的增加或减少而变动，但就单位产品成本而言，其中的固定成本部分与产量的增减成反比，即产量增加时，单位产品的固定成本减少。

变动成本的特点是：其总额将随产量的增加而增加，就单位产品成本而言，变动成本部分是固定不变的。

固定成本与变动成本的划分，对于项目盈亏分析及生产决策有重要意义。

例 3-5 某企业生产 A 产品的设计生产能力为 15 万件，现因市场销路问题只生产 10 万件，销售价格为 50 元/件，全厂固定成本 150 万元，单位产品变动成本 24 元，单位产品总成本 39 元（150/10+24=39）。现有一客商提出以 37 元/件的价格再订购 3 万件，这样使生产能力达到 13 万件，问企业若接受订货是否会增加盈利？

粗看起来企业若接受订货会亏损，因为 37 元/件的价格低于 39 元/件单位产品成本。但在掌握了固定成本特性后，就可清楚地分析出接受 3 万件订货，企业实际增加支出 24 元/件，则可获得盈利 13 元/件，总盈利增加 39 万元。若不考虑其他因素，单从经济的角度企业应该接受订货。

七、边际成本

边际成本是企业多生产一单位产量所产生的总成本增加。例如，当产量为 1 500 吨时，总成本为 450 000 元；当产量为 1 501 吨时，总成本为 450 310 元，则第 1 501 吨产量的边际成本等于 310 元。因为边际成本考虑的是单位产量变动，故固定成本可以视为不变，因此边际成本实际上是总的变动成本之差。

第六节 税金与税收

税金是国家依据法律对有纳税义务的单位和个人征收的财政资金,国家采用的这种筹集财政资金的手段就是税收。税收是国家凭借政治权力参与国民收入分配和再分配的一种形式,具有强制性、无偿性和固定性三大特点。

我国目前的工商税制分为流转税、资源税、收益税、财产税、特定行为税等几类。其中与技术方案经济性评价有关的主要税种是:从销售收入中扣除的增值税、资源税、城市维护建设税和教育费附加,计入总成本费用的房产税、土地使用税、车船税、印花税等,以及从利润中扣除的所得税等。现将几种主要的税种简述如下:

一、增值税

增值税是以商品和应税劳务在流转过程中产生的增值额作为计税依据而征收的一种流转税。从计税原理上说,增值税是对商品生产、流通,应税劳务服务中多个环节的新增价值或商品的附加值征收的一种流转税。增值税实行价外税,也就是由消费者负担,"有增值才征税,没增值不征税"。

增值税的征税范围包括:① 销售或者进口的货物;② 有偿提供加工、修理修配劳务;③ 有偿发生的应税行为(销售应税服务、销售无形资产、销售不动产)。其中,销售的应税服务指交通运输服务、邮政服务、电信服务、建筑服务、金融服务、现代服务、生活服务。

增值税纳税人分为一般纳税人和小规模纳税人。一般纳税人使用增值税专用发票,实行税款抵扣制度。小规模纳税人只能使用普通发票,购进货物或应税劳务不得抵扣进项税额。一般纳税人根据征税项目适用16%、10%和6%的税率。小规模纳税人根据征税项目适用5%、3%征收率。

一般纳税人应纳增值税=销项税额−进项税额=销售额×适用税率−购进额×适用税率

小规模纳税人应纳增值税=销售额×适用征收率

二、资源税

资源税是对在我国境内从事应税矿产品开采和生产盐的单位和个人,就其因资源条件差异而形成的级差收入征收的一种税。

资源税实行从价计征为主、从量计征为辅的方法。从价计税计算公式如下:

$$应纳资源税税额=应税金额×适用税率 \tag{3-18}$$

应税金额是指纳税人应税产品的销售金额。适用税率由省级人民政府参照《资源税税目税率幅度表》，在规定的税率幅度内提出具体适用税率建议，报财政部、国家税务总局确定核准。如原油、天然气：6%~10%。

对经营分散、多为现金交易且难以控管的粘土、砂石，实行从量定额计征。而对《资源税税目税率幅度表》中未列举名称的其他非金属矿产品，按照从价计征为主、从量计征为辅的原则，具体由省级人民政府确定计征方式。

三、城市维护建设税

城市维护建设税是我国为了加强城市的维护建设，扩大和稳定城市维护建设资金的来源，对从事工商经营，缴纳消费税、增值税的单位和个人征收的一种税。城市维护建设税是以纳税人实际缴纳的流转税额为计税依据征收的一种税，纳税环节确定在纳税人缴纳的增值税、消费税的环节上，从商品生产到消费流转过程中只要发生增值税、消费税当中一种税的纳税行为，就要以这种税为依据计算缴纳城市维护建设税。其计算公式如下：

$$应纳税额 = (增值税 + 消费税) \times 适用税率 \tag{3-19}$$

其中税率按纳税人所在地分别规定为：市区7%，县城和镇5%，乡村1%。大中型工矿企业所在地不在城市市区、县城、建制镇的，税率为1%。

四、教育费附加

教育费附加是向缴纳增值税、消费税的单位和个人征收的一种费用。它是以纳税人实际缴纳的上述三种税额为附征依据。教育费附加率为3%。

五、企业所得税

企业所得税是对我国境内企业（不包括个人独资企业和合伙企业）的生产、经营所得和其他所得征收的一种税。"生产、经营所得"是指从事制造业、采掘业、交通运输业、建筑安装业、农林渔牧业、金融业、服务业以及其他行业的生产、经营所得。"其他所得"是指股息、利息（不包括国债利息）、租金、转让各类资产收益，以及营业外收益等。所得税税率为25%。其计算公式为：

$$应交所得税 = 应纳税所得额 \times 所得税税率 \tag{3-20}$$

$$应纳税所得额 = 利润总额 \pm 税收调整项目金额 \tag{3-21}$$

$$利润总额 = 产品销售利润 + 其他业务利润 + 投资净收益$$
$$+ 营业外收入 - 营业外支出 \tag{3-22}$$

$$产品销售利润 = 产品销售净额 - 产品销售成本 - 税金及附加$$
$$- 销售费用 - 管理费用 - 财务费用 \tag{3-23}$$

国家对重点扶持和鼓励发展的产业和项目，符合条件的小型微利企业、需要重点扶持的高新技术企业等实行税收优惠政策。

第七节 销售收入、利润和利润率

一、销售收入

销售是企业经营活动的一项重要环节,产品销售过程是产品价值的实现过程。销售收入也称营业收入,是指企业在生产经营活动中,由于销售产品、提供劳务等取得的收入,包括基本业务收入(即产品销售收入)和其他业务收入(即其他销售收入)。基本业务收入包括销售产成品、自制半成品、提供工业性劳务等取得的收入。其他业务收入包括材料销售、固定资产出租、包装物出租、外购商品销售、无形资产转让、提供非工业性劳务等取得的收入。销售收入的计算公式如下:

$$销售收入 = 产品产量 \times 产品单价 \tag{3-24}$$

销售收入中的产品单价按出售的市场价格计算。企业生产的产品只有在市场上被出售,才能给企业带来一定的效益,给社会带来一定的有用的使用价值。因而,销售收入是反映工业企业项目真实效益的一个重要指标,是技术经济分析中现金流量的一个重要项目。企业发生的销售退回、销售折让、销售折扣,应冲减当期的销售收入,冲减后的销售收入称为销售收入净额。

二、利润

利润反映了企业在一定时期内生产经营活动的最终成果。利润的实现表明企业生产消耗得到了补偿并取得了盈利。企业利润既是国家财政收入的基本来源,又是企业扩大再生产的重要资金来源。它是考核企业生产经营情况的一个综合性指标。企业的利润应当是企业的总经营收益减去企业投入的成本和相关税金,因为成本有多种不同的含义,那么利润也就有着不同的含义。这里主要介绍会计利润、经济利润和边际利润。

(一)会计利润

会计利润指企业经营收益减去会计成本和相关税金后所得到的余额。它包括销售利润、利润总额及税后利润。销售利润是销售收入扣除成本、费用和产品销售税金及附加费后的余额;利润总额是企业在一定时期内实现盈亏的总额;税后利润是企业利润总额扣除应缴所得税后的利润。

1. 销售利润

销售利润的计算公式如下:

$$销售利润 = 销售收入净额 - 销售成本 - 税金及附加\\ - 销售费用 - 管理费用 - 财务费用 \tag{3-25}$$

其中：① 销售收入净额=销售收入总额-（销货退回+销货折扣与折让）；② 税金及附加主要包括资源税、消费税、城市维护建设税和教育费附加等。

2. 利润总额

利润总额的计算公式如下：

$$利润总额 = 销售利润 + 其他业务利润 + 投资净收益 + 营业外收入 - 营业外支出 \tag{3-26}$$

其中：① 投资净收益指投资收益扣除投资损失后的数额。投资收益包括对外投资分得的利润、股利和债券利息等。投资损失包括投资作价损失、投资到期收回或者中途转让取得款项低于账面净值的差额等。② 营业外收入和营业外支出是指与企业生产经营无直接关系的各项收入和支出。营业外收入包括固定资产盘盈、处理固定资产净收益、罚款收入、确实无法支付的应付账款。营业外支出包括固定资产盘亏、报废损毁、研究与开发失败损失、非常损失、以前年度损失等。

3. 税后利润

税后利润的计算公式如下：

$$税后利润 = 利润总额 - 应缴所得税 \tag{3-27}$$

例 3-6 某企业 2017 年生产 A 产品 1 万件，生产成本 150 万元，当年销售 8 000 件，销售单价 220 元/件，全年发生管理费用 10 万元，财务费用 6 万元，销售费用为销售收入的 3%，若税金及附加相当于销售收入的 5%，所得税税率为 25%，企业无其他收入。求该企业 2017 年的利润总额、税后利润是多少？

解： 利润总额 = 220×0.8 - 150÷1×0.8 - 10 - 6 - 220×0.8×3%
  - 220×0.8×5%
  = 25.92（万元）

税后利润 = 25.92 - 25.92×25% = 19.44（万元）

（二）经济利润

经济利润，又称为超额利润，是指公司或个人在生产经营中产生的总收益减去经济成本和相关税金后得到的余额。要想让一个企业继续在原行业经营，企业主所有投入的自有要素必须至少得到最低的报酬，否则，企业就会关门，自有资金就会投入他用，企业家也会另谋他业。换言之，要想让该企业继续在原行业经营，经济利润必须大于等于零。经济利润的计算公式为：

$$经济利润 = 会计利润 - 隐形成本 \tag{3-28}$$

（三）边际利润

边际利润为边际收益扣除边际成本后的剩余，即每增加一单位产品产量所增加的利润。边际收益指增加一个单位产品时总收入的增加值，边际成本是企业多生产一单位产量所产生的总成本增加。边际利润的计算公式为：

边际利润＝边际收益（产品价格不变时，边际收益等于销售单价）
−边际成本 (3−29)

三、利润率

（一）资本金利润率

资本金利润率是企业的利润总额与资本金总额的比率。资本金是企业吸收投资者投入企业经营活动的各种财产物质的货币表现。资本金利润率的计算公式为：

$$资本金利润率 = \frac{利润总额}{资本金总额} \times 100\% \tag{3-30}$$

资本金利润率用来衡量投资者投入企业资本金的获利能力。在市场经济条件下，投资者不仅关心企业全部资金所提供的利润，更关心投资者投入的资本金所创造的利润。资本金利润率指标越高，反映企业资本的获利能力越大。资本金利润率还是向投资者分配股利的重要参考依据，一般情况下，向投资者分配的股利率，要低于资本金利润率。

（二）销售收入利润率

销售收入利润率是企业的利润总额与销售净收入的比率，销售收入利润率反映企业每百元销售收入所创造的利润。一般情况下，销售收入利润率越高越好。其计算公式为：

$$销售收入利润率 = \frac{利润总额}{销售收入净额} \times 100\% \tag{3-31}$$

（三）成本费用利润率

成本费用利润率是企业的利润总额与成本费用总额的比率。它反映了投入与产出之间的比例关系，一般情况下，企业在一定时期内的成本费用水平越低，利润总额越高，则企业的投入产出效果越好。成本费用利润率的计算公式为：

$$成本费用利润率 = \frac{利润总额}{成本费用总额} \times 100\% \tag{3-32}$$

第八节 资金时间价值及其等值计算

一、资金时间价值

（一）资金时间价值的概念

今天用来投资的一笔资金，即使不考虑通货膨胀因素，也比将来可获得的同样数额的资金更有价值。因为当前可用的资金能够立即用来投资并带来收益，而将来才可取得的资金则无法用于当前的投资,也无法获取相应的收益,不同时间发生的等额资金在价值上的差别称为资金的时间价值。

可以从以下两个方面对资金时间价值的含义进行理解:首先,资金投入流通,与劳动力相结合,其价值发生增值,增值的实质是劳动力在生产过程中创造了剩余价值。因此,从投资者的角度来看,资金的增值特性使资金具有时间价值。其次,从消费者的角度看,资金一旦用于投资,就不能用于现期消费,牺牲现期消费是为了能在将来得到更多的消费,因此资金时间价值体现为对放弃现期消费的损失所应给予的必要补偿。

(二) 利息和利率

资金的时间价值体现为资金运动所带来的利润(或利息),它是衡量资金时间价值的绝对尺度。资金在单位时间内产生的增值(利润或利息)与投入的资金额(本金)之比,简称为利率或收益率,它是衡量资金时间价值的相对尺度,记作 i。i 越大,表明资金增值越快。下面将介绍在单利和复利情况下,利息和利率的有关计算公式,并在此基础上,进一步分析名义利率和实际利率的关系。

1. 单利和复利

利息的计算有单利法和复利法两种。

(1) 单利法。单利法仅以本金为基数计算利息,即不论年限有多长,每年均按原始本金计息,而已取得的利息不再计息。

设贷款额(本金)为 P,贷款年利率为 i,贷款年限为 n,本金与利息和用 F 表示,则计算单利的公式推导过程如表 3-2 所示。由表 3-2 可知,n 年末本利和的单利计算公式为:

$$F = P(1+ni) \tag{3-33}$$

表 3-2　单利法计算公式的推导过程

年　份	年末欠款	年末欠利息	年末欠本利和
1	P	Pi	$P+Pi=P(1+i)$
2	$P(1+i)$	Pi	$P(1+i)+Pi=P(1+2i)$
3	$P(1+2i)$	Pi	$P(1+2i)+Pi=P(1+3i)$
⋮	⋮	⋮	⋮
n	$P[1+(n-1)i]$	Pi	$P[1+(n-1)i]+Pi=P(1+ni)$

例 3-7　某人拟从证券市场购买 1 年前发行的 3 年期年利率为 14%(单利)、到期一次还本付息、面额为 100 元的国库券,若此人要求在余下的 2 年中获得 12% 以上的年利率(单利),问此人应该以多少的价格买入?

解:设该人以 P 元买入此国库券,则:

$$P(1+12\%\times 2) = 100\times(1+14\%\times 3)$$
$$P = 114.52 \text{(元)}$$

所以,此人若以不高于 114.52 元的价格买入此国库券,能保证在余下的 2 年中获得

12%以上的年利率。

单利法虽然部分考虑了资金的时间价值,但对以前已经产生的利息没有转入计息基础而累计计息,因此,单利法计算资金的时间价值是不完善的。

(2) 复利法。复利法以本金与累计利息之和为基数计算利息,即"利滚利"。复利计算的本利和公式为:

$$F=P(1+i)^n \tag{3-34}$$

式(3-34)的推导过程如表3-3所示。

表3-3 复利法计算公式的推导过程

年份	年末欠款	年末欠利息	年末欠本利和
1	P	Pi	$P+Pi=P(1+i)$
2	$P(1+i)$	$P(1+i)i$	$P(1+i)+P(1+i)i=P(1+i)^2$
3	$P(1+i)^2$	$P(1+i)^2 i$	$P(1+i)^2+P(1+i)^2 i=P(1+i)^3$
⋮	⋮	⋮	⋮
n	$P(1+i)^{n-1}$	$P(1+i)^{n-1}i$	$P(1+i)^{n-1}+P(1+i)^{n-1}i=P(1+i)^n$

例3-8 某人以复利方式借款5 000元,年利率为10%,则5年后应还款多少元?

解: $F=P(1+i)^n=5\ 000\times(1+10\%)^5=8\ 052.55$(元)

所以,该人5年后应还款8 052.55元。

由于复利计息比较符合资金在社会再生产过程中运动的实际状况,在技术经济分析中,一般采用复利计息。

2. 名义利率和实际利率

在实际经济活动中,计息周期有年、半年、季、月、周、日等多种。我们将计息周期实际发生的利率称为计息周期实际利率,计息周期实际利率乘以每年计息周期数就得到名义利率。

假如按月计算利息,月利率为1%,通常称为"年利率12%,每月计息一次"。这个年利率12%称为"名义利率"。按单利计息,名义利率与实际利率是一致的。但是,按复利计算,上述"年利率12%,每月计息一次"的实际年利率则不等于名义利率,而是比12%略大的一个数。

设名义利率为r,一年中计息次数为m,则计息周期的利率应为r/m,一年后本利和为:

$$F=P(1+r/m)^m \tag{3-35}$$

按利率定义得年实际利率i为

$$i=\frac{P(1+r/m)^m-P}{P}=(1+r/m)^m-1 \tag{3-36}$$

当$m=1$时,名义利率等于实际利率。当$m>1$时,实际利率大于名义利率。当$m \to +\infty$,即一年之中无限多次计息,称为连续复利计息,连续复利计息的实际利率为:

$$i = \lim_{m \to \infty}\left[\left(1+\frac{r}{m}\right)^m - 1\right] = \lim_{m \to \infty}\left[\left(1+\frac{r}{m}\right)^{\frac{m}{r}}\right]^r - 1 = e^r - 1 \qquad (3-37)$$

例 3-9 某人现在存款 1 000 元, 年利率为 10%, 计息周期为半年, 复利计息。问 5 年末存款金额为多少?

解: 可以采用两种方法对此进行分析。

方法一: 按照年实际利率计算。

$$i = (1+10\%/2)^2 - 1 = 10.25\%$$

则 5 年末存款金额为:

$$F = 1\,000 \times (1+10.25\%)^5 = 1\,000 \times 1.628\,9 = 1\,628.9 \text{ (元)}$$

方法二: 按照计息周期利率计算, 5 年末存款金额为:

$$F = 1\,000 \times (1+5\%)^{10} = 1\,000 \times 1.628\,9 = 1\,628.9 \text{ (元)}$$

二、资金等值计算

(一) 资金等值的概念

资金等值是指在考虑资金时间价值因素后, 不同时点上数额不等的资金在一定利率条件下具有相等的价值。例如, 现在的 100 元与一年后的 112 元, 其数额并不相等, 但如果年利率为 12%, 则两者是等值的。因为现在的 100 元, 在 12% 利率下, 1 年后的本金与资金时间价值两者之和为 112 元。同样, 1 年后的 112 元在年利率为 12% 的情况下等值于现在的 100 元。不同时点上数额不等的资金如果等值, 则它们在任何相同时点上的数额必然相等。

影响资金等值的因素有三个: 资金额大小、资金发生的时间和利率。它们构成现金流量的三要素。

利用等值概念, 将一个时点发生的资金金额换算成另一时点的等值金额, 这一过程叫资金等值计算。进行资金等值换算还需建立以下几个概念:

(1) 贴现与贴现率。把将来某一时点的资金金额换算成现在时点的等值金额称为贴现或折现。贴现时所用的利率称贴现率或折现率。

(2) 现值。现值是指资金"现在"的价值。需要说明的是, "现值"是一个相对的概念, 一般地说, 将 $t+k$ 个时点上发生的资金折现到第 t 个时点, 所得的等值金额就是第 $t+k$ 个时点上资金金额在 t 时点的现值。现值用符号 P 表示。

(3) 终值。终值是现值在未来时点上的等值资金, 用符号 F 表示。

(4) 等年值。等年值是指分期等额收支的资金值, 用符号 A 表示。

(二) 资金等值计算公式

在技术经济分析中, 为了考察投资项目的经济效果, 必须对项目寿命期内不同时间发生的全部费用和全部收益进行计算和分析。在考虑资金时间价值的情况下, 不同时间发生的收入或支出, 其数值不能直接相加或相减, 只能通过资金等值计算将它们换算到同一时间点上进行分析。资金等值计算公式和复利计算公式是相同的。下面给出在技术方案的经济评价中常用的等值换算公式,其中前6个公式是基本公式。

1. 一次支付终值公式

如果现在存入银行 P 元,年利率为 i,n 年后拥有本利和为多少?计算公式为:

$$F = P(1+i)^n \tag{3-34}$$

系数 $(1+i)^n$ 称为复利支付终值系数,也可用符号 $(F/P, i, n)$ 表示。所以公式(3-34)又可写成:

$$F = P(F/P, i, n) \tag{3-38}$$

2. 一次支付现值公式

已知 n 年后一笔资金 F,在利率 i 下,相当于现在多少钱?计算公式为:

$$P = F \times \frac{1}{(1+i)^n} \tag{3-39}$$

这是一次支付终值公式的逆运算。$\frac{1}{(1+i)^n}$ 称为复利现值系数,记为 $(P/F, i, n)$,$(P/F, i, n)$ 的值可查附表。

例 3-10 某人计划 5 年后从银行提取 1 万元,如果银行利率为 12%,问现在应存入银行多少钱?

解: $P = F \times \frac{1}{(1+i)^n} = F(P/F, 12\%, 5) = 0.5674$(万元)

所以,该人现在需存款 5 674 元。

这也就意味着在利率 12% 下,5 年后的 10 000 元相当于现在的 5 674 元。

3. 等额分付终值公式

如果某人每年年末存入资金 A 元,年利率为 i,n 年后资金的本利和为多少?

由图 3-4 可看出,第 n 年年末资金的终值总额 F 等于各年存入资金 A 的终值总和,即:

$$F = A(1+i)^{n-1} + A(1+i)^{n-2} + \cdots + A(1+i) + A$$
$$= A[(1+i)^{n-1} + (1+i)^{n-2} + \cdots + (1+i) + 1]$$

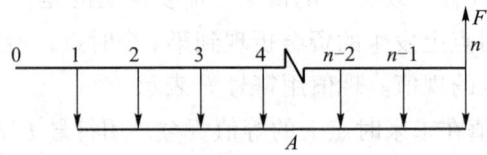

图 3-4 等额分付终值现金流量图

式中 $[1 + (1+i) + (1+i)^2 + \cdots + (1+i)^{n-1}]$ 为一等比级数和,其公比为 $(1+i)$,根据等比级数求和公式,它等于 $\frac{1-(1+i)^n}{1-(1+i)}$,因此:

$$F = A\left[\frac{(1+i)^n - 1}{i}\right] \tag{3-40}$$

式（3-37）中 $\left[\frac{(1+i)^n - 1}{i}\right]$ 称为年金终值系数，可以用 $(F/A, i, n)$ 表示，其值可由书后附表查出。

例 3-11 某人从 30 岁起每年年末向银行存入 8 000 元，连续 10 年，若银行年利率为 8%，问 10 年后共有多少本利和？

解：直接应用公式（3-37），计算可得：

$$F = A\left[\frac{(1+i)^n - 1}{i}\right] = 8\,000 \times (F/A, 8\%, 10) = 8\,000 \times 14.486\,6 = 115\,893\ （元）$$

所以，该人 10 年后拥有的本利和为 115 893 元。

4. 等额分付偿债基金公式

等额分付偿债基金公式是等额分付终值公式的逆运算，即已知终值 F，求与之等价的等额年值 A。由式（3-37）可直接导出：

$$A = F\left[\frac{i}{(1+i)^n - 1}\right] \tag{3-41}$$

式中系数 $\left[\frac{i}{(1+i)^n - 1}\right]$ 称为等额分付偿债基金系数，用符号 $(A/F, i, n)$ 表示，其值可查书后附表。

例 3-12 某厂欲积累一笔设备更新基金，用于 4 年后更新设备。此项投资总额为 500 万元，银行利率 12%，问每年年末至少要存款多少？

解：由式（3-41）可得：

$$A = F\left[\frac{i}{(1+i)^n - 1}\right] = 500 \times (A/F, 12\%, 4) = 500 \times 0.209\,23 = 104.62\ （万元）$$

所以，每年年末至少要存款 104.62 万元。

5. 等额分付现值公式

如图 3-5 所示，从第 1 年年末到第 n 年年末有一个等额的现金流序列，每年的金额均为 A，这一等额年金序列在利率为 i 的条件下，其现值是多少？

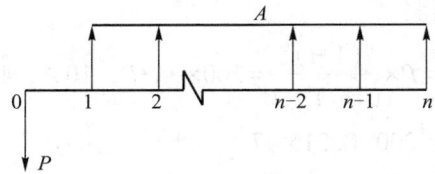

图 3-5 等额分付现值现金流量图

依图 3-6，可把等额序列视为 n 个一次支付的组合，利用一次支付现值公式推导等额分付现值公式：

$$P = \frac{A}{(1+i)} + \frac{A}{(1+i)^2} + \cdots + \frac{A}{(1+i)^n}$$

这是公比为 $\frac{1}{(1+i)}$ 的等比级数和,利用级数求和公式得:

$$P = A \times \frac{(1+i)^n - 1}{i(1+i)^n} \tag{3-42}$$

上式即为等额分付现值公式,$\frac{(1+i)^n - 1}{i(1+i)^n}$ 可记为 $(P/A, i, n)$,$(P/A, i, n)$ 的值可查书后附表。

例 3-13 某设备经济寿命为 8 年,预计年净收益 20 万元,残值为 0,若投资者要求的收益率为 20%,问投资者最多愿意出多少的价格购买该设备?

解:这一问题等同于在银行的利率为 20% 条件下,若存款者连续 8 年每年从银行取出 20 万元,则现在应存入银行多少钱?

$$P = \frac{20}{(1+20\%)} + \frac{20}{(1+20\%)^2} + \cdots + \frac{20}{(1+20\%)^8}$$
$$= 20 \times (P/A, 20\%, 8) = 20 \times 3.8372$$
$$= 76.74 \text{(万元)}$$

所以,投资者最多愿意出 76.74 万元。

6. 资金回收公式

银行现提供贷款 P 元,年利率为 i,要求在 n 年内等额分期回收全部贷款,问每年年末应回收多少资金?这是已知现值 P 求年金 A 的问题。

根据等额分付现值公式可得:

$$A = P \times \frac{i(1+i)^n}{(1+i)^n - 1} \tag{3-43}$$

$\frac{i(1+i)^n}{(1+i)^n - 1}$ 可记为 $(A/P, i, n)$,$(A/P, i, n)$ 的值可查书后附表。

例 3-14 某投资项目贷款 200 万元,银行 4 年内等额收回全部贷款,已知贷款利率为 10%,那么项目每年的净收益不应少于多少万元?

解:根据资金回收公式得:

$$A = P \times \frac{i(1+i)^n}{(1+i)^n - 1} = 200 \times (A/P, 10\%, 4)$$
$$= 200 \times 0.31547$$
$$= 63.09 \text{(万元)}$$

所以,项目每年净收益至少应为 63.09 万元。

7. 等差序列终值公式

等差序列现金流量是在一定的基础数值上逐期等差增加或逐期等差减少的现金流量。一般是将第 1 期期末的现金流量作为基础数值,然后从第 2 期期末开始逐期等差递增或逐期等差递减。其现金流量图如图 3-6 所示。

显而易见,图 3-6 的现金流量可分解为两部分:第一部分是由第 1 期期末现金流量 A_1 构成的等额支付序列现金流量,第二部分是由等差额 G 构成的递增等差支付序列现金流量。

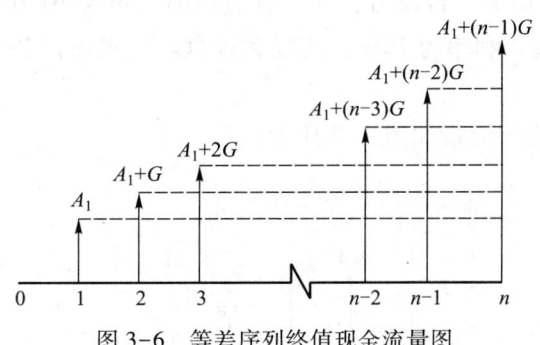

图 3-6 等差序列终值现金流量图

由 A_1 组成的等额支付序列的终值 $F(A_1)=A_1(F/A, i, n)$。由 $G, 2G, 3G, \cdots, (n-1)G$ 组成的等差序列的未来值为:

$$F(A_2)= G(1+i)^{n-2}+2G(1+i)^{n-3}+3G(1+i)^{n-4}+\cdots+(n-1)G$$

$$=\frac{G}{i}\left[\frac{(1+i)^n-1}{i}-n\right] \tag{3-44}$$

如何推导式(3-44),请读者自己思考。

式中 $\frac{1}{i}\left[\frac{(1+i)^n-1}{i}-n\right]$ 为等差序列终值系数,可用 $(F/G, i, n)$ 表示,所以式(3-44)又可表示为:

$$F(A_2)= G(F/G, i, n) \tag{3-45}$$

8. 等差序列现值公式

根据式(3-39)、式(3-45)可推导出:

$$P=\frac{G}{i}\left[\frac{(1+i)^n-1}{i}-n\right]\frac{1}{(1+i)^n} \tag{3-46}$$

式中 $\frac{1}{i}\left[\frac{(1+i)^n-1}{i}-n\right]\frac{1}{(1+i)^n}$ 为等差序列现值系数,可用 $(P/G, i, n)$ 表示,所以式(3-46)又可表示为:

$$P=G\ (P/G, i, n) \tag{3-47}$$

9. 等差序列年金公式

根据式(3-41)、式(3-46)又可推导出:

$$A=\frac{G}{i}\left[\frac{(1+i)^n-1}{i}-n\right]\left[\frac{i}{(1+i)^n-1}\right]$$

$$=G\left[\frac{1}{i}-\frac{n}{(1+i)^n-1}\right] \tag{3-48}$$

式中的 $\left[\dfrac{1}{i}-\dfrac{n}{(1+i)^n-1}\right]$ 称为等差序列折算成等额序列的折算系数,以 $(A/G, i, n)$ 表示,其数值可查附表。公式（3-48）又可表示为:

$$A = G(A/G, i, n) \tag{3-49}$$

例 3-15 某企业拟购买一台设备,其年收益额第一年为 10 万元,此后直至第 8 年年末逐年递减 3 000 元,设年利率为 15%,按复利计息。试求该设备 8 年的收益现值及等额支付序列收益年金。

解：该设备产生的现金流量如图 3-7 所示。

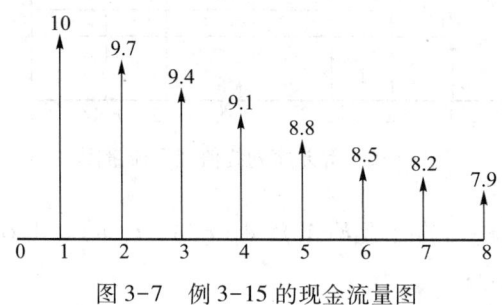

图 3-7 例 3-15 的现金流量图

将图 3-7 的现金流量分解为两部分:

第一部分是以第一年收益额 10 万元为等额值 A_1 的等额支付序列现金流量。利用公式（3-42）求得现值为:

$$P_1 = 100\,000(P/A, 15\%, 8) = 448\,730 \text{（元）}$$

第二部分是以等差变额 $G = 3\,000$ 元的支付现金流量。根据公式（3-42）和式（3-49）求得现值为:

$$\begin{aligned} P_2 &= G \times (A/G, 15\%, 8) \times (P/A, 15\%, 8) \\ &= 3\,000 \times 2.78 \times 4.487 = 37\,422 \text{（元）} \end{aligned}$$

因此，$P = P_1 - P_2 = 448\,730 - 37\,422 = 411\,308$ （元）

$$A = P \times (A/P, 15\%, 8) = 411\,308 \times 0.222\,85 = 91\,680 \text{（元）}$$

表 3-4 为上述九个资金等值计算公式中七个公式的总结。

表 3-4 等值计算公式一览表

类别	已知	求解	系数名称及符号	系数代数式	公式
一次性付系列	P	F	复利终值系数 $(F/P, i, n)$	$(1+i)^n$	$F = P(F/P, i, n)$
	F	P	复利现值系数 $(P/F, i, n)$	$\dfrac{1}{(1+i)^n}$	$P = F(P/F, i, n)$

续表

类别	已知	求解	系数名称及符号	系数代数式	公　式
等额分付系列	A	F	年金终值系数 $(F/A, i, n)$	$\dfrac{(1+i)^n-1}{i}$	$F=A(F/A, i, n)$
	F	A	偿债基金系数 $(A/F, i, n)$	$\dfrac{i}{(1+i)^n-1}$	$A=F(A/F, i, n)$
	A	P	年金现值系数 $(P/A, i, n)$	$\dfrac{(1+i)^n-1}{i(1+i)^n}$	$P=A(P/A, i, n)$
	P	A	资金回收系数 $(A/P, i, n)$	$\dfrac{i(1+i)^n}{(1+i)^n-1}$	$A=P(A/P, i, n)$
	G	F	等差序列终值系数 $(F/G, i, n)$	$\dfrac{1}{i}\left[\dfrac{(1+i)^n-1}{i}-n\right]$	$F=G(F/G, i, n)$

三、资金等值计算的应用

资金时间价值原理和等值计算公式广泛应用于财务管理、投资决策、资产估价等领域。通过下面的几个例题，可以加深对资金时间价值和资金等值计算的理解。

例 3-16　某企业拟购买大型设备，价值为 500 万元，有两种付款方式可供选择：① 一次性付款，优惠 12%；② 分期付款，则不享受优惠，首次支付必须达到 40%，第 1 年年末付 30%，第 2 年年末付 20%，第 3 年年末付 10%。假若企业购买设备所用资金是自有资金，自有资金的机会成本为 10%，问应选择哪种付款方式？又假若企业用借款资金购买设备，借款的利率为 16%，则应选择哪种付款方式？

解：（1）若所用资金为自有资金，资金的成本为 10%，则：

① 一次性付款，实际支出 = 500×88% = 440（万元）

② 分期付款，相当于一次性付款值：

$$P=500\times40\%+\dfrac{500\times30\%}{(1+10\%)}+\dfrac{500\times20\%}{(1+10\%)^2}+\dfrac{500\times10\%}{(1+10\%)^3}=456.57（万元）$$

（2）若采用借款资金购买设备，资金的成本为 16%，则：

① 一次性付款支出 = 500×88% = 440（万元）

② 分期付款，相当于一次性付款值：

$$P=500\times40\%+\dfrac{500\times30\%}{(1+16\%)}+\dfrac{500\times20\%}{(1+16\%)^2}+\dfrac{500\times10\%}{(1+16\%)^3}=435.66（万元）$$

因此，对该企业来说，若采用自有资金，资金利率为 10%，则应选择一次性付款；若采用借款资金，资金利率为 16%，则应选择分期付款。

例 3-17　某企业拟购买一设备，预计该设备有效使用寿命为 5 年，在寿命期内每年能产生年纯收益 6.5 万元，若该企业要求的最低投资收益率为 15%，问该企业可接受的设备价格为多少？

解：设可接受的价格为 P，P 实际上就是投资额，该投资获得的回报即在 5 年内每年有 6.5 万元的纯收益，为了保证获得 15% 的投资收益率，则：

获得第 1 年的 6.5 万元，允许的最大投资：
$$P_1 = 6.5/(1+15\%)$$

获得第 2 年的 6.5 万元，允许的最大投资：
$$P_2 = 6.5/(1+15\%)^2$$

……

获得第 5 年的 6.5 万元，允许的最大投资：
$$P_5 = 6.5/(1+15\%)^5$$

因此，$P = P_1+P_2+P_3+P_4+P_5 = 6.5(P/A, 15\%, 5) = 21.8$（万元）

所以，企业可接受的最高价格为 21.8 万元。

例 3-18 某投资者 5 年前以 200 万元价格买入一房产，在过去的 5 年内每年获得年净现金收益 25 万元，现在该房产能以 250 万元出售。若投资者要求的年收益率为 20%，问此项投资是否合算？

解：判断该项投资合算的标准是该投资有没有达到 20% 的年收益率。可以采用两种方法对此问题进行分析，现金流量图如图 3-8 所示。

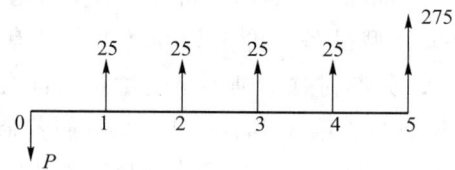

图 3-8 例 3-18 现金流量图

方法一：按 20% 的年收益率，投资 200 万元应该获得：
$$F_1 = 200(F/P, 20\%, 5) = 498（万元）$$

而实际收益：
$$F_2 = 25(F/A, 20\%, 5) + 250 = 436（万元）$$

$F_1 < F_2$，则此项投资没有达到 20% 的收益率，故不合算。

方法二：将收益折算成现值：
$$P_2 = 25(P/A, 20\%, 5) + 250(P/F, 20\%, 5) = 175.24（万元）$$

表明若按 20% 的收益率，获得这样收益的投资额只需投资 175.24 万元，而实际投资 200 万元，因此是不合算的。

例 3-19 某债券是一年前发行的，面额为 500 元，年限 5 年，年利率 10%，每年支付利息，到期还本。因市场利率提高，现投资者要求在余下的 4 年中年收益率为 8%，问该债券现在的价格为多少时，投资者才值得买入？

解：债券在未来 4 年的收益流如图 3-9 所示，因此：

$$P = 50(P/A, 8\%, 4) + 500(P/F, 8\%, 4)$$
$$= 50 \times 3.312 + 500 \times 0.735$$
$$= 533 \text{（元）}$$

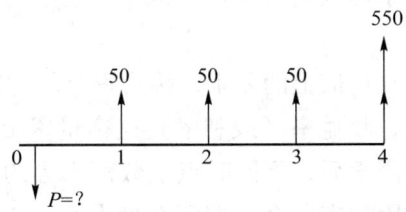

图 3-9　例 3-19 现金流量图

所以，若投资者要求的收益率为 8%，该债券现在的价格低于 533 元时投资者才值得买入。

例 3-20　浙江某大学毕业生欲回家乡筹办一家澳大利亚火鸡饲养场，第 1 年投资 10 万元，1 年后又投资 15 万元，2 年后再投入 20 万元，第 3 年建成投产。投资全部由一家银行贷款，年利率为 8%。贷款从第 3 年开始每年年末等额偿还，还款期 10 年。问每年应至少收益（偿还银行贷款）多少万元？

解：该方案的现金流量图如图 3-10 所示，方案投产年年初的总投资额为：
$$P = 10(F/P, 8\%, 2) + 15(F/P, 8\%, 1) + 20$$
$$= 10 \times 1.1664 + 15 \times 1.08 + 20 = 47.864 \text{（万元）}$$
$$A = P(A/P, 8\%, 10) = 47.864 \times 0.1490 = 7.13 \text{（万元）}$$

因此，该火鸡养殖场每年应至少收益 7.13 万元。

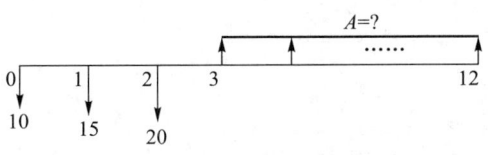

图 3-10　例 3-20 现金流量图

本章小结

经济效果是技术经济学研究的核心问题。经济效果是指人们为了达到一定目的所从事的实践活动成果和劳动消耗的比较。经济效果有正负或好坏之分，因此，对技术方案进行评价，不仅要考虑正效果，同时也应该考虑负效果。要对技术方案的经济效果进行评价，首先需要理解现金流量、资金时间价值及其等值计算等基本概念，只有理解了这些概念的含义，才能借助具体的经济效果的评价指标对技术方案的经济效果做出评价。

现金流量是指特定经济系统（这个系统可以是一个建设项目、一个企业，也可以是一个地区、一个部门或一个国家）在一定时期内（如年、半年、季等）现金的流入数量和流出数量的代数和。对于一个技术方案或建设项目来说，现金流量是建立在投资与资产、成本、税收与税金、摊销与折旧、收入和利润等概念基础之上的，因此，要正确地分析和描述经济系统的现金流量，需要掌握投资与资产、成本、税收与税金、摊销与折旧、收入和利润等概念。

不同时间发生的等额资金在价值上的差别，称为资金的时间价值，利润（或利息）是衡量资金时间价值的绝对尺度，收益率（或利率）是衡量资金时间价值的相对尺度。资金等值是指在考虑资金时间价值因素后，不同时点上数额不等的资金在一定利率条件下具有相等的价值，影响资金等值的因素有三个，即资金额大小、资金发生的时间和利率。把将一个时点发生的资金金额换算成另一时点的等值金额，这一过程叫资金等值计算。在技术方案的经济评价中常用的资金等值换算公式主要有九个，分别为一次支付终值公式、一次支付现值公式、等额分付终值公式、等额分付偿债基金公式、等额分付现值公式、资金回收公式、等差序列终值公式、等差序列现值公式、等差序列年金公式，其中前6个公式是基本公式。

关键概念

经济效果　现金流量　折旧　机会成本　沉没成本　变动成本　固定成本　增值税　所得税　经济利润　时间价值

思考与练习

1. 下列哪些指标属于经济效益指标？
   投资　资本金利润率　销售收入　劳动生产率　利率　物资消耗定额
2. 固定资产投资与流动资产投资的主要区别是什么？
3. 什么是机会成本、经济成本、沉没成本？试举例说明之。
4. 增值税、资源税、所得税的征税对象是什么？
5. 某企业2014年生产A产品1.2万件，生产成本180万元，当年销售1万件，销售单价250元/件，全年发生管理费用15万元，财务费用8万元，销售费用为销售收入的3%。若销售税金及附加相当于销售收入的5%，所得税税率为25%，企业无其他收入，求该企业2014年的利润总额、税后利润是多少？
6. 图3-11中，考虑资金的时间价值后，总现金流出等于总现金流入，试利用各种资金等值计算系数，用已知项表示未知项。
   (1) 已知A_1，A_2，P_1，i，求P_2；

(2) 已知 P_1，P_2，A_1，i，求 A_2；

(3) 已知 P_1，P_2，A_2，i，求 A_1。

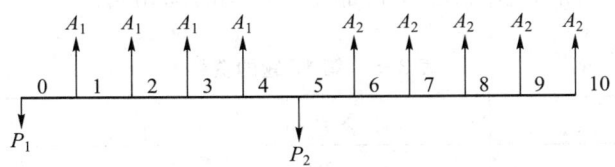

图 3-11　第 6 题现金流量图

7. 某企业 1 年前买了 1 万张面额为 100 元、年利率为 10%（单利）、3 年后到期一次性还本付息国库券。现在有一机会可以购买年利率为 12%、2 年期、到期还本付息的无风险企业债券，该企业拟卖掉国库券购买企业债券。试问该企业可接受的国库券最低出售价格是多少？

8. 某人从 25 岁参加工作起至 59 岁，每年存入养老金 5 000 元，若利率为 6%，则他在 60～74 岁间每年可以领到多少钱？

9. 某企业获得 10 万元贷款，偿还期 5 年，年利率为 10%，试就下面四种还款方式，分别计算 5 年还款总额及还款额的现值。

(1) 每年年末还 2 万元本金和所欠利息；

(2) 每年年末只还所欠利息，本金在第 5 年年末一次还清；

(3) 每年年末等额偿还本金和利息；

(4) 第 5 年年末一次还清本金和利息。

10. 某公司欲引进一项专利，对方提出有两种付款方式可供选择。一种是：一笔总算售价 25 万元，一次支付。另一种是：总算与提成相结合，其具体条件是，签约时付费 5 万元，2 年建成投产后，按产品每年销售收入 60 万元的 6% 提成（从第 3 年年末开始至第 12 年年末）。若资金利率为 10%，问从经济角度该公司应选择哪种付款方式？

11. 某企业向银行贷款 20 万元，条件是年利率 12%，每月计息一次，求年实际利率以及第 3 年年末应归还的本利和？

12. 某设备除每年发生 5 万元运行费用外，每隔 3 年需大修一次，每次费用为 3 万元，若设备的寿命为 15 年，资金利率为 10%，求其在整个寿命期内设备费用现值为多少？

13. 某企业对过去的生产数据进行分析，得出它的总成本（T_C）和产量（Q）之间的关系如下：

$$T_C = 16.68 + 0.125Q + 0.004\,39Q^2$$

求产量为 50 单位时的边际成本。

14. 某企业拟购买一项专利技术，预计该专利技术使用后可产生年净收益 28 万元，有效使用期为 6 年，若投资收益率为 15%，试求该专利技术的价值。

15. 每年年末等额存入 1 500 元，连续 10 年，准备在第 6 年、第 10 年、第 15 年年末支取 3 次，金额相等，若年利率为 12%，求支取金额为多少？

16. 某永久性投资项目，预计建成后年净收益 5 600 万元，若期望投资收益率 12%，求允许的最大投资现值为多少？

17. 某企业现生产两种商品 X 与 Y，其价格、成本见表 3-5，问是否应该停止 Y 产品生产转为全部生产 X 产品（单位 X、Y 产品生产占用时间相同）。

表 3-5 第 17 题的资料

	X 产品	Y 产品
1. 销售单价（元/件）	360	450
2. 变动成本（元/件）	170	230
3. 固定成本分摊（元/件）	80	120
4. 利润（元/件）	110	100

即测即评

第四章
经济性评价基本方法

学习指导：经济使命是工程师的重要使命，追求技术方案的经济效果是工程师的重要职责。本章介绍如何从经济上评价技术方案的经济效果，要求熟练掌握各种经济性评价指标的概念与计算方法，经济性评价基本方法的实际运用，独立方案、互斥方案比选的方法；理解和掌握混合型方案的比选方法。

新闻摘录　让每一分钱都创造最大价值——辽河油田经济评价覆盖全领域

低油价下，对于以稠油生产为主的辽河老油田来说，创效成为重中之重。辽河油田充分发挥经济评价"标尺"的作用，让所有投资项目先过效益"筛子"，为企业把好效益关。2017年9月15日，辽河经济评价中心正在组织开展兴一矿水源热泵供暖经济性评价，主要对3口报废油井改造为地热井的效益性进行评价。

新下发的《辽河油田经济评价管理办法》明确指出，对投资项目全部实施经济评价，对重要的生产成本支出项目开展经济评价。至此，辽河经济评价从最初的勘探开发项目扩大为所有投资和成本类项目，实现了局部向整体的质的飞跃。与此同时，负责此项工作的辽河勘探开发经济评价中心也正式更名为辽河经济评价中心，并被赋予从勘探到开发、从生产到经营的13项业务职能。经济评价覆盖了辽河勘探开发、生产经营、企业管理的各个环节，成为低油价下企业开源节流降本增效的决策标尺。

业内人士表示："评价领域扩大了，更深层次反映的是辽河油田效益核心理念愈加凸显。"多年来，辽河着眼效益发展，不断推动经济评价从粗放走向精细，从局部走向全领域。经济评价实现了从方案的前期评价走向跟踪评价、从区块效益评价走向单井效益评价、从项目单一评价到全生命周期评价、从勘探开发项目走向所有投资和成本类项目的转变。经济评价成为辽河勘探开发和生产经营的指挥棒，"先算后干"成为企业效益发展的新常态。

据经济评价中心主任刘斌介绍，下一步，经济评价要把利润这个不变量作为评价投入是否经济有效的核心指标，按照"一切成本都可以下降"的理念，做好事前效益把关、事中效益优化、事后效益监督，算好投入产出账、算好长远账，让每一分钱都创造最大价值，打造低油价下经济评价新品牌。

资料来源：雷凤颖. 辽河油田经济评价覆盖全领域 让每一分钱都创造最大价值. 中国石油网，2017-9-26

对工程技术方案进行经济性评价，其核心内容是经济效果的评价。经济效果的评价指标是多种多样的，它们从不同角度反映工程技术方案的经济性，但是经济效果是一个综合性的指标，不能仅从一项指标中得到完整的评价。因此，为了系统而全面地评价一个项目，往往需要采用多个评价指标，从多方面对项目的经济性进行分析考察，这些既相互联系又有相对独立性的评价指标，就构成了项目经济评价的指标体系。

按评价指标的量纲，这些指标主要可分为三大类：第一类是以时间作为计量单位的时间型指标，如投资回收期、贷款偿还期等；第二类是以货币单位计量的价值型指标，如净现值、费用现值等；第三类是反映资金利用效率的无量纲的效率型评价指标，如内部收益率、投资利润率、投资利税率等。这三类指标从不同的角度说明项目的经济性，有各自的应用范围和条件。我们可以根据实际的投资条件，选用合适的评价方法进行评价，也可同时选用多个指标从不同角度进行分析、评价，从而使经济效果的评价结果更科学、更准确。

按照是否考虑资金的时间价值，可以分为静态评价方法和动态评价方法两种。不考虑资金时间价值的评价方法称为静态评价方法；考虑资金时间价值的评价方法称为动态评价方法。静态评价方法的计算简单、直观，但由于评价时没有考虑资金的时间价值，精确性较差，适用于短期投资项目和逐年收益大致相当的项目，另外，对方案进行粗略评价时也经常采用该方法。动态评价方法由于考虑了资金的时间价值，计算科学、精确，适用于项目最后决策前的可行性研究阶段。

第一节 投资回收期法

投资回收期法，又叫投资返本期法或投资偿还期法。所谓投资回收期是指投资回收的期限，也就是用投资方案所产生的净现金收入回收初始全部投资所需的时间。对于投资者来讲，投资回收期越短越好，从而减少投资的风险。投资回收期通常从建设项目开始投入之日算起，即包括建设期，如果从投产年算起时，应予以注明。时间单位通常用"年"表示。

一、静态投资回收期

（一）概念

静态投资回收期是在不考虑资金时间价值因素条件下，以项目净现金流入回收项目全部投资所需要的时间。它反映项目方案在财务上的投资回收能力,是考察项目投资盈利水平的经济效益指标。

(二) 计算

投资回收期(T_P,以年表示)的计算公式是:

$$\sum_{t=0}^{T_P}(CI-CO)_t = 0 \tag{4-1}$$

式中: CI——现金流入量;

CO——现金流出量;

$(CI-CO)_t$——第 t 年的净现金流量。

其具体计算又分以下两种情况:

(1) 若投资一次完成,并且投产后各年的净现金流量相同,则静态投资回收期的计算公式为:

$$T_P = \frac{I}{B-C} \tag{4-2}$$

式中: I——项目投入的资金;

B——每年的收入;

C——每年的成本费用。

(2) 若投资分几次完成,并且投产后各年的净现金流量不相同,则静态投资回收期可根据累计净现金流量求得,也就是使得累计净现金流量为零的时刻,此时项目投资所产生的收益恰好回收了前期的投资。其计算公式为:

$$T_P = (累计净现金流量开始出现正值的年份数-1) + \frac{上一年累计净现金流量绝对值}{出现正值年份的净现金流量} \tag{4-3}$$

(三) 判别准则

用投资回收期评价投资项目时,需要将计算所得的投资回收期与同类项目的历史数据和投资者意愿确定的基准投资回收期相比较。设基准投资回收期为 T_b,判别准则为:

若 $T_P \leq T_b$ 时,则项目可以考虑接受;

若 $T_P > T_b$,则项目应予以拒绝。

例 4-1 某项目的现金流量情况如表 4-1 所示,试计算其静态投资回收期。若标准投资回收期 $T_b = 5$ 年,判断其在经济上的合理性。

表 4-1 例 4-1 现金流量表 单位:万元

年份	0	1	2	3	4	5
总投资	6 000	4 000				

续表

年份	0	1	2	3	4	5
销售收入			5 000	6 000	8 000	8 000
经营成本			2 000	2 500	3 000	3 500
净现金流量	-6 000	-4 000	3 000	3 500	5 000	4 500
累计现金净流量	-6 000	-10 000	-7 000	-3 500	1 500	6 000

解：由表 4-1 可见静态投资回收期在 3 年与 4 年之间，利用公式（4-3），可以得到：

$$T_P = 4 - 1 + \frac{3\ 500}{5\ 000} = 3.7 \text{（年）} < 5 \text{（年）}$$

因为 $T_P < T_b$，故该投资方案在经济上可行。

二、动态投资回收期

（一）概念

动态投资回收期是指在考虑资金时间价值即设定的基准收益率条件下，以项目的净现金流量收回项目全部投资所需的时间。它克服了静态投资回收期未考虑时间因素的缺点。

（二）计算

动态投资回收期 T_P 可由下式求得：

$$\sum_{t=0}^{T_P} (CI-CO)_t (1+i_0)^{-t} = 0 \tag{4-4}$$

式中：$(CI-CO)_t$——第 t 年的净现金流量；

i_0——基准折现率。

T_P 同样也可用全部投资的财务现金流量表中的累计净现值计算求得，详细计算式为：

$$T_P = （累计净现金流量折现值开始出现正值的年份数 - 1）$$
$$+ \frac{上一年累计净现金流量折现值绝对值}{出现正值年份的净现金流量折现值} \tag{4-5}$$

（三）判别准则

用动态投资回收期评价投资项目的可行性，同样需要与基准动态投资回收期 T_b 相比较。判别准则为：

若 $T_P \leq T_b$ 时，则项目可以考虑接受；

若 $T_P > T_b$ 时，则项目应予以拒绝。

例 4-2 某项目现金流量表如表 4-2 所示，基准折现率为 10%，求动态投资回收期。若标准投资回收期 $T_b = 5$ 年，判断其经济合理性。

表 4-2　例 4-2 现金流量表　　　　　　　　　　单位：万元

年份	0	1	2	3	4	5
总投资	6 000	4 000				
销售收入			5 000	6 000	8 000	8 000
经营成本			2 000	2 500	3 000	3 500
净现金流量	-6 000	-4 000	3 000	3 500	5 000	4 500
折现系数	1	0.909 1	0.826 4	0.751 3	0.683 0	0.620 9
净现金流量折现值	-6 000	-3 636	2 479	2 630	3 415	2 794
累计现金净流量折现值	-6 000	-9 636	-7 157	-4 527	-1 112	1 682

解： $T_P = 5 - 1 + \dfrac{1\ 112}{2\ 794} = 4.4$（年）

该方案的动态投资回收期为 4.4 年。

因为 $T_P < T_b$，故该方案在经济上可行。

三、投资回收期指标评价

（一）优点

1. 简单直观

投资回收期指标计算简便，容易为一般非专业人员所理解。它告诉投资者，在此时间内可以回收全部投资，在此以后的净现金流量都是投资方案的盈利。

2. 反映项目风险

由于未来净现金流量的不确定性使项目存在风险，投资回收期越短，则该项投资在未来时间所冒的风险越小，投资回收期越长，项目所冒的风险越大。

3. 衡量资金的流动性

进行长期投资会使企业的流动资金减少，恶化流动比率，使企业产生流动性困难。若资金能够得到较快回收，则会较快补足营运资金，改善流动比率。

由于有以上优点，投资回收期成为投资决策的重要指标之一，特别是在实际工作中，有广泛应用。

（二）缺点

投资回收期不能反映整个项目全貌，也就是说不能考察整个项目的盈利性，在投资回收期以后的收益往往容易被忽视。

利用投资回收期指标进行项目评价往往偏向于早期效益高的项目，而具有战略意义的长期项目则可能被拒绝。因此单一使用投资回收期法，容易使投资决策者产生短视行为。

第二节 净值法

一、净现值

(一) 概念

 扩展阅读　关于提升净现值在项目投资评价中运用的研究

净现值（NPV）是指方案在寿命期内各年的净现金流量$(CI-CO)_t$，按照一定的折现率折现到期初时的现值之和。

(二) 计算

净现值的表达式为：

$$NPV(i_0) = \sum_{t=0}^{n} (CI-CO)_t (1+i_0)^{-t} \qquad (4-6)$$

式中：$(CI-CO)_t$——第 t 年的净现金流量；

n——该方案寿命期；

i_0——基准折现率。

(三) 判别准则

（1）NPV>0，表明该方案除能达到要求的基准收益率外，还能得到超额收益，方案可行；

（2）NPV=0，表明该方案正好达到要求的基准收益率水平，该方案经济上合理，方案一般可行；

（3）NPV<0，表明该方案没有达到要求的基准收益水平，该方案经济上不合理，不可行。

例 4-3　有一位朋友向你借款 10 000 元，他提出在前 4 年的每年年末支付给你 3 000 元，第 5 年年末支付 5 000 元来归还借款。假若你可以在定期存款中获得 10% 的利率，按照他提供的偿还方式，若纯粹从经济的角度考虑，你应该借钱给这位朋友吗？

解：现金流量图如图 4-1 所示，通过计算 NPV 可得：

$$NPV = -10\,000 + 3\,000 \times (P/A, 10\%, 4) + 5\,000 \times (P/F, 10\%, 5)$$
$$= -10\,000 + 3\,000 \times 3.169\,9 + 5\,000 \times 0.620\,9$$

= 2 614.2（元）

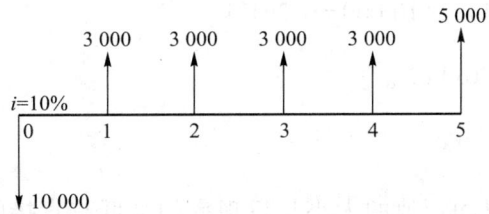

图 4-1　例 4-3 现金流量图

$NPV>0$，说明除能达到要求的 10% 的收益率外，还能得到超额收益，应该借钱给这位朋友。

例 4-4　某工程总投资为 5 000 万元，投产后，每年生产支出 600 万元，每年收益额为 1 400 万元，产品的经济寿命为 10 年，在第 10 年年末，还能回收资金 200 万元，基准折现率为 12%。求项目的净现值，并判断该投资项目是否可行。

解： 该工程的现金流量图如图 4-2 所示。

$$NPV = -5\,000 + (1\,400 - 600) \times (P/A, 12\%, 10) + 200 \times (P/F, 12\%, 10)$$

$$= -5\,000 + 800 \times 5.65 + 200 \times 0.322\,0$$

$$= -415.6 < 0$$

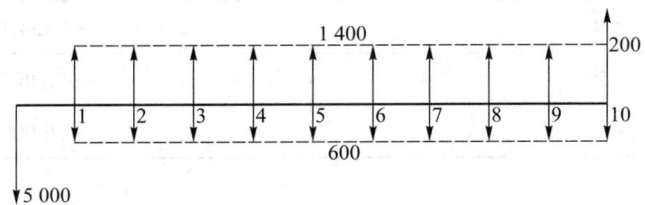

图 4-2　例 4-4 现金流量图

该投资项目净现值为 -415.6 万元，说明项目实施后的经济效益不能达到 12% 的收益率，因而该投资项目不可行。

（四）净现值率

净现值率的经济含义是单位投资现值所取得的净现值额。它反映了投资资金的产出效率，常作为净现值指标的辅助指标。净现值率是指按基准折现率求得的方案计算期内的净现值与其全部投资现值的比率，用 NPVR 表示。

净现值率的计算公式为：

$$NPVR = \frac{NPV(i_0)}{K_P} \tag{4-7}$$

式中：NPVR——净现值率；

K_P——项目总投资现值。

例 4-5 现金流量同例 4-3，若折现率为 10%，求净现值率。

解： $NPVR = \dfrac{NPV}{K_P} = 2\ 614.2 \div 10\ 000 = 0.261\ 4$

该项目的净现值率为 26.14%。

（五）净现值函数

对常规项目①而言，其净现值的大小与折现率的高低有直接的关系。以例 4-3 为例，不同折现率下净现值的情况如表 4-3 所示。

表 4-3　折现率与净现值关系表　　　　单位：元

折现率（%）	净现值
0	7 000
5	4 555.4
10	2 614.2
15	1 050.8
19	0
20	−224.4
30	−2 154.6
50	−4 526.7
∞	−10 000

可以看出，净现值随着折现率的变大而变小。可以将净现值看作是折现率的函数——净现值函数，其曲线如图 4-3 所示，它是一条递减的曲线。

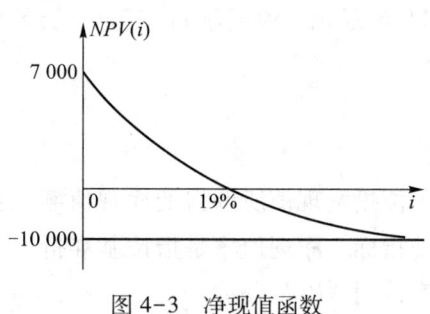

图 4-3　净现值函数

---

① 常规项目是指在计算期内，开始时有支出而后才有收益，并且方案的净现金流量序列的符号只改变一次的投资项目。

（六）基准折现率

基准折现率又称基准收益率、基准贴现率。如前文所述，在计算净现值等指标时，基准折现率 i_0 是一个重要的参数，它是由投资决策部门决定的重要决策参数。基准折现率定得太高，可能会使许多经济效益好的方案被拒绝；如果定得太低，则可能会接受过多的方案，其中一些方案的经济效益可能并不好。

在采用现行价格时，基准折现率可以按部门或行业来确定。依据某一部门或行业的历年投资效果水平，大致上可以算出一个最低的可接受的折现率水平，有时也称为最低有吸引力的收益率，用 MARR 表示（minimum attractive rate of return）。如果按这种基准折现率算出的某投资方案的净现值等指标为负值，那表示该方案并没有达到该部门和行业最低可以达到的经济效果水平，资金不应该用在这个方案上，而应投向其他方案。因此，基准折现率也可以理解为一种资金的机会成本。基准折现率与贷款利率有所不同。通常基准折现率应高于贷款利率。例如，贷款的利率是 5%，则基准折现率可能要选定为 8% 以上。这是因为投资大多带有一定的风险和不确定性，假如基准折现率不稍高于贷款利率，就不值得投资。

（七）费用现值

费用现值就是把方案计算期内的各年成本按基准收益率换算成基准年的现值和，再加上方案的总投资现值，用 PC 表示。其计算公式为：

$$PC = \sum_{t=0}^{n} CO_t(P/F, i_0, t) = \sum_{t=0}^{n} (K+C-S-W)_t (P/F, i_0, t) \qquad (4-8)$$

式中：C——年经营成本；

S——计算期末回收的固定资产残值；

W——计算期末回收的流动资金；

K——投资。

（八）净现值指标的评价

1. 优点

在给定净现金流量、计算期和折现率的情况下，都能算出一个唯一的净现值指标值；在理论上其方法更完善，在实际上也有广泛的适用性。

2. 缺点

在确定折现率时，由于对各项资金来源预期收益估计比较困难，使资本成本仅具有理论上的意义，因而实际应用上会受到很大的限制；另外在方案的比较上，当采用方案的投资额不同时，单纯看净现值容易忽视资金使用效率高的项目，需要通过使用净现值率指标加以纠正。

二、净终值

（一）概念

净终值又称净将来值，是以项目计算期末为基准，把不同时间发生的净现金流量按一定的折现率计算到项目计算期末的代数和，一般用 NFV 表示。

（二）计算

净终值的表达式为：

$$NFV(i_0) = \sum_{t=0}^{N} (CI-CO)_t (1+i_0)^{N-t} \tag{4-9}$$

另一种计算方法是，先把有关的现金流量折算为现值，然后再把现值换算成 N 年后（期末）的净终值，即：

$$NFV(i_0) = NPV(i_0)(F/P, i_0, N) \tag{4-10}$$

（三）判别准则

从公式（4-10）可知，净终值等于净现值乘上一个常数。由此可见，方案用净终值评价的结论一定和净现值评价的结论相同。

例 4-6 资料同例 4-3，基准折现率为 10%，求净终值。

解：$NFV = -10\,000(F/P, 10\%, 5) + 3\,000(F/A, 10\%, 4)(F/P, 10\%, 1) + 5\,000$
$= -10\,000 \times 1.61 + 3\,000 \times 4.64 \times 1.10 + 5\,000 = 4\,212$（元）

同样用公式（4-10）也可求得：

$NFV = NPV(F/P, 10\%, 5) = 2\,614.2 \times 1.611 = 4\,211.5$（元）

三、净年值

（一）概念

净年值又称净年度等值，是把项目寿命期内的净现金流量，以设定的折现率折算成等值的各年年末净现金流量值，一般用 NAV 表示。

（二）计算

求一个项目的净年值（NAV），可以先求该项目的净现值，然后乘以资金回收系数进行等值变换求解，即：

$$\begin{aligned} NAV &= NPV(A/P, i_0, n) \\ &= \left[\sum_{t=0}^{n} (CI-CO)_t (P/F, i_0, n) \right] (A/P, i_0, n) \end{aligned} \tag{4-11}$$

(三) 判别准则

从公式 (4-11) 可知，净年值等于净现值乘上一个常数。由此可见，方案用净年值评价的结论一定和净现值评价的结论相同。

例 4-7 引用例 4-3 的数据，基准收益率为 10%，计算其净年值。

解：$NAV = NPV(A/P, 10\%, 5)$
$= [-10\,000 + 3\,000(P/A, 10\%, 4)$
$\quad + 5\,000(P/F, 10\%, 5)](A/P, 10\%, 5)$
$= 2\,614.2 \times 0.263\,8 = 689.6 \text{ (元)}$

(四) 费用年值

费用年值是将方案计算期内不同时点发生的所有费用支出，按基准收益率折算成等值的支付序列年费用，用 AC 表示。由费用现值可知，费用年值计算公式为：

$$AC = \left[\sum_{t=0}^{n}(K+C-S-W)_t(P/F, i_0, t)\right](A/P, i_0, n)$$

$$= \left[\sum_{t=0}^{n}CO_t(P/F, i_0, t)\right](A/P, i_0, n) \qquad (4-12)$$

(五) 净年值指标的评价

从净年值计算公式看，在评价方案时，净年值和净现值指标结论总是一致的。因此，就项目的评价结论而言，净年值与净现值是等效评价指标。但在某些情况下，采用净年值比采用净现值更为简便和易于计算，特别是净年值指标可直接用于寿命期不等的多方案比较，故净年值在经济评价指标体系中占有重要的地位。

第三节 内部收益率法

一、内部收益率的概念

 **扩展阅读　分歧与整合：NPV 和 IRR 方法在投资决策中的运用**

内部收益率又称内部报酬率，是除净现值以外的另一个非常重要的经济评价指标。净现值反映了所得与所费的绝对值，而内部收益率则反映了资金的使用效率。所谓内部收益率是指项目在计算期内净现值等于零时的折现率，以 IRR 表示。

二、内部收益率的计算

内部收益率可由下式计算得到：

$$\sum_{t=0}^{n}(CI-CO)_t(P/F,IRR,t)=0 \tag{4-13}$$

由于式（4-13）是一个高次方程，直接求解 IRR 是比较困难的，因此，在实际应用中通常采用"线性插值法"求 IRR 的近似解。其求解步骤如下：

（1）在满足下列两个条件的基础上预先估计两个适当的折现率 i_1 和 i_2：

① $i_1<i_2$，且 $(i_2-i_1)\leq 5\%$；

② $NPV(i_1)>0$，$NPV(i_2)<0$。

（2）用线性插值法近似求得内部收益率 IRR，如图 4-4 所示。

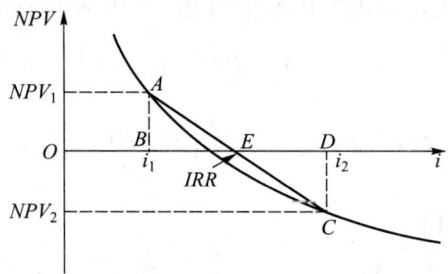

图 4-4　线性插值法求解 IRR 图解

因为，△ABE∽△CDE，所以，$AB:CD=BE:DE$，

即，$NPV_1:|NPV_2|=BE:[(i_2-i_1)-BE]$，可得：

$$IRR=i_1+BE=i_1+\frac{NPV_1}{NPV_1+|NPV_2|}(i_2-i_1) \tag{4-14}$$

式中：i_1——插值用的低折现率；

i_2——插值用的高折现率；

NPV_1——用 i_1 计算的净现值（正值）；

NPV_2——用 i_2 计算的净现值（负值）。

三、内部收益率的判别准则

计算求得的内部收益率 IRR 要与项目的基准收益率 i_0 相比较：

（1）当 $IRR\geq i_0$ 时，则表明项目的收益率已达到或超过基准收益率水平，项目可行；

（2）当 $IRR<i_0$ 时，则表明项目的收益率没有达到基准收益率水平，项目不可行。

一般情况下，当 $IRR\geq i_0$ 时，$NPV(i_0)\geq 0$；当 $IRR<i_0$ 时，$NPV(i_0)<0$。因此，对于单个方案的评价，内部收益率准则与净现值准则的评价结论是一致的，如图 4-5 所示。

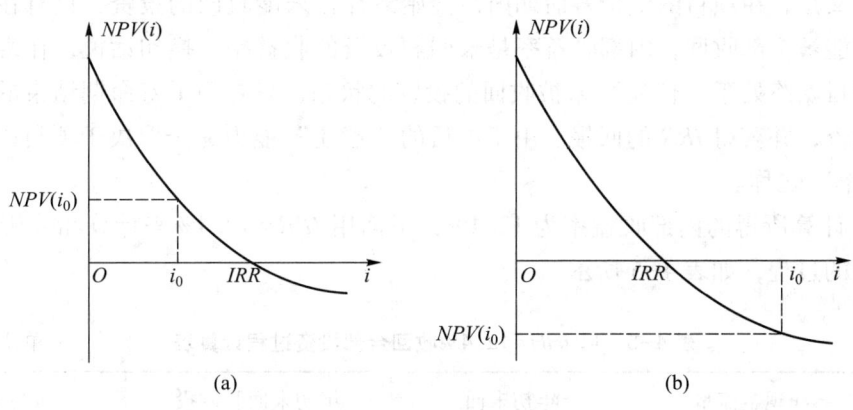

图 4-5 IRR 与净现值的关系

例 4-8 某方案的现金流量如表 4-4 所示，基准折现率为 10%，试用内部收益率法分析该方案是否可行。

表 4-4 例 4-8 现金流量表　　　　　　　　　　　　　　单位：万元

年份	0	1	2	3	4	5
现金流量	-2 000	300	500	500	500	1 200

解：试算 $i_1 = 12\%$

$NPV(i_1) = -2\ 000 + 300(P/F, 12\%, 1)$
$\qquad\qquad + 500(P/A, 12\%, 3)(P/F, 12\%, 1) + 1\ 200(P/F, 12\%, 5) = 21(万元) > 0$

试算 $i_2 = 14\%$

$NPV(i_2) = -2\ 000 + 300(P/F, 14\%, 1)$
$\qquad\qquad + 500(P/A, 14\%, 3)(P/F, 14\%, 1) + 1\ 200(P/F, 14\%, 5)$
$\qquad\quad = -95（万元）< 0$

可见 IRR 在 12%~14% 之间，由式（4-14）可得：

$$IRR = i_1 + \frac{NPV(i_1)}{NPV(i_1) + |NPV(i_2)|}(i_2 - i_1)$$

$$= 12\% + \frac{21}{21+95} \times (14\% - 12\%)$$

$$\approx 12.4\%$$

$IRR = 12.4\% > 10\%$，该方案可行。

四、内部收益率的经济含义

一般来讲，内部收益率就是投资（资金）的收益率，它由项目现金流量决定，是内生决定的，反映了投资的使用效率。项目的内部收益率越高，其经济性也就越好。内部收益率的经济含义是，在项目的整个寿命期内，会始终存在未能收回的投资，只有在寿命期结束时投资才能被全部收回，内部收益率是未回收投资的收益率。换句话说，在寿命期内各个时点，项目始终处于"偿还"未被收回的投资的状态，只有到了寿命期结束的时点，才偿还全部投资，并获得 IRR 的回报。由于项目的"偿还"能力完全取决于项目内部，故有"内部收益率"之称。

例 4-8 计算所得的内部收益率为 12.4%，下面用 IRR=12.4% 来计算和分析例 4-8 收回全部投资的过程，如表 4-5 所示。

表 4-5　以 IRR=12.4% 收回全部投资过程计算表　　　　　　　单位：万元

年份	净现金流量（年末）①	年初未回收的投资 ②	年初未回收的投资到期末的价值 ③=②×(1+IRR)	年末尚未回收的投资 ④=③-①
0	2 000			
1	300	2 000	2 248	1 948
2	500	1 948	2 189	1 689
3	500	1 689	1 897	1 397
4	500	1 397	1 569	1 069
5	1 200	1 069	1 200	0

由表 4-5 可以明显地看到，从第 0 年直到第 5 年年末的整个寿命期内，每年均有尚未收回的投资，只有到了第 5 年年末即寿命期结束时，才全部收回了投资。

为了更清楚、更直观地考察和了解内部收益率的经济含义，将例 4-8 收回全部投资过程的现金流量变化状况表示为图 4-6。

由图 4-6 不难理解内部收益率 IRR 的经济含义是项目寿命期内没有回收的投资的盈利率。它不是初始投资在整个寿命期内的盈利，因而它不仅受项目初始投资规模的影响，而且受项目寿命期内各年净收益大小的影响，即完全是由项目的现金流所决定的。

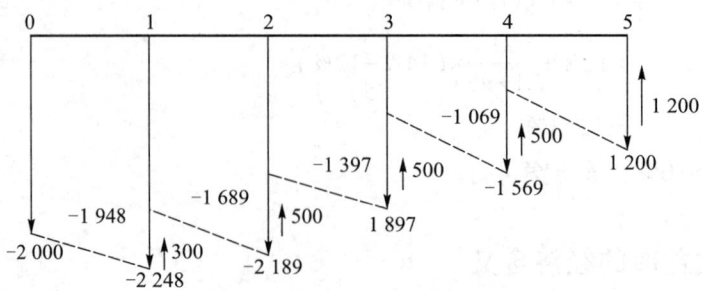

图 4-6　以利率 $i=IRR$ 收回全部投资过程的现金流

五、内部收益率指标的评价

（一）优点

（1）内部收益率指标考虑了资金的时间价值，对项目进行动态评价，并考察了项目在整个寿命期内的全部情况。

（2）内部收益率能直观反映方案投资的最大可能盈利能力或最大的利息偿还能力。

（3）内部收益率是内生决定的，即由项目的现金流量系数特征决定的，不是事先外生给定的。而与净现值、净年值、净现值率等指标须事先设定基准折现率才能进行计算比较起来，内部收益率指标操作困难小。因此，在进行经济项目评价时，内部收益率通常作为一项主要的指标。

（二）缺点

（1）内部收益率指标计算烦琐，非常规项目有多解的现象，分析、检验和判别比较复杂。

（2）只有现金流入或现金流出的方案，此时不存在明确经济意义的内部收益率。

（3）由于内部收益率指标是根据方案本身数据计算得出的，而不是专门给定的，所以内部收益率不能直接反映资金价值的大小。

（4）如果只根据内部收益率指标大小进行方案投资决策，可能会使那些投资大、内部收益率低，但收益额很大，对国民经济有重大影响的方案落选。因而，内部收益率指标往往和净现值指标结合起来使用。

第四节　其他效率型指标

一、投资收益率

（一）概念

投资收益率也叫作投资效果系数，是指项目达到设计生产能力后的一个正常年份的净收益额与项目总投资的比率。对生产期内各年的净收益额变化幅度较大的项目，则应计算生产期内年平均净收益额与项目总投资的比率。投资收益率法适用于项目处在初期勘察阶段或者项目投资不大、生产比较稳定的财务盈利性分析。

（二）计算

投资收益率的计算公式为：

$$R = \frac{NB}{I} \tag{4-15}$$

式中：I——投资总额，$I = \sum_{t=0}^{m} I_t$，I_t 为第 t 年的投资额，m 为建设期，根据分析的目的不同，I 可以是全部投资额（即固定资产、建设期借款利息和流动资金之和），也可以是投资者的权益投资额（如资本金）；

NB——项目达产后正常年份的净收益或平均净收益，根据不同的分析目的，NB 可以是利润也可以是利润和税金总额，还可以是年净现金流入等；

R——投资收益率。

投资收益率指标未考虑资金的时间价值，而且没有考虑项目建设期、寿命期等众多经济数据，故一般用于技术经济数据尚不完整的初步可行性研究阶段。

由于 NB 与 I 的含义不同，投资收益率 R 常用的具体形式有：

（1）投资利润率。它是考察项目单位投资盈利能力的指标，其计算公式为：

$$投资利润率 = \frac{年利润总额或年平均利润总额}{项目总投资} \times 100\% \tag{4-16}$$

其中，

$$年利润总额 = 年营业收入 - 年营业税金及附加 - 年总成本费用$$

投资利润率也称投资效果系数，此时年利润总额表示纯收入。

（2）投资利税率。它是考察项目单位投资对国家的贡献水平的指标，其计算公式为：

$$投资利税率 = \frac{年利税总额或年平均利税总额}{项目总投资} \times 100\% \tag{4-17}$$

其中，

$$年利税总额 = 年销售收入 - 年总成本费用$$

或者，

$$年利税总额 = 年利润总额 + 年营业税金及附加$$

（3）资本金利润率。它反映投入项目的资本金的盈利能力，其计算公式为：

$$资本金利润率 = \frac{年利润总额或年平均利润总额}{资本金} \times 100\% \tag{4-18}$$

对于投资利润率与资本金利润率来说，根据年利润的含义不同，还可以分为所得税前与所得税后的投资利润率与资本金利润率指标。

（三）判别准则

用投资收益率指标评价投资方案的经济效果，需要与根据同类项目的历史数据及投资者意愿等确定的基准投资收益率作比较。设基准投资收益率为 R_b，判别准则为：若 $R \geq R_b$，则项目可以考虑接受；若 $R < R_b$，则项目应予以拒绝。

例 4-9 某一项目投资 800 万元，其中自有资金 400 万元，项目寿命期为 5 年，年总成本费用为 50 万元，每年销售收入 175 万元，销售税金与附加为销售收入的 6%，所得税税率为25%。求投资利润率、投资利税率、资本金利润率。

解：（1）投资利润率 $=\dfrac{175-50-175\times 6\%}{800}\times 100\%=14.31\%$

（2）投资利税率 $=\dfrac{175-50}{800}\times 100\%=15.63\%$

（3）资本金利润率 $=\dfrac{175-50-175\times 6\%}{400}\times 100\%=28.63\%$

投资收益率指标主要反映投资项目的盈利能力，没有考虑资金的时间价值。用投资收益率评价投资方案的经济效果，需要与本行业的平均水平（行业平均投资收益率）对比，以判别项目的盈利是否达到本行业的平均水平。

二、效益—费用比

如前所述，用动态投资回收期、净现值或者内部收益率等指标评价工程方案（项目）的经济效果时，都要求达到或超过标准的收益率。这对基于以营利为目的的营利性企业或投资者来说，是方案经济决策的基本前提。但是，对于一些非营利性的机构或投资者，投资的目的是为公众创造福利或效果，并非一定要获得直接的超额收益。例如，不以营利为目的的公路建设，对使用该公路的公众产生效果。这种效果可以包括：由于汽车速度的加快和公交设施的建设而节省运输时间；由于路线变得更直而缩短运输距离；由于路面的平整而节约燃料；由于路面光滑而节省汽车维修费用和燃料费用；由于达到安全标准而减少车祸；等等。

评价公用事业投资方案的经济效果，一般采用效益—费用比（$B-C$ 比），其计算表达式为：

$$\text{效益—费用比}=\dfrac{\text{净效益（现值或年值）}}{\text{净费用（现值或年值）}} \qquad (4-19)$$

计算 $B-C$ 比时，需要分别计算净效益和净费用。净效益包括投资方案对社会带来的收益，并减去方案实施给公众带来的损失。净费用包括方案投资者的所有费用支出，并扣除方案实施对投资者带来的所有节约。实际上，净效益是指公众得益的净累积值；净费用是指公用事业部门支出的累积值。因此，$B-C$ 比是针对公众而言的。

净效益和净费用的计算，常用现值或年值表示，计算采用的折现率应该是公用事业资金的基准收益率或基金的利率。若方案净效益大于净费用，即 $B-C$ 比大于1，则这个方案在经济上认为是可以接受的；反之，则是不可取的。因此，效益—费用比的评价标准是 $B-C$ 比>1。

$B-C$ 比是一个效率型指标，用于两个方案的比选时，一般不能简单地根据两方案 $B-C$ 比的大小选择最优方案，而应采用增量指标的比较法，即比较两方案增加的净效益与增加的净费用之比（增量 $B-C$ 比），若此比值（增量 $B-C$ 比）大于1，则说明增加的净费用是有利的。

例 4-10 某市正计划建设一条公路，缩短原本需要 1 小时的路程。目前，考虑两条备选路线：沿河路线与越山路线，两条路线的平均车速都提高到 60 公里/小时①，日平均流量都是 1 500 辆，寿命均为 30 年，且无残值，基准收益率 7%，其他数据如表 4-6 所示，试用增量效益—费用比来比较两条路线的优劣。

表 4-6 两条路线的效益与费用

方案	沿河路线	越山路线
全长（公里）	30	20
初期投资（万元）	1 275	1 837
年维护及运行费（万元/(公里·年)）	6	8
大修费每 10 年一次（万元/10 年）	185	215
运输费用节约（元/(公里·辆)）	0.38	0.427
时间费用节约（元/(小时·辆)）	8.5	8.5

解： 从公路建设的目的来看，方案的净效益表现为运输费用的节约和公众时间的节约；方案的净费用包括初期投资费用、大修费用以及维护运行费用。因此，用年值分别计算两方案的净效益和净费用。

方案一：沿河路线：

时间费用节约 = 1 500×365×(1−30/60)×8.5 = 232.7（万元/年）

运输费用节约 = 1 500×365×30×0.38 = 624.2（万元/年）

所以，方案一的净效益 B_1 = 232.7+624.2 = 856.9（万元/年）

投资、维护及大修等费用（年值）= 6×30+[1 275+185(P/F, 7%, 10)
 +185(P/F, 7%, 20)](A/P, 7%, 30)
 = 294.2（万元/年）

所以，方案一的净费用 C_1 = 294.2（万元/年）

方案二：越山路线：

时间费用节约 = 1 500×365×(1−20/60)×8.5 = 310.3（万元/年）

运输费用节约 = 1 500×365×20×0.427 = 467.6（万元/年）

所以，方案二的净效益 B_2 = 310.3+467.6 = 777.9（万元/年）

投资、维护及大修等费用（年值）= 8×20+[1 837+215(P/F, 7%, 10)
 +215(P/F, 7%, 20)](A/P, 7%, 30)
 = 321.3（万元/年）

所以，方案二的净费用 C_2 = 321.3（万元/年）

因此，增量 B−C 比 = $\dfrac{B_2-B_1}{C_2-C_1}$ = $\dfrac{777.9-856.9}{321.3-294.2}$ = −2.92 < 1

---

① 1 公里 = 1 千米。

也就是说，越山路线（方案二）增加的净费用是不值得的，应选择沿河路线建设方案。

第五节　多方案经济评价方法

一、备选方案类型

前文详细介绍了各种经济性评价指标。但在现实中，企业所面临的选择往往是一组备选方案，所追求的目标是整体投资最优化。因此，要正确评价项目的经济性，仅凭对评价指标的计算和判别是不够的，还必须了解项目方案所属的类型，从而确定适合的评价指标与方法，最终做出正确的投资决策。

按多方案之间的经济关系类型，一组备选方案可划分为互斥型方案、独立型方案、混合型方案。

（一）互斥型方案

互斥型方案是指在若干备选方案中，彼此是相互替代的关系，具有互不相容性（相互排斥性）特点的备选方案。在其中选择了任何一个方案，则其他方案必然被排斥，不能同时被选中。比如，同一地域的土地利用方案就是互斥方案，是建居民住房，还是建写字楼等，只能选择其中之一。

（二）独立型方案

独立型方案是指方案之间相互不干扰、经济上互不相关的备选方案。它的特点是项目之间具有相容性，只要条件允许，就可任意选择备选方案中的合理项目，选择或放弃该方案，并不影响对其他方案的选择。这些方案可以共存，而且投资经营成本与收益都具有可加性。

独立型方案按是否存在资源约束，可分为有资源限制型和无资源限制型。有资源限制是指多方案之间存在资金、劳力、材料、设备或其他资源量的限制，在工程经济分析中最常见的就是投资资金的约束；无资源限制是指多方案之间不存在上述的资源限制，当然，这样并不是指资源是无限的，而只是指有能力得到足够的资源。显然，单一方案是无资源限制的独立型方案的特例。

（三）混合型方案

在一组备选方案中，方案之间有些具有互斥关系，有些具有独立关系，则称这一组方案为混合型方案。混合型方案在结构上又可分成两种形式：

其一，在一组独立多方案中，每个独立方案下又有若干个互斥方案的形式。例如，某大型零售业公司现欲在两个相距较远的 A 城和 B 城各投资建一座大型仓储式超市，显然 A、B 是独立的，目前在 A 城有 3 个可行地点 A_1、A_2、A_3 供选择，在 B 城有两个可行地点 B_1、B_2 供选择，则 A_1、A_2、A_3 是互斥关系，B_1、B_2 也是互斥关系。这组方案的层次结构如图 4-7 所示。

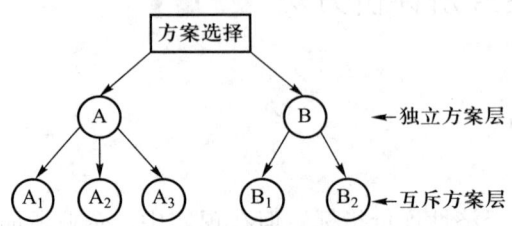

图 4-7　第一种类型的混合方案结构图

其二，在一组互斥多方案中，每个互斥方案下又有若干个独立方案的类型。例如，某房地产开发商在某市取得一块土地的使用权，按当地城市规划的规定，该地只能建居住物业（C 方案）或建商业物业（D 方案），不能建商居混合物业或工业物业，但对商业物业和居住物业的具体类型没有严格的规定。如建住宅，可建成豪华套型（C_1）、高档套型（C_2）、普通套型（C_3）或混合套型的住宅（C_4）。如建商业物业，可建成餐饮酒楼（D_1）、写字楼（D_2）、商场（D_3）、娱乐休闲服务（D_4）或综合性商业物业。显然，C、D 是互斥方案，C_1、C_2、C_3、C_4 是一组独立方案，D_1、D_2、D_3、D_4 也是一组独立方案。这组方案的层次结构图如图 4-8 所示。

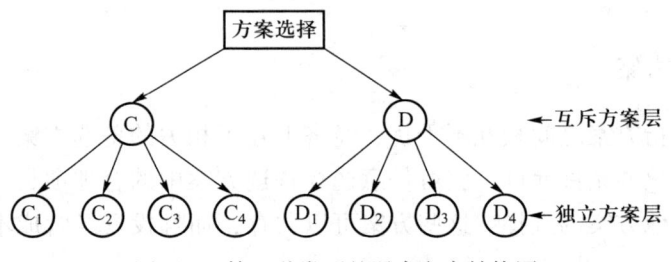

图 4-8　第二种类型的混合方案结构图

一般说来，工程技术人员遇到的问题多为互斥型方案的选择；高层计划部门遇到的问题多为独立型方案或混合型方案的选择。不论备选方案群中的项目是何种关系，项目经济评价的宗旨只能有一个：最有效地配置有限的资金，以获得最佳的经济效益。在经济性评价前，分清备选方案属于何种类型是非常重要的，否则会带来错误的评价结果。因为方案类型不同，其评价方法、选择和判断的尺度都各不相同。

二、互斥方案的经济性评价方法

互斥型方案技术经济评价包括两部分内容：一是方案自身的绝对经济效益评价，即采用一定的评价方法评价各个备选方案自身的经济合理性,确定其是否具有经济效益,凡是经济效益达不到目标要求的予以淘汰;二是在符合要求的方案中进行比较分析,按其所取得的经济效益的大小,从中选出最优方案,即进行相对经济效果评价。

传统的工程经济学和技术经济学著作强调产出数量、质量、时间等方面的可比性,为此要进行繁杂的等同化处理。随着经济体制的改革和转型,经济效益已成为企业经营目标的核心。产出数量、质量在市场经济社会中都可以通过市场价格、销售数量和销售收入体现出来。因此,本书只考虑时间上的可比性,按互斥型方案寿命是否全相等,将方案分为寿命期相等与不完全相等两类。前者满足时间可比性的要求,故可直接进行比较;后者则要借助于某些方法进行时间上的变换,在保证时间可比性之后进行选择。

(一) 寿命期相等的互斥方案比较选择

1. 净现值法

对互斥方案的评价,可先分别计算各个方案的净现值,剔除不合理($NPV<0$)的方案;然后进行相对效果检验,即对所有 $NPV>0$ 的方案比较其净现值,选择净现值最大的方案即为最佳方案。此为净现值评价互斥方案的判断准则,即净现值最大且大于零的方案为最优方案。

例 4-11 某公司有两个新产品生产方案 A、B,如表 4-7 所示,但由于厂房所限,只能选择其中一种新产品投入生产,试用 NPV 指标选择最优方案。基准收益率为 12%。

表 4-7 例 4-11 中的现金流量

方案	初始投资(万元)	年净收益(万元)	寿命(年)
A	20	5.8	10
B	30	7.8	10

解:计算各方案的 NPV:

$$NPV_A = -20 + 5.8(P/A, 12\%, 10) = 12.77 \text{(万元)}$$

$$NPV_B = -30 + 7.8(P/A, 12\%, 10) = 14.07 \text{(万元)}$$

由于 B 方案的 NPV 大于 A 方案,且大于零,故应选择 B 方案。

在一些情况下,也会采用净年值指标对互斥方案进行评价。并且,净年值评价与净现值评价是等价的,同样只需将净年值大小进行比较即可得出最优方案。

当对一些公用事业项目进行评价时,往往遇到产出效益难以用价值形态计量(如环保、教育、保健、国防)的情况,这时可以通过对各方案费用现值或费用年值的比较进行选择。例如,在交通拥挤处架设人行天桥,它的替代方案是挖掘地下通道。对于这对互斥方案来说,收益是难以确定的,由于不能确定修建天桥和地下通道能带来多大的收益,因而很难使用净现值等指标来评价这两个方案。但另一方面,这两种方法却都提供了相同的功能,满足了相同的需求:在交通拥挤处实现人车分流,减少发生交通事故的可能。于是,可以通过比较两方案的费用来评价和选择方案,即选择费用现值或费用年值最小的方案。

例 4-12 某项目有方案 A、B，均能满足同样的需要，但各方案的投资及年运营费用不同，如表 4-8 所示。试选择最优方案，基准折现率 $i_0 = 15\%$。

表 4-8 例 4-12 中的现金流量

方案	初始投资（万元）	年费用（万元）	寿命（年）
A	70	13	10
B	100	10	10

解：计算各方案的费用现值（PC）：

$$PC_A = 70 + 13(P/A, 15\%, 10) = 135.2 （万元）$$
$$PC_B = 100 + 10(P/A, 15\%, 10) = 150.2 （万元）$$

由于 A 方案费用现值低于 B 方案，故应选择 A 方案。

或者计算各方案的费用年值（AC）：

$$AC_A = 70(A/P, 15\%, 10) + 13 = 26.9 （万元）$$
$$AC_B = 100(A/P, 15\%, 10) + 10 = 29.9 （万元）$$

由于 A 方案费用年值低于 B 方案，故应选择 A 方案。

2. 增量净现值法

将两个互斥方案之间现金流之差（通常为投资额大的方案减去投资额小的方案）构成新的现金流量，称为增量现金流量或差额现金流量。利用增量现金流量评价增量投资的经济效果，就是增量分析法，这种方法是互斥方案比选的基本方法之一。例如，在例 4-11 中，A 方案与 B 方案的增量现金流量如图 4-9 所示。不妨将 A 与 B 方案间的增量现金流量称为 B-A 方案，这一新方案的含义是 B 方案比 A 方案多投资 10 万元，每年净收益多 2 万元。

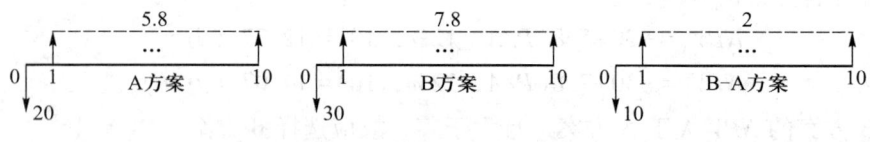

图 4-9 增量现金流量方案

增量净现值法是利用净现值指标的一种重要的增量分析法，它的理论基础是经济学中的边际原理。边际原理认为，边际收入等于边际成本时企业实现的利润最大。增量净现值法的本质是评价增量资源的效益是否大于增量资源的费用，当投资的边际效果达到或者超过标准时，说明增加投资仍有获得等于或者超过标准投资收益率的空间，这时，应该增加投资，选择投资大的方案；反之，应该选择投资小的方案。

因此，利用增量净现值（ΔNPV）数值来比较互斥方案优劣的依据如下：

（1）如果 $\Delta NPV = 0$，表明增额投资的收益率正好达到基准收益率，一般考虑选择投资大的方案；

(2) 如果 $\Delta NPV>0$，表明增额投资的收益率超过基准收益率，则投资大的方案优于投资小的方案；

(3) 如果 $\Delta NPV<0$，表明增额投资的收益率小于基准收益率，则应选择投资小的方案。

例 4-13 针对例 4-11 利用增量净现值法进行判断。

解：$\Delta NPV = NPV_{B-A} = -10 + 2(P/A, 15\%, 10) = 0.04$（万元）

$\Delta NPV>0$，所以选择投资额大的 B 方案。

从上例中可以看出，净现值法与增量净现值法的比较结果是一致的。增量净现值的经济含义也表明了为什么净现值最大的方案为最优方案。实际上，两互斥方案的净现值之差即为两者之间的增量净现值。

3. 增量内部收益率法

前文介绍了根据净现值大小来判定方案优劣的方法，下面介绍根据内部收益率的大小来判断方案的优劣。

根据例 4-11 中的现金流量，A 方案的内部收益率满足：

$-20 + 5.8(P/A, IRR_A, 10) = 0$，则求出 $IRR_A = 26\%$。同理，可以求出 B 方案的内部收益率 $IRR_B = 23\%$。如果以内部收益率大小作为标准，则 A 方案优于 B 方案。显然这是不对的，因为前文已经通过净现值法与增量净现值法一再证明了 B 方案是最优方案，看来简单地通过内部收益率大小来判断项目的优劣似乎行不通。

那么我们考虑增量分析法，于是有增量内部收益率，也称为差额内部收益率，用 ΔIRR 表示。根据 ΔIRR 的概念以及增量现金流量和 IRR 所具有的经济含义，用 ΔIRR 数值的大小来比较互斥方案的优劣的判别标准是：

(1) 如果 $\Delta IRR = i_0$，表明投资大的方案多投资的那部分资金所取得收益的内部收益率恰好等于基准收益率，则在经济上两个方案等值，一般考虑选择投资大的方案；

(2) 如果 $\Delta IRR > i_0$，表明投资大的方案多投资的那部分资金所取得收益的内部收益率超过了基准收益率，则在经济上投资大的方案优于投资小的方案；

(3) 如果 $\Delta IRR < i_0$，表明投资大的方案多投资的那部分资金所取得收益的内部收益率低于基准收益率，则多投资是不合算的，在经济上投资小的方案优于投资大的方案。

根据例 4-11 中的现金流量，增量内部收益率 ΔIRR_{B-A} 满足：

$-10 + 2(P/A, \Delta IRR_{B-A}, 10) = 0$，用试算法求得 $\Delta IRR_{B-A} = 15\% > i_0 = 12\%$。表明，B 方案多投资部分在经济上是合理的，因此选择 B 方案，结果与净现值法一致。

为更形象地说明内部收益率与互斥方案评选的关系，这里将 A、B 两个方案画成函数图如图 4-10 所示，从图 4-10 中可以看出，内部收益率的大小并不能保证方案的优劣。当所设定的基准收益率 $i_0 > 15\%$ 时，内部收益率大的 A 方案优于 B 方案；但是当 $i_0 < 15\%$ 时，内部收益率小的 B 方案却优于 A 方案。因此，必须用增量内部收益率 ΔIRR 来评价互斥方案的优劣。

4. 增量投资回收期

同理，当投资回收期指标用于评价两个方案的优劣时，也可采用增量指标。所谓增量投资回收期是指一个方案比另一个方案所追加的投资，用年费用的节约额或超额年收益去补偿增量投资所需要的时间。

比如甲方案投资 I_1 大于乙方案投资 I_2，但是甲方案的年费用（成本）C_1 比乙方案的年费用（成本）C_2 要节约。假如这两个方案具有相同的产出和寿命期，那么甲方案用节约的成本去补偿增加的投资额所需的时间，即为增量投资回收期 ΔT，其计算公式为：

$$\Delta T = \frac{I_1 - I_2}{C_2 - C_1} \tag{4-20}$$

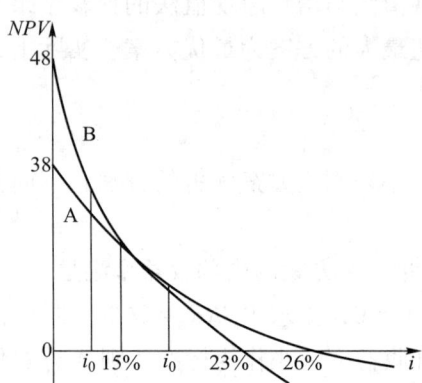

图 4-10　内部收益率大小与互斥方案评选

在两方案比较时，若 $\Delta T \leqslant T_b$，则甲方案能在期望的时间内由节约的成本回收增加的投资，说明增加的投资有利，则甲方案是较优的方案；反之，乙方案较优。

例 4-14　甲方案需一次性投资 120 万元，年费用 12 万元，乙方案需一次性投资 80 万元，年费用 16 万元，假设两个方案所产生的年收入都为 36 万元，寿命期同为 20 年，试用增量投资回收期进行分析（标准投资回收期 8 年）。

解：$\Delta T = \dfrac{I_甲 - I_乙}{C_乙 - C_甲} = \dfrac{120 - 80}{16 - 12} = 10$（年）

因为标准投资回收期为 8 年，所以增量投资效益不佳，故选择乙方案。

5. 多个互斥方案的比较方法

当有多个互斥型方案进行比较时，除了对方案本身的绝对效果进行评价之外，各方案之间还应进行两两互相比较。在实践中可以应用差额现金流量法选择方案，遵循如下步骤：

步骤 1：增设 0 方案。0 方案又称为不投资方案或基准方案，其投资额为 0，净收益也为 0。选择 0 方案的经济含义是指不投资于当前的方案，投资者就不会因为选择当前投资方案而损失掉相应资金的机会成本。在一组方案中增设 0 方案可以避免选择一个经济上并不可行的方案作为最优方案。

步骤 2：将互斥方案投资额从小到大的顺序排列。

步骤 3：将初始投资最少的方案与 0 方案进行增量方法的比较，以两者中的优胜方案作为临时最优方案。

步骤 4：选择初始投资较高的方案作为竞比方案，与临时最优方案进行增量方法的比较，以两者中的优胜方案替代为临时最优方案。

步骤 5：以此类推，直到所有方案都比较完毕，最后保留的临时最优方案即为一组互斥方案中在经济上最优的方案。

该方法可以用图 4-11 来表示。

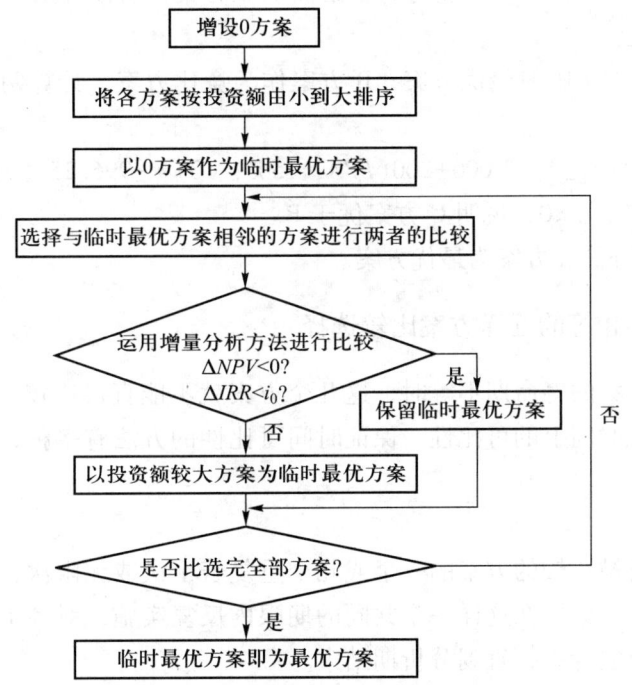

图 4-11　用增量方法比较多方案的过程

例 4-15　表 4-9 中所示为三个互斥型方案，基准收益率为 15%，试选择最优方案。

表 4-9　互斥型方案现金流量表

方案	初始投资（万元）	年净收益（万元）	寿命（年）
A	5 000	1 400	10
B	10 000	2 300	10
C	8 000	2 100	10

解：步骤 1：增设 0 方案，并将方案按投资额大小进行排列，即 0、A、C、B。

步骤 2：将 A 方案与 0 方案进行比较，则计算 A-0 方案净现值或内部收益率：

$$\Delta NPV_{A-0} = -5\ 000 + 1\ 400(P/A, 15\%, 10) = 2\ 026.28（万元）$$

$$\Delta IRR_{A-0} = 25\%$$

$$\Delta NPV > 0, \quad \Delta IRR = 25\% > 15\%$$

增量投资方案可行，说明 A 方案优于 0 方案，所以 A 方案为临时最优方案。

步骤 3：以 A 方案作为临时最优方案，C 方案作为竞比方案，计算两者现金流量之差的净现值：

$$\Delta NPV_{C-A} = [-8\,000-(-5\,000)]+(2\,100-1\,400)(P/A, 15\%, 10)$$
$$= -3\,000+700\times5.018\,8 = 513.14（万元）>0$$
$$\Delta IRR_{C-A} = 19\% > 15\%$$

$\Delta NPV_{C-A}>0$，$\Delta IRR_{C-A}>15\%$，说明 C 方案优于 A 方案，所以应用 C 竞比方案取代 A 方案作为临时最优方案。

步骤 4：以 C 方案为临时最优方案，B 方案作为竞比方案，计算两者现金流量之差的净现值：

$$\Delta NPV(15\%)_{B-C} = -2\,000+200(P/A, 15\%, 10) = -996.25（万元）<0$$

因为 $\Delta NPV(15\%)_{B-C}<0$，说明 C 方案优于 B。

步骤 5：比选停止，C 方案为最优方案。

（二）寿命期不相等的互斥方案比较选择

当几个互斥型方案的寿命期不等时，这几个方案就不能直接比较。为了能比较，必须进行适当处理，保证时间上的可比性。保证时间可比性的方法有多种，最常用的是方案重复法和研究期法。

1. 方案重复法

方案重复法是将被比较的方案的一个或几个重复若干次或无限次，直至各方案期限相等为止，并假定各个方案均在这样一个共同的期限内反复实施，对各个方案分析期内各年的净现金流量进行重复计算，直到分析期结束。

（1）最小公倍数法。最小公倍数法是以各备选方案寿命期的最小公倍数作为方案进行比选的共同期限，并假定各个方案均在这样一个共同的期限内反复实施，对各个方案分析期内各年的净现金流量进行重复计算，直到分析期结束。在此基础上计算出各个方案的净现值，以净现值最大的方案作为最佳方案。

例 4-16 现有 A、B 两个互斥方案，各年的现金流量如图 4-12 所示，单位为万元，基准收益率为 10%，试比选两方案的优劣。

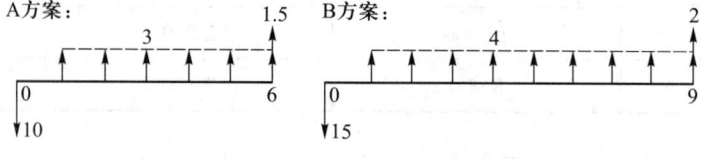

图 4-12 例 4-16 现金流量图

解：两方案寿命期的最小公倍数为 18，故 A 方案需重复两次，B 方案重复一次，可以得到如图 4-13 所示现金流量图。

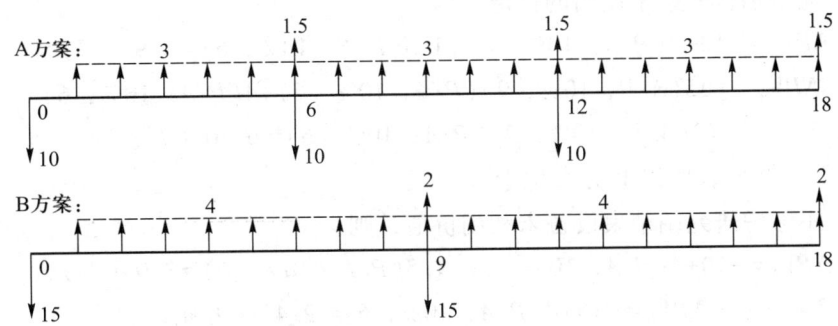

图 4-13 方案重复后的现金流量图

分别计算两方案净现值:

$$NPV_A = -10[1+(P/F, 10\%, 6)+(P/F, 10\%, 12)]$$
$$+3(P/A, 10\%, 18)+1.5[(P/F, 10\%, 6)$$
$$+(P/F, 10\%, 12)+(P/F, 10\%, 18)] = 7.37 （万元）$$
$$NPV_B = -15[1+P/F, 10\%, 9]+4(P/A, 10\%, 18)$$
$$+2[(P/F, 10\%, 9)+(P/F, 10\%, 18)] = 12.65 （万元）$$

因为,$NPV_B > NPV_A > 0$,所以 B 方案优于 A 方案。

(2) 净年值法。净年值法是以"年"为时间单位比较各方案的经济效果,一个方案无论重复实施多少次,其净年值是不变的,从而使寿命期不相等的互斥方案间具有可比性,故净年值法更适用于评价具有不同寿命期的互斥方案,也是最为简便的一种方法。然而,净年值法实际上隐含着这样一种假定:各备选方案在其寿命结束时,均可按原方案无限次重复实施。所以,它也是方案重复法中的一种形式。

仍以例 4-16 为例,用净年值法进行比较:

$$NAV_A = -10(A/P, 10\%, 6)+3+1.5(A/F, 10\%, 6) = 0.9$$
$$NAV_B = -15(A/P, 10\%, 9)+4+2(A/F, 10\%, 9) = 1.54$$

因为,$NAV_B > NAV_A$,所以,B 方案优于 A 方案。

2. 研究期法

方案重复法实质上是延长项目寿命期以达到可比要求,这通常被认为是合理的。但在某些情况下并不符合实际,因为技术进步往往使方案完全重复变得不经济,甚至在实践中是完全不可能的。一种比较可行的办法是利用研究期法,即选择一段时间作为可比较的计算期。研究期的选择没有特殊的规定,但一般以诸方案中寿命期最短的为研究期,计算最为简便,而且完全可以避免重复性假设。通过比较各个方案在该计算期内的净现值来对方案进行比选,以净现值最大的方案为最佳方案。

研究期法涉及寿命期未结束、方案未使用价值的处理问题。其处理方式有三种:① 完全承认方案未使用价值;② 完全不承认方案未使用价值;③ 预测方案未使用价值在研究期末的价值,并作为现金流入量。

以例 4-16 为例,选择 A 方案的 6 年作为比较的研究期,分析过程如下:

方式1：完全承认方案未使用的价值，则：
$$NPV_A = -10 + 3(P/A, 10\%, 6) + 1.5(P/F, 10\%, 6) = 3.9（万元）$$
$$NPV_B = -15(A/P, 10\%, 9)(P/A, 10\%, 6) + 4(P/A, 10\%, 6)$$
$$+ 2(A/F, 10\%, 9)(P/A, 10\%, 6) = 6.70（万元）$$
因为 $NPV_B > NPV_A$，所以 B 方案优于 A 方案。

方式2：不考虑研究期结束设备未利用价值，则：
$$NPV_A = -10 + 3(P/A, 10\%, 6) + 1.5(P/F, 10\%, 6) = 3.9（万元）$$
$$NPV_B = -15 + 4(P/A, 10\%, 6) = 2.42（万元）$$
因为 $NPV_A > NPV_B$，所以 A 方案优于 B 方案。

方式3：预计研究期结束设备未利用价值为4万元，则：
$$NPV_A = -10 + 3(P/A, 10\%, 6) + 1.5(P/F, 10\%, 6) = 3.9（万元）$$
$$NPV_B = -15 + 4(P/A, 10\%, 6) + 4(P/F, 10\%, 6) = 4.678（万元）$$
因为 $NPV_B > NPV_A$，所以 B 方案优于 A 方案。

应当强调，选用以上所述各法时要特别注意各种方法所作的假设。例如，最小公倍数法和年值法尽管计算简便，但它不适用于技术更新快的产品和设备方案的比较，因为项目在没有达到计算期前，某些方案存在的合理性已经成了问题。同样，最小公倍数法和年值法也不适于用来处理更新改造的项目，因为假设不进行改造项目和进行改造的项目反复地实施多次，实际上是不可能的。因此，当人们对项目提供的服务或产品有比较明确的期限时，把这个期限作为计算期来进行各方案的比较更符合实际。

三、独立方案的经济性评价方法

在一组独立方案比较选择的过程中，可选择其中任意一个或多个方案，甚至全部方案，也可能一个方案也不选。独立方案这一特点决定了独立方案的现金流量及其效果具有可加性。一般独立方案选择有下面两种情况：

（一）无资源限制条件下独立方案的选择

如果独立方案之间共享的资源（通常为资金）足够多（没有限制），此时，多个独立方案的比选与单一方案的评价方法是相同的，即用经济效果评价标准（$NPV \geq 0$，$NAV \geq 0$，$IRR \geq i_0$，$T_P \leq T_b$）直接判别该方案是否接受。

（二）资源限制条件下独立方案的选择

如果独立方案之间共享的资源是有限的，不能满足所有方案的需要，则在不超出资源限额的条件下，独立方案的选择有两种方法：一是方案组合法；二是效率指标排序法。

1. 方案组合法

方案组合法的原理是：列出独立方案所有可能的组合，并从中取出投资额不大于资金总额、经济效益最优的项目组合。其中每个组合方案代表一个由若干个项目组成的与其他组合相互排斥的方案，这样就可以用前述互斥的比选方法，选择最优的项目组合方案。

例 4-17 现有独立方案 A、B、C，投资分别为 100 万元、70 万元和 120 万元，经计算各方案的净现值分别为 30 万元、27 万元和 32 万元，如果资金有限，投资额不超过 250 万元，应如何选择方案。

解： 按照投资额的大小，将各种方案的组合排列于表 4-10 中。

表 4-10 中的 7 种组合构成了 7 个互斥方案，根据互斥方案评选的准则，可以选取净现值最大的方案作为最优方案。显然，表中第 7 个组合净现值最大，但是它的投资额超过了约束，故不能选择该组合。因此，可以选择第 6 个组合，投资 A 方案和 C 方案，净现值为 62 万元，达到有限资金最佳的利用。

当项目个数较少时这种方法简便实用。但当独立项目数增加时，其组合方案数将成倍增加。例如，5 个独立项目仅组成 32 个（$2^5=32$）互斥方案，而 10 个独立项目能组合成 1 024 个（$2^{10}=1\ 024$）互斥方案。由此可见，当项目数较大时使用这种方法是相当麻烦的。不过，这种方法可以保证得到已知条件下最优的项目组合（方案）。

表 4-10 三方案组合排序表   单位：万元

序号	方案	初始投资（万元）	净现值（万元）
1	B	70	27
2	A	100	30
3	C	120	32
4	A+B	170	57
5	B+C	190	59
6	A+C	220	62
7	A+B+C	290	89

2. 效率指标排序法

效率指标排序法是日本学者千住镇雄教授和伏见多美雄教授等人开创的经济性工程学方法。其原理是：首先根据资源效率指标的大小确定独立项目的优先顺序，然后根据资源约束条件确定最优项目组合。这种方法是对方案组合法的改进，简便而有效，具体有两种方法：净现值指数排序法和内部收益率排序法。

（1）净现值指数排序法。净现值指数排序法，就是在计算各方案 NPVR 的基础上，将大于或等于零的方案按 NPVR 大小排序，并按次序选取项目方案，直至所选取方案的投资总额最大限度地接近或等于投资限额为止。其基本思想就是单位投资的净现值越大，则在一定投资限额内所能获得的净现值总额就越大。

例 4-18 某公司投资预算为 1 200 万元，有 6 个独立方案可供选择，寿命期均为 10 年，各方案的现金流量如表 4-11 所示，基准收益率为 12%，试选择合适方案。

表 4-11　例 4-18 各方案现金流量　　　　　　　　　　　　单位：万元

方案	A	B	C	D	E	F
投资额	300	500	250	450	550	510
年净收益	100	135	90	120	170	100

解：根据表 4-11 可以求得各方案的 NPV 及 $NPVR$，并将各方案按 $NPVR$ 进行排序，结果如表 4-12 所示。

表 4-12　各方案净现值率排序　　　　　　　　　　　　　　单位：万元

方案	初始投资	年净收益	NPV	$NPVR$	排序	累计投资
C	250	90	258.5	103.4%	1	250
A	300	100	265	88.33%	2	550
E	550	170	410.5	74.64%	3	1 100
B	500	135	262.8	52.56%	4	1 600
D	450	120	228	50.67%	5	2 050
F	510	100	55	10.79%	6	2 560

在公司投资限额为 1 200 万元的情况下，根据排序，应选择投资 C、A、E 方案，能保证投资收益的最大化。

（2）内部收益率排序法。与净现值指数排序法类似，内部收益率排序法是将方案按照 IRR 的高低顺序依次排序，然后按顺序选取方案，又称为右下右上法。其一般程序如下：

① 计算各方案的内部收益率。

② 将各独立方案按内部收益率从大到小的顺序排列，将它们以直方图的形式绘制在以投资为横轴、内部收益率为纵轴的坐标图上，并标明基准收益率和投资的限额。

③ 排除基准收益率线以下和投资限额线右边的方案。

例 4-19　数据同例 4-18，如何选择方案？

解：经计算得各方案内部收益率，并按大小排序，如图 4-14 所示。

由图 4-14 可知，方案的优先顺序为 C、A、E、B、D、F，方案 F 的直方图位于 12% 的横线下方，表明方案 F 的内部收益率小于基准收益率，应予淘汰。当资金限额为 1 200 万元时，只能在位于中间虚线左边的方案中选择。故最后选择 C、A、E 方案。

须指出的是，利用效率指标排序法评选独立方案，并不一定能保证获得最佳组合方案。只有当某个方案投资占投资比例很小或者入选方案正好配完总投资额时，才能保证获得最佳方案组合，以保证投资收益的最大化。

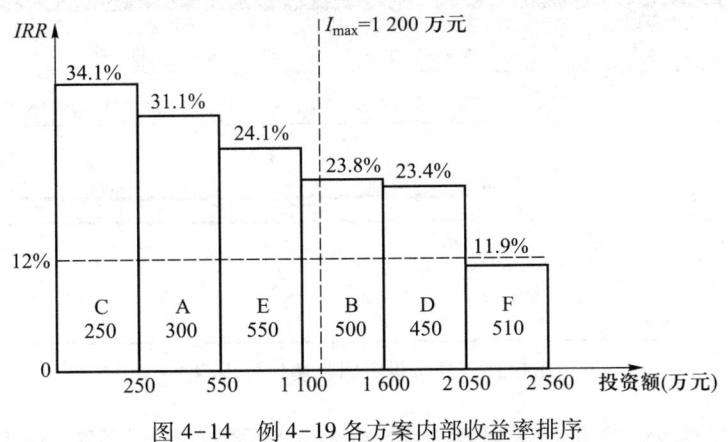

图 4-14 例 4-19 各方案内部收益率排序

第六节 运用 Excel 计算评价指标

在经济评价指标和方法的实际运用中，往往遇到这样的难题：即使是简单的问题，计算也比较麻烦，更何况是复杂的建设项目问题。计算机的强大计算功能能很好地解决上述困难，特别是微软公司开发的 Excel 办公软件提供了几百种预定义函数，具有非常强大的数据计算和分析功能。本节介绍如何利用 Excel 来计算 T_P、NPV、IRR 等经济评价指标。

一、投资回收期的计算

（一）静态投资回收期

如前文所述，静态投资回收期可根据累计净现金流量求得，也就是求累计净现金流量为零的时刻，此时项目投资所产生的收益恰好回收了前期的投资，应该介于累计净现金流量由负值转为正值的年份中。

下面以例 4-1 来说明 Excel 的应用。步骤如下：

（1）启动 Excel 软件，将净现金流量复制到工作表中，计算累计净现金流量。具体做法是：在单元格 C4 中键入公式："=C3"，在单元格 D4 中键入公式："=C4+D3"，然后拖动单元格 D4 右下角的复制柄，直至单元格 H4，如图 4-15 所示。

（2）在单元格 C5 中输入公式"=G2-1-F4/G3"，然后回车。单元格 C5 中显示的结果 3.7（年）为静态投资回收期，这一结果与手算结果相符，如图 4-16 所示。

	A	B	C	D	E	F	G	H
1								
2		T	0	1	2	3	4	5
3		CF	−6000	−4000	3000	3500	5000	4500
4		ΣCF	−6000	−10000	−7000	−3500	1500	6000

图 4-15　静态投资回收期计算步骤 1

	A	B	C	D	E	F	G	H
1								
2		T	0	1	2	3	4	5
3		CF	−6000	−4000	3000	3500	5000	4500
4		ΣCF	−6000	−10000	−7000	−3500	1500	6000
5			3.7					

图 4-16　静态投资回收期计算步骤 2

(二) 动态投资回收期

动态投资回收期同样也可用现金流量表中的累计净现值计算求得，只是这里的现金流要考虑资金的时间价值。

以例 4-2 为例，计算动态投资回收期。步骤如下：

(1) 启动 Excel 软件，将净现金流量复制到工作表中，计算净现金流的折现值。具体做法是：在单元格 C4 中键入公式："＝C3"，在单元格 D4 中键入公式："＝PV(10%，D2，D3)"，然后拖动单元格 C4 右下角的复制柄，直至单元格 H5，如图 4-17 所示。

	A	B	C	D	E	F	G	H
1								
2		T	0	1	2	3	4	5
3		CF	−6000	−4000	3000	3500	5000	4500
4		PV	−6000.00	−3636.36	2479.34	2629.60	3415.07	2794.15

图 4-17　动态投资回收期计算步骤 1

（2）同理，先计算累计净现金流量。具体做法是：在单元格 C5 中键入公式："=C4"，在单元格 D5 中键入公式："=C5+D4"，然后拖动单元格 D5 右下角的复制柄，直至单元格 H5，如图 4-18 所示。

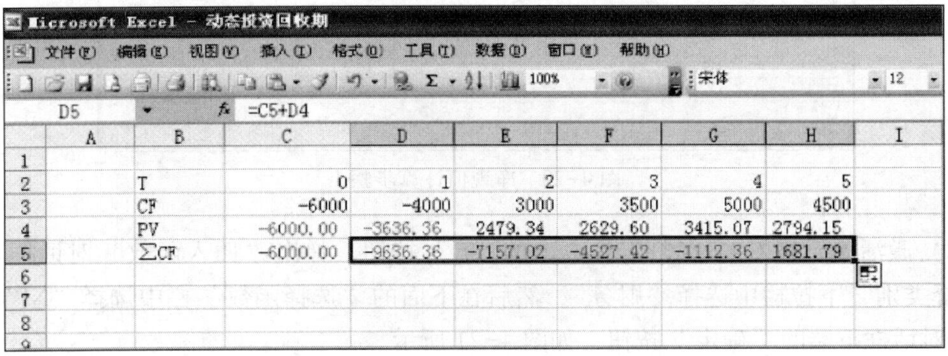

图 4-18 动态投资回收期计算步骤 2

（3）在单元格 C6 中输入公式"=H2-1-G5/H4"，然后回车。单元格 C6 中显示的结果 4.4（年）为静态投资回收期，这一结果与手算结果相符，如图 4-19 所示。

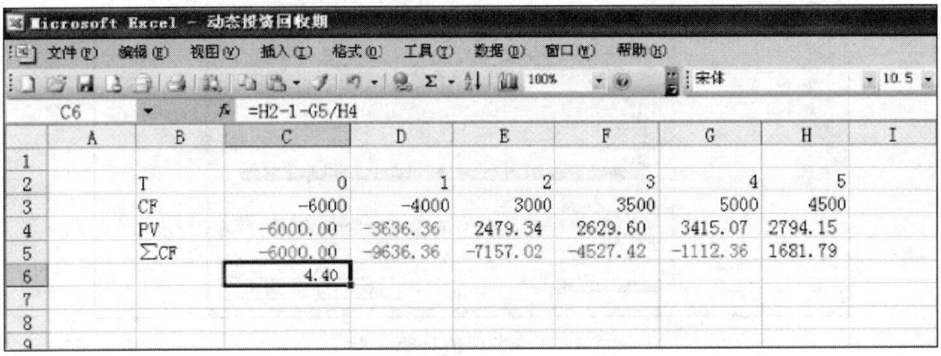

图 4-19 动态投资回收期计算步骤 3

二、净现值的计算

运用 Excel 软件，能够非常方便地计算给定现金流量的净现值。然而，根据 Excel 软件的定义，函数 NPV 假定投资开始于 Value1 现金流所在日期的前一期，并结束于最后一笔现金流的当期。函数 NPV 依据未来的现金流来进行计算。如果第一笔现金流发生在第一个周期的期初（即第一年年初），则第一笔现金必须添加到函数 NPV 的结果中，而不应包含在 Values 参数中。

下面用例 4-3 来说明 Excel 的运用。步骤如下：

（1）启动 Excel 软件，将现金流量输入（或复制）工作表中，如图 4-20 所示。

图 4-20　净现值计算步骤 1

（2）激活单元格 C4。点击工具栏上的"f_x"按钮,弹出"插入函数"对话框。先在"或选择类别"下拉栏中选择"财务",然后在下面的"选择函数"栏中选择"NPV",最后点击对话框下端的"确定"按钮,如图 4-21 所示。

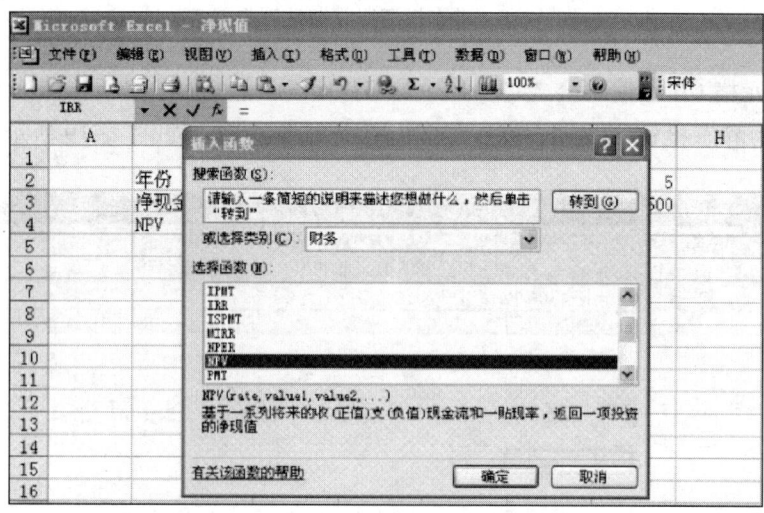

图 4-21　净现值计算步骤 2

（3）在弹出的 NPV 函数对话框中,"Rate"栏中键入 0.1,点击"Value1"栏右端的"图标",弹出"函数参数"选择框,拖动 C3 的虚线框到 G3,再点击右端的"图标"（如图 4-22 所示）,回到 NPV 函数对话框,如图 4-23 所示。该步骤也可简化为：直接在单元格 C4 中输入公式"=NPV(10%,C3:G3)"。

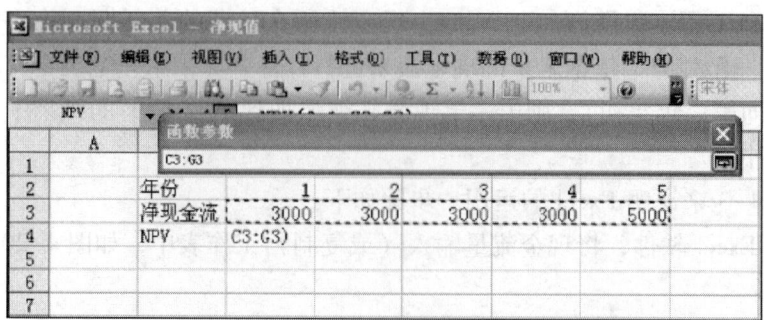

图 4-22　净现值计算步骤 3 之一

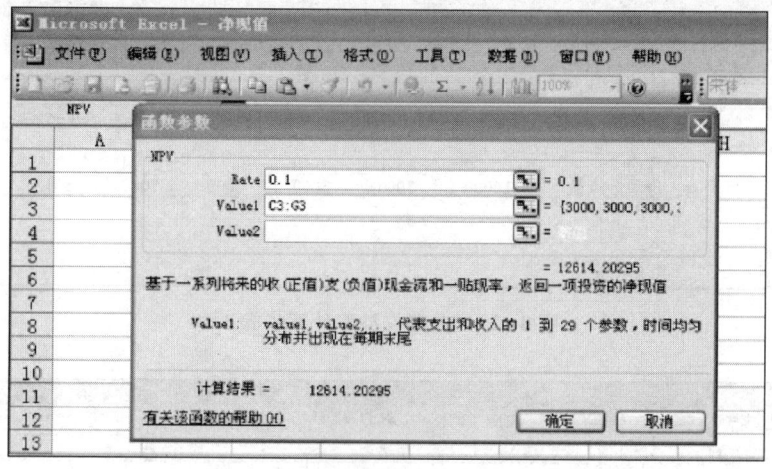

图 4—23　净现值计算步骤 3 之二

（4）最后点击"确定"按钮。显示结果为 12 614.20，再减去期初的 10 000 元，可以得到方案的净现值。在对话框中"=NPV（10%，C3：G3）"之后输入"-10 000"，如图 4—24 所示，键入回车，即可输出结果 2 614.20，与手工计算相符。

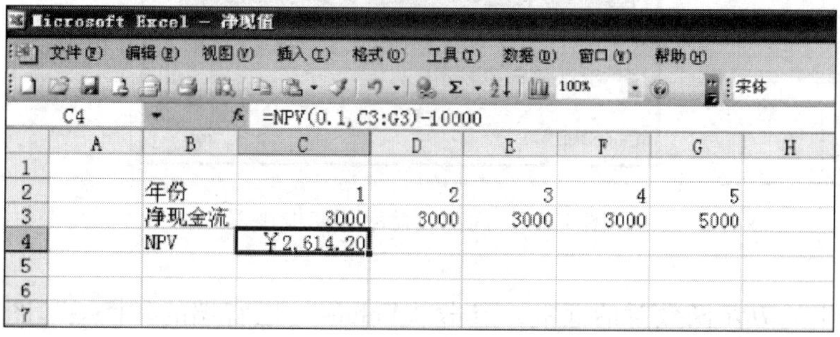

图 4—24　净现值计算步骤 4

三、内部收益率的计算

从前文中看到，运用线型插值法计算方案的内部收益率是一件非常复杂的工作，而运用 Excel 软件，就能够非常方便地计算内部收益率。它的原理是从某一值开始，IRR 函数进行循环计算，直至结果的精度达到 0.000 01%。下面还是以例 4—3 为例，介绍如何通过 Excel 来计算内部收益率，步骤如下：

（1）启动 Excel 软件，将现金流量输入（或复制）工作表中，如图 4—25 所示。

（2）激活单元格 C4。点击工具栏上的"f_x"按钮，弹出"插入函数"对话框。先在"或选择类别"下拉栏中选择"财务"，然后在下面的"选择函数"栏中选择"IRR"，最后点击对话框下端的"确定"按钮，如图 4—26 所示。

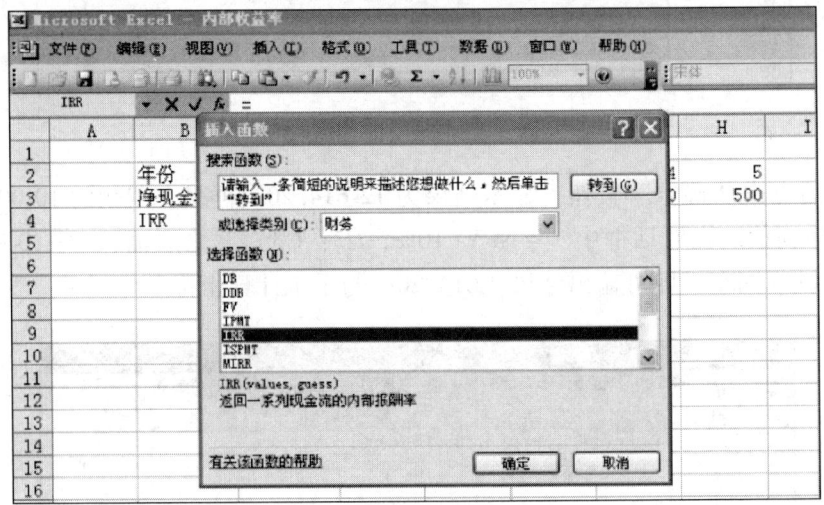

图 4-25　内部收益率计算步骤 1

图 4-26　内部收益率计算步骤 2

（3）在弹出的 *IRR* 函数对话框中，点击"Values"栏右端的"▤"图标，弹出"函数参数"选择框，拖动 C3 的虚线框到 H3，再点击右端的"▤"图标（如图4-27所示），回到 *IRR* 函数对话框，如图 4-28 所示。在大多数情况下，并不需要为函数 *IRR* 的计算提供 Guess 值。如果省略"Guess"，则假设它为 0.1（10%）。如果函数 *IRR* 返回错误值 #NUM!，或结果没有靠近期望值，可用另一个 Guess 值再试一次。该步骤也可简化为：直接在单元格 C4 中输入公式"=IRR(C3：H3)"。

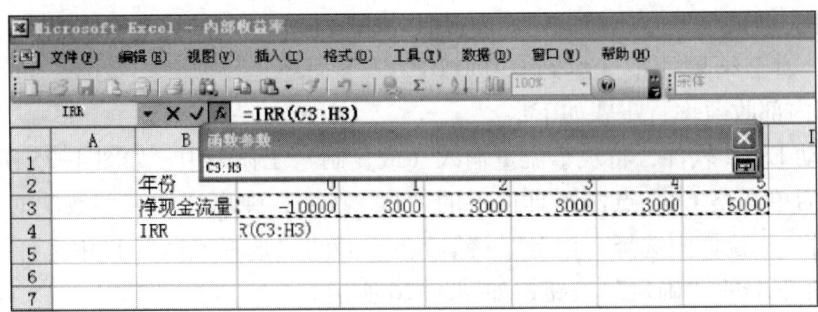

图 4-27　内部收益率计算步骤 3 之一

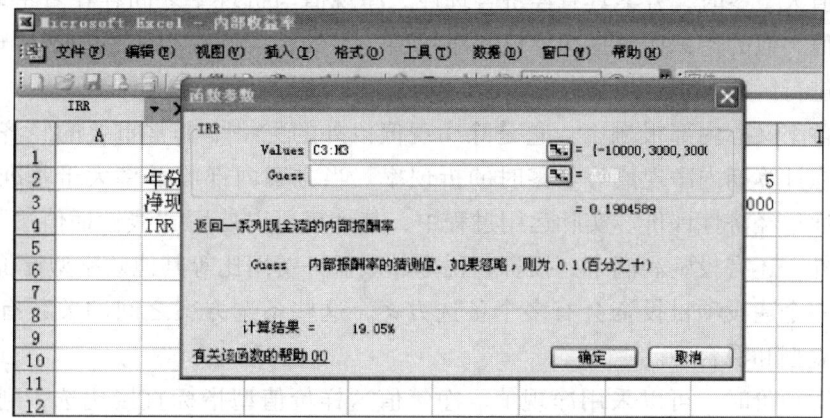

图 4-28 内部收益率计算步骤 3 之二

（4）最后点击"确定"按钮。输出结果为 19.05%，如图 4-29 所示。

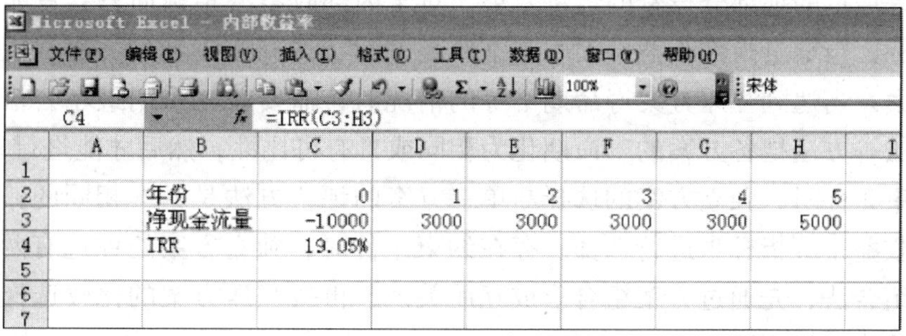

图 4-29 内部收益率计算步骤 4

本章小结

对工程技术方案进行经济性评价，其核心内容是经济效果的评价。反映工程技术项目经济效益的主要指标有投资回收期、净现值、净年值、费用现值、费用年值、内部收益率、净现值率、投资利润率、投资利税率等。这些指标从不同角度反映了工程技术方案的经济性，在实际评价中，需要根据不同情况和条件，采用多种评价方法，综合全面地反映工程技术方案的经济效果。

投资回收期是反映工程技术方案投资效果的一个综合性指标。依据投资回收期的长短，评价方案投资的经济效果，就是投资回收期法。根据是否考虑资金时间价值，可分为静态投资回收期和动态投资回收期。投资回收期法通过投资回收期与基准投资回收期的比较来决定方案的取舍，当投资回收期小于基准投资回收期时方案才具有经济合理性。

净现值是使用最广泛的一个评价指标，可用于单方案评价，也可用于多方案经济性评选。它是指方案在寿命期内各年的净现金流量，按照一定的折现率折现到期初时的现值之和。当净现值大于零时,方案具有经济合理性。净现值与折现率之间存在着密切的反比关系。与净现值类似的指标还包括净终值和净年值。有的情况下,也可以用费用现值或费用年值指标来进行区分判别。

内部收益率又称内部报酬率,它是除净现值以外的另一个非常重要的经济评价指标。它是指项目在计算期内净现值等于零时的折现率。当方案内部收益率大于基准收益率时,方案才可以通过经济性评价。实际运用过程中,其计算可以使用"线性插值法"求其近似值。除此之外,还有投资利润率、投资利税率、效益—费用比等其他效率型评价指标。

通常,一个建设项目投资会有多个备选方案,这些备选方案之间的关系有三种类型:互斥型、独立型和混合型。

互斥方案评价时,可以采用净现值、净年值这样价值型指标直接比选,判别准则为:净现值或净年值最大且大于零的方案为最优方案。有时也采用费用现值、费用年值来比选,判别准则为:费用现值或费用年值最小的方案为最优方案。特别需要注意的是,不能采用内部收益率最大准则来直接比选方案。增量分析法是互斥方案评价时的一种基本分析方法,即考虑增量的那部分投资的经济效果。对于内部收益率指标而言,只能采用增量内部收益率指标,当增量内部收益率大于基准收益率时,选择投资大的方案;反之,则选择投资小的方案。当遇到互斥方案寿命期不等的情况时,需要首先采用最小公倍数法、年值法、研究期法等方法把各方案的寿命期化为相同或具有可比性,然后才能进行评价比较。

在无约束条件时,独立方案的选择与单一方案的评价方法是基本相同的,可以根据净现值、内部收益率等指标来进行选择。存在约束条件时,独立方案的评选有两种方法:一是采用方案组合法,先通过方案组合形成互斥关系,再按互斥方案的比较选择方法进行评价;二是评价指标排序法。

每种评价方法均具有一定的特点和适用条件,在实际工作中,要从评价目的和现实条件出发,选择合适的方法来进行评价选择。

在经济评价指标和方法的实际运用中,计算机的强大计算功能为我们提供巨大的帮助,特别是微软公司开发的 Excel 办公软件提供了几百种预定义函数,具有非常强大的数据计算和分析功能。本章最后介绍了如何利用 Excel 来计算 T_P、NPV、IRR 等经济评价指标。

 扩展阅读　某建设项目的经济性评价实例

关键概念

投资回收期　净现值　净年值　内部收益率　独立方案的评价　互斥方案的评价

思考与练习

1. 简述并比较投资回收期法、净现值法、内部收益率法等方法的优缺点。
2. 针对同一个投资项目,如何选择不同的指标进行评价?
3. 某技术方案的计算期为10年,经计算其内部收益率恰好等于基准收益率,问该方案的净现值和动态投资回收期各为多少?为什么?
4. 投资方案的评价和选择中,只要方案的内部收益率大于基准贴现率,方案就是可取的,这个结论对吗?为什么?
5. 独立方案与互斥方案决策各有什么特点?
6. 求表4-13所列投资方案的静态和动态投资回收期($i_0 = 10\%$)。

表4-13 习题6的现金流量表　　　　　　　　　　　　　　　单位:万元

年	0	1	2	3	4	5	6
净现金流量	-60	-40	30	50	50	50	50

7. 某项目各年净现金流量如表4-14所示。
（1）试用净现值指标判断项目的经济性;
（2）计算该项目方案的净现值率($i_0 = 10\%$)。

表4-14 习题7的某项目现金流量　　　　　　　　　　　　单位:万元

项目 \ 年限（年）	0	1	2	3	4—10
投资	30	750	150		
收入				675	1 050
其他支出				450	675
净现金流量	-30	-750	-150	225	375

8. 某项目初始投资为8万元,在第1年年末现金流入为2万元,第2年年末现金流入为3万元,第3、4年年末的现金流入均为4万元。请计算该项目的净现值、净年值、净现值率、内部收益率、动态投资回收期($i_0 = 10\%$)。

9. 在某一项目中,有两种机器可以选用,都能满足生产需要。机器A买价为10 000元,在第6年年末的残值为4 000元,前三年的年运行费用为每年5 000元,后三年为每年6 000元。机器B买价为8 000元,第6年年末的残值为3 000元,其运行费用前三年为每年5 500元,后三年为每年6 500元。运行费用增加的原因是,维护修理工作量及效率上的损失随着机器使用时间的增加而提高。基准收益率是15%,试选择机器。

10. 某工业公司可以用分期付款来购买一台标价22 000元的专用机器,定金为2 500

元，余额在以后五年末均匀地分期支付，并加上余额 8% 的利息。但现在也可以用一次支付现金 19 000 元来购买这台机器。如果这家公司的基准收益率为 10%，试问应该选择哪个方案？（用净现值法）

11. 某厂可以用 40 000 元购置一台旧机床，年费用估计为 32 000 元，当该机床在第 4 年更新时残值为 7 000 元。该厂也可以 60 000 元购置一台新机床，其年运行费用为 26 000 元，当它在第 4 年更新时残值为 9 000 元。两种机床收益相同。若基准收益率为 10%，问应选择哪个方案？

12. 某农村地区近年开发建设了一座新城镇。为了解决当地孩子上学问题，提出了两个建校方案：

A 方案：在城镇中心建中心小学一座；

B 方案：在狭长形的城镇东西两部各建小学一座。

倘若 A、B 方案在接纳入学学生和教育水准方面并无实质差异，而在成本费用方面（包括投资、运作及学生路上往返时间价值等）如表 4-15 所示，应如何选择（$i_0=8\%$）？

表 4-15　习题 12 两种方案的现金流　　　　　　　　　　单位：万元

项目　　　年	0	1—20 年年末
A 方案	1 100	270
B 方案	1 600	160

13. 某市可以花费 2 950 万元设置一种新的交通格局。这种格局每年需要 50 万元的维护费，但每年可节省支付给交警的费用为 200 万元。驾驶汽车的人每年可节约相当于价值为 350 万元的时间，但是汽油费与运行费每年要增加 80 万元。基准收益率定为 8%，项目经济寿命期为 20 年，残值为零。试用 B-C 法判断该市是否应采用新的交通格局。

14. 表 4-16 为两个互斥方案的初始投资、年净收益及寿命期年限，试在基准贴现率为 10% 的条件下选择最佳方案。

表 4-16　习题 14 的资料

方案	初始投资	年净收益	寿命期
A	100 万元	40 万元	4 年
B	200 万元	53 万元	6 年

15. 某项目净现金流量如表 4-17 所示。当基准折现率 $i_0=12\%$ 时，试用内部收益率指标判断该项目在经济效果上是否可以接受。

表 4-17　习题 15 的现金流量　　　　　　　　　　单位：万元

年份	0	1	2	3	4	5
净现金流量	-100	20	30	20	40	40

16. 某企业现有若干互斥投资方案，有关数据如表 4-18 所示。

表 4-18　习题 16 的各方案费用数据　　　　　　　　单位：万元

方案	初始投资（元）	年净收入（元）
A	2 000	500
B	3 000	900
C	4 000	1 100
D	5 000	1 380

以上各方案寿命期均为 7 年，试问：

（1）当基准折现率为 10% 时，资金无限制，哪个方案最佳？

（2）基准折现率在什么范围时，B 方案在经济上最佳？

17. 某投资公司计划进行投资，有三个独立方案 A、B、C 可供选择，A、B、C 三方案的投资额分别是 200 万元、180 万元和 320 万元，净年值分别是 55 万元、40 万元和 73 万元，如果资金有限，不超过 600 万元投资，问如何选择方案？

18. 某制造厂考虑三个投资计划。在 5 年计划期中，这三个投资方案的现金流量情况如表 4-19 所示，该厂的最低希望收益率为 10%。

表 4-19　习题 18 的各方案费用数据　　　　　　　　单位：元

方案	A	B	C
最初成本	65 000	58 000	93 000
年净收入（1—5 年年末）	18 000	15 000	23 000
残值	12 000	10 000	15 000

（1）假设这三个计划是独立的，且资金没有限制，那么应选择哪个方案或哪些方案？

（2）在（1）中假定资金限制在 160 000 元，试选出最好的方案。

（3）假设计划 A、B、C 是互斥的，试用增量内部收益率法来选出最合适的投资计划。

即测即评

第五章
不确定性与风险分析

学习指导：本章内容为第四章经济评价方法的延伸，分析各种不确定性（包括风险）对方案经济效益的影响。要求理解与掌握项目风险及项目不确定性分析的思路和步骤；熟练掌握盈亏平衡分析、单参数敏感性分析及不确定性决策方法。此外，还应理解不确定性分析方法之间的区别及适用条件。

新闻摘录 博湃养车为什么"倒掉"？

上门保养是大势所趋，据估计未来上门保养能占到线下保养份额的7成左右。但目前，仍有百分六七十的车主依然选择在4S店做保养，百分之二三十的车主选择连锁店或路边店进行保养。

2013年12月，捷威（北京）汽车技术服务有限公司注册成立，初期，公司的创业项目叫"易捷卡"，2014年9月，获得创新工场千万元级A轮融资之前，"易捷卡"已经扩张至北京、深圳、上海、广州四座城市，业务范围涵盖车辆常规保养。2014年11月1日，捷威发布"博湃养车"品牌，聚焦高端市场主打定制保养、远程诊断、技术顾问专线等管家服务，原有的"易捷卡"品牌更名为博湃养车，主打中低端车型的上门快速养车等常规项目。

2015年3月，京东、易车等参投B轮1.1亿元融资之后，博湃养车推出1元上门保养和免费的"45项车辆监测"活动，不到半年内，扩张至全国22个城市，月订单号称超过15万单，员工剧增至1 400名，总部搬离东四环不足100平的写字间至亦庄独立办公楼。

博湃养车CEO吉伟表示：博湃的终极目标，是要把保养做成免费。博湃养车想要践行"滴滴"通过免费烧钱铺路的方式，用低价甚至是补贴来迅速改变消费者的保养习惯，再用第一的市场份额去融下一轮投资，周而复始累计大量用户后，再尝试造血。

在这种战略思路的驱动之下，博湃养车对外高调宣布：2015年下半年开启决战，将吃下整个汽车后服务市场，并计划2016年年底覆盖100个城市，招聘1万名技师，CEO

吉伟豪情满怀宣称,"上门洗车在'十一'后会倒下一大片,整个汽车后市场已进入决战时刻。"

可惜,决战将至,"弹药库"告急。

在这一时间段,正值资本寒冬,据博湃养车 CMO 胡鹏透露,"投资人说之前约定的融资金额无法满足,只能给 1/10。"从 9 月起,博湃养车未如愿拿到 C 轮融资,与投资人的约定成为一纸空谈。面临生死存亡考验,博湃养车曾节衣缩食寻求变局,取消补贴、减少推广、转型平台探寻盈利等。

但 2015 年的北京,第一场雪下得格外的早。"博湃养车"的命运,似乎已经注定。在这个严寒料峭的 12 月,终于传出了博湃养车难以为继、商议重组的消息。

资料来源:搜狐汽车论坛,作者有删减。

第一节 投资风险与不确定性概述

一、投资风险与不确定性的含义

技术经济分析与评价项目中所用的数据,大部分来自对未来的预测与估算,如项目的建设期、投产期和生产期、项目的生产能力、产品价格等。投资项目的风险与不确定性是客观存在的,实践证明,人们对投资项目的分析和预测不可能完全符合未来的情况和结果,因为投资活动所处的环境、条件及相关因素是变化发展的。项目评价所采用的数据大部分来自预测和估算,存在一定程度的不确定性。因此,为了提高投资决策的可靠性,减少决策时所承担的风险,就必须对投资项目的风险和不确定性进行正确的分析和评价。

从理论上讲,风险(risk)是指由于随机原因所引起的项目总体的实际价值和预期价值之间的差异。风险是对可能结果的描述,即决策者事先可能知道决策所有可能的结果,以及知道每一种结果出现的概率。因此,风险是可通过数学分析方法来计量的。不确定性(uncertainty)是指决策者事先不知道决策的所有可能结果,或者虽然知道所有可能结果但不知道它们出现的概率。技术方案的不确定性分析产生的直接原因是由于方案评价中所采用的各种数据与实际值出现偏差,如项目总投资、年销售收入、年经营成本产量、经营成本、设备残值、资本利率、税率等的变化对投资方案经济效益的影响,一般将未来可能变化的因素对投资方案效果的影响分析统称为不确定性分析(uncertainty analysis)。

二、技术经济活动中的不确定因素

技术经济活动按其操作过程的不同,可以划分为两大类:一类是生产性投资,指导与维持和扩充企业现有生产能力有关的投资行为,如购置生产设备、兴建工厂等;另一类是金融性投资，主要包括股票、债券、票据等求偿权的投资，又称为证券投资。由于这两类投资在实际中所面临的变动因素有所不同，因此其投资风险也有所差别。本章将重点分析企业生产性投资的风险因素，即通常所说的不确定性分析涉及的问题。

一般来说，技术方案产生风险、不确定性的原因，可归纳为以下几个方面：

（一）通货膨胀和物价的变动

投入和产出的价格是影响投资项目经济效益的最基本因素。在任何一个国家，货币的价值都不是固定不变的，它通常是随着时间的增长而降低。而项目寿命期一般长达一二十年，投入产出价格不可能固定不变，投资者必然要承担物价上涨、货币贬值的风险。不但项目的工程造价不易确定，而且当项目的产品在今后市场上有激烈的竞争时，还可能引起销售价格的变动。因为，在竞争的市场上，如果不降低销售价格，就可能影响产品销售量，也同样降低项目的经济效益。这样，通货膨胀和物价的变动，就直接影响到项目未来的技术经济效益。对这些因素不加考虑，就必然使评价人员预测到的未来情况与实际情况有出入，这是造成不确定性因素的主要原因。

（二）技术装备及生产工艺变革和项目经济寿命期的变动

在预测项目的收益水平时，许多指标都是以项目经济寿命期作为计算基础的，如净现值、内部收益率等。但随着科学技术的不断进步，生产工艺的不断变革，项目所采用的一些技术、设备很可能提前老化，从而使项目经济寿命期提前结束。同时，随着市场需求的转变，也可能使项目的产品生命周期提前结束，从而缩短项目经济寿命期。项目经济寿命期的缩短，无疑会减少项目的收益。

（三）生产能力和销售量的变动

在评价项目时，现行《建设项目经济评价方法与参数（第三版）》要求我们采用设计生产能力进行计算，而在实际生产中，达不到设计生产能力或超过设计生产能力是经常存在的。由于原材料、动力、生产用水的供应，运输设备的配套，对技术的掌握程度和管理水平高低等因素的影响，项目的生产能力有可能达不到设计能力，从而对项目的经济效益产生影响。如果项目投产后没有可靠的市场销路，那么也不能达到设计的生产能力，造成项目的半停工状态。如果建设项目的生产能力达不到预期水平，则产品的成本必然升高，销售收入必然下降，其他各种经济效益当然也就随之改变或达不到预期效果。这样也造成了项目未来的不确定性。

（四）建设资金和工期的变化

在进行项目可行性研究和评估的过程中，建设资金的估算与筹措对项目经济效益影响较大。目前，存在着过低估算建设资金的现象，以求项目获得国家或地方政府审批、通过、上马。建设资金估算偏低，投资安排不足，就必须延长建设工期，推迟投产时间，增加建设资金和利息，这样，当然就引起总投资增大，造成经营成本和各种收益的变化。同时，建设工期延长，在计算现金流量时，因为资金的折现系数逐年递减对项目的经济效益是十分不利的。因而，建设资金的估算或工期的变化，是项目评价时的不确定因素。

（五）国家经济政策和法规、规定的变化

我国是发展中国家，正处于社会主义初级阶段。不合乎时宜的法规、规定要不断改革。经济政策随着国家经济形势的发展和需要，每个时期都必须有每个时期的政策，变化是不可避免的。这些变化，对进行项目可行性研究的评估人员来说是无法预测和不能控制的，因此这些因素的变化，不仅是不确定因素的源泉，而且还可能给项目的建设带来很大的风险。

三、不确定性分析方法的类型与程序

为评价不确定性因素对技术方案经济效果的影响，通常采用盈亏平衡分析、敏感性分析等分析方法，其分析方法的一般步骤如下。

（一）鉴别主要不确定性因素

虽然，影响技术方案的不确定性因素有许多，但不同因素在不同的投资活动中不确定性程度及其对投资方案的影响程度是不同的。因此，在开始分析时，首先要从各个变量及其相关诸因素中，找出不确定程度较大的关键变量或因素。这些变量和因素是不确定性分析的重点。在投资项目的不确定性分析中，其主要的不确定性因素有销售收入、生产成本、投资支出和建设工期等。引起它们变化的原因一般为：物品价格上涨，工艺技术改变导致产品数量和质量发生变化，设计能力达不到，投资超出计划，建设期延长等。

（二）估计不确定性因素的变化范围，进行初步分析

找出主要的不确定性因素，就要估计其变化范围，确定其边界值或变化范围，也可先进行盈亏平衡分析。

（三）进行敏感性分析

对不确定性因素进行敏感性分析，找出方案的敏感性因素，分析其对投资项目的影响程度。

 扩展阅读　跨国石油的风险管理

第二节 盈亏平衡分析

一、盈亏平衡分析概述

盈亏平衡分析（break-even analysis）是指在一定市场、生产能力和经营管理条件下，依据方案的成本与收益相平衡的原则，确定方案产量、成本与利润之间变化与平衡关系的方法。当方案的收益与成本相等时（即盈利与亏损的转折点），就是盈亏平衡点（break-even point）。盈亏平衡分析就是要找出方案的盈亏平衡点。盈亏平衡点和额定量相差越远，说明方案盈利的可能性越大，亏损的可能性越小，因而方案有较大的抗经营风险能力。由于盈亏平衡分析是分析产量（销量）、成本与利润的关系，故又称为量本利分析。

盈亏平衡点的表达形式有多种。它可以用实物产量、单位产品售价、单位产品可变成本以及年固定成本总量表示；也可以用生产能力利用率（盈亏平衡点率）等相对量表示，其中产量与生产能力利用率，是进行项目不确定性分析中应用较广的。根据生产成本、销售收入与产量（销量）之间是否呈线性关系，盈亏平衡分析可分为线性盈亏平衡分析和非线性盈亏平衡分析。

盈亏平衡分析是以下列基本假设条件为前提的：

（1）所采取的数据是投资方案在正常年份内所达到设计生产能力时的数据，这里不考虑资金的时间价值及其他因素。

（2）产品品种结构稳定，否则，随着产品品种结构变化，收益和成本会相应变化，从而使盈亏平衡点处于不断变化之中，难以进行盈亏平衡分析。

（3）在盈亏平衡分析时，假定生产量等于销售量，即产销平衡。

二、线性盈亏平衡分析

（一）线性盈亏平衡分析研究的假设条件

（1）生产量等于销售量。
（2）固定成本不变，单位可变成本与生产量成正比变化。
（3）销售价格不变。
（4）只按单一产品计算，若项目生产多种产品，则换算为单一产品计算。

（二）销售收入、成本费用与产品产量的关系

1. 销售收入与产量的关系

线性盈亏平衡分析的前提是按销售组织生产，产品销量等于产品产量。由于其销售价格不变，销售收入与产量之间的关系为：

$$TR = PQ \tag{5-1}$$

式中：TR——销售收入；
　　　P——单位产品价格（不含税）；
　　　Q——产品销售量。

2. 成本与产量的关系

方案或项目投产后，生产和销售产品的总成本费用为 C。一般而言，总成本费用可分为固定成本和可变成本两部分。固定成本（F）指在一定的生产规模限度内不随产量的变动而变动的费用，可变成本（V）是指随产品产量的变动而变动的费用。实际上，还有一类成本称半可变成本，该成本随产量的变化而有所变动，但不呈严格的正比例关系，而呈阶梯状变化，如运输费、加班工人工资、维修费用等。在盈亏平衡分析前，应将半可变成本进一步分解为固定成本和可变成本两部分。

将总成本费用划分为固定成本和可变成本的原则是：① 凡与产量增减呈正比变化的费用，如原材料消耗、直接生产用辅助材料、燃料、动力等应划为可变成本。② 凡与产量增减无关的费用，如辅助人员工资、职工福利费、折旧及摊销费、修理费应划为固定成本。③ 对于某些辅助材料、非直接生产动力消耗、直接生产人员工资等，虽与产量增减有关，但又非呈比例变化的半可变成本，通过适当方法，近似地将其划分为固定成本和可变成本。因此，总成本费用与产量之间的关系为：

$$TC = F + C_V Q \tag{5-2}$$

式中：TC——总成本；
　　　F——固定成本；
　　　C_V——单位可变成本；
　　　Q——产品销售量。

（三）盈亏平衡点的确定

盈亏平衡点可以通过图解法和代数计算法确定。

1. 图解法

将式（5-1）和式（5-2）表示在同一坐标图上，就可以得出线性盈亏平衡分析图如图 5-1 所示。

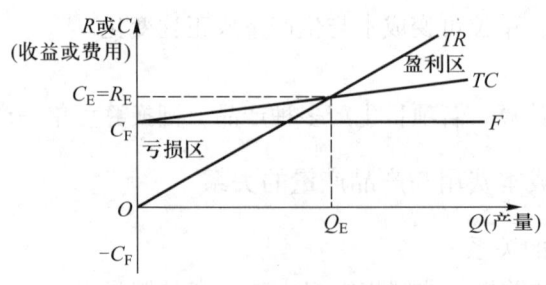

图 5-1　线性盈亏平衡图

图 5-1 中，C_F 为固定成本，TR 与 TC 的交点称为盈亏平衡点（BEP）。该点对应的横坐标 Q_E 为盈亏平衡点产量（保本产量），纵坐标 R_E 为盈亏平衡点销售收入（保本销售额），$C_E = R_E$ 为对应盈亏平衡点产量的总成本。平衡点以下的销售收入线与总成本线夹角区域为亏损区，平衡点以上的两线夹角区域为盈利区。

从图 5-1 中可以看出，当产量在 $0<Q<Q_E$，TC 曲线位于 TR 之上，此时项目处于亏损状态；当产量 $Q>Q_E$，TC 曲线位于 TR 之下，项目处于盈利状态；TC 与 TR 的交点对应的产量 Q_E，就是盈亏平衡点产量。图 5-1 可以清楚地看出项目的盈利及亏损区域。

2. 代数法

根据盈亏平衡点的含义，当项目达到盈亏平衡状态时，总成本费用等于总销售收入，即：

$$TR = TC \tag{5-3}$$

结合式（5-1）、式（5-2），若以 Q_E 表示项目盈亏平衡点产量：

$$Q_E = \frac{F}{P - C_V} \tag{5-4}$$

如果产品是含税的，r 为产品销售税率，p 为产品含税价格，则：

$$P = (1-r) \times p \tag{5-5}$$

$$Q_E = \frac{F}{(1-r)p - C_V} \tag{5-6}$$

（四）盈亏平衡点参数

由于一个项目的盈亏平衡点受多因素制约，为保证项目经济评价的可靠性，有必要根据不同因素对盈亏平衡点的影响，对项目作多方面分析。

1. 盈亏平衡点产量（保本销售量）Q_E

根据盈亏平衡条件，可得出：

$$Q_E = \frac{F}{P - C_V} \tag{5-7}$$

2. 盈亏平衡时的生产能力利用率 Φ

若已知项目设计生产能力为 Q_g，平衡点产量为 Q_E，则：

$$\Phi = \frac{Q_E}{Q_g} \times 100\% \tag{5-8}$$

盈亏平衡点生产能力利用率的经济意义是：为使项目不致亏本时的最低生产能力利用率。Φ 值越小，说明只占用少许的项目生产能力就可以达到平衡点产量，意味着项目的风险越小。

3. 盈亏平衡销售单价 P_E

令 P_E 为盈亏平衡销售单价，则：

$$TR = P_E Q_E$$

由于 $TC = F + C_V Q_E$ 且 $TR = TC$，所以 $P_E Q_E = F + C_V Q_E$。

于是得：

$$P_E = \frac{F + C_V Q_E}{Q_E} = \frac{F}{Q_E} + C_V \tag{5-9}$$

式中：$\frac{F}{Q_E}$——平衡点产量时的单位固定成本；

$\frac{F}{Q_E} + C_V$——平衡点产量时产品平均成本（单位产品成本）。

因此，式（5-9）的意义可以表述为：当销售单价与单位产品成本相等时，项目达到盈亏平衡。

4. 变动成本率

令 $K = \frac{C_V}{P}$，即变动成本率。变动成本率的经济意义是：每单位产品的销售收入中含有多少单位变动成本。K 越大，说明变动成本占销售收入的比重越大，表明产品的直接消耗越大，是项目经营中的不利因素。可将变动成本率变换为：

$$K = \frac{C_V}{P} = \frac{C_V Q}{PQ} = \frac{总变动成本}{销售收入}$$

（五）线性盈亏平衡分析应用举例

盈亏平衡分析法不仅可用于对单个投资方案进行分析，也可用于对多个方案进行比较和选择。可通过下面的举例加以理解和运用。

例 5-1 某企业的生产线设计能力为年产 100 万件，单价 450 元，单位变动成本 250 元，年固定成本为 8 000 万元，年目标利润为 700 万元。试进行盈亏平衡分析，并求销售量为 50 万件时的保本单价。

解：（1）求平衡点产量。由式（5-7）得：

$$Q_E = \frac{F}{P - C_V} = \frac{8\,000}{450 - 250} = 40 \text{（万件）}$$

（2）求平衡点销售额。

$$R_E = PQ_E = 450 \times 40 = 18\,000 \text{（万元）}$$

（3）求平衡点生产能力利用率。

$$\varPhi = \frac{Q_E}{Q_g} \times 100\% = \frac{40}{100} \times 100\% = 40\%$$

（4）求实现目标利润时的产量。由式（5-4）得：

$$Q = \frac{C_F + E}{P - C_V} = \frac{8\,000 + 700}{450 - 250} = 43.5 \text{（万件）}$$

（5）求年销售量为 50 万件的保本售价。此时，应把 50 万件视为平衡点时的产量。由式（5-9）得：

$$P_E = \frac{F}{Q_E} + C_V = \frac{8\,000}{50} + 250 = 410 \text{（元/件）}$$

例 5-2 某企业生产两种产品分别是 X 与 Y,可以采用三种设备 A、B、C 进行生产,三种设备可视为三个互斥方案,其每月生产的费用如表 5-1 所示。产品 X 的单价为 12 元,Y 的单价为 16 元,假如产品 X 与 Y 的月销售量是个不确定因素,如何选择生产设备?

表 5-1　互斥方案的生产费用　　　　　　　　　　　　　单位:元

设备	固定费	单位变动费用	
		X	Y
A	20 000	7	11
B	30 000	3	11
C	70 000	3	5

解: 采用优劣平衡分析方法比选互斥方案,设 x 与 y 分别是产品 X 和 Y 的月销售量,各设备生产的平均每月盈利分别为 G_A、G_B、G_C,则:

$$G_A = (12-7)x + (16-11)y - 20\ 000$$
$$G_B = (12-3)x + (16-11)y - 30\ 000$$
$$G_C = (12-3)x + (16-5)y - 70\ 000$$

三个方案分别进行两两比较,当方案优劣平衡时,即两方案设备生产的月平均盈利相等,可以求得两方案的优劣平衡方程为:

$$G_A = G_B, \qquad G_B = G_C, \qquad G_A = G_C$$

G_A、G_B、G_C 代入并简化,得:

$$\begin{cases} x = 2\ 500 \\ y = 6\ 667 \\ 4x + 6y = 50\ 000 \end{cases}$$

上述方程做成图 5-2 所示的优劣平衡图。图 5-2 中分成三个区域。B 有利区域指的是:当不确定性因素 x 与 y 落在该区域时,$G_B > G_C$,$G_B > G_A$,采用 B 设备最优,同样道理,A 有利区域指的是采用 A 设备最优;C 有利区域是指采用 C 设备最优。因此,有了优劣平衡图。当产品 X 与 Y 的销量互相独立时,对不同的销售量 x 和 y,采用何种设备便可以一目了然。

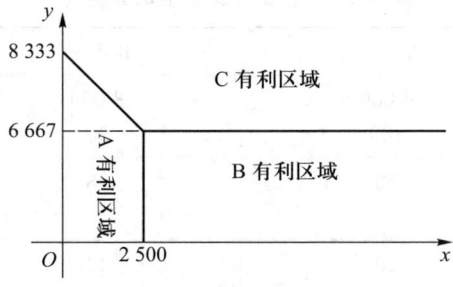

图 5-2　优劣平衡图

三、多品种的盈亏平衡分析

在多品种条件下，盈亏平衡分析方法有多种形式，具体包括：加权平均法、联合单位法、分算法、主要品种法和顺序法等。下面仅介绍加权平均法。

加权平均法，又称为综合计算法，是以综合性的加权平均边际贡献率和边际贡献总额为基础来进行盈亏平衡分析的方法。加权平均边际贡献率$\overline{r_\mathrm{m}}$（或称综合边际贡献率）可采用计划总额法或比重法计算，即：

$$\overline{r_\mathrm{m}} = \frac{\sum_{i=1}^{n} M_i}{\sum_{i=1}^{n} R_i} = \sum_{i=1}^{n} r_{\mathrm{m}i} d_i \tag{5-10}$$

式中：$\overline{r_\mathrm{m}}$——加权平均边际贡献率，表示平均单位销售额可获得的边际贡献；

M_i——第 i 种产品的边际贡献，等于对应产品的销售收入减去销售税金和变动成本，即 $M_i = R_i - R_i \cdot rt_i - C_{\mathrm{V}i} Q_i = [P_i(1-rt_i) - C_{\mathrm{V}i}] \cdot Q_i$；

$r_{\mathrm{m}i}$——第 i 种产品的边际贡献率，等于其边际贡献除以销售收入或单位边际贡献除以价格，即 $r_{\mathrm{m}i} = M_i / R_i = P_i(1-rt_i - C_{\mathrm{V}i}) / P_i$；

d_i——第 i 种产品的销售额占全部产品销售总额的比重；

i——产品序号，共有 n 种产品。

因此，盈亏平衡点收入和保本点开工率分别为：

$$BEP（销售额）= R_\mathrm{e} = \frac{C_\mathrm{F}}{\overline{r_\mathrm{m}}} \tag{5-11}$$

$$BEP（开工率）= \frac{R_\mathrm{e}}{\sum_{i=1}^{n} R_i} = \frac{C_\mathrm{F}}{\sum_{i=1}^{n} M_i} \tag{5-12}$$

例 5-3 某企业在计划期内的固定成本总额为 45 800 万元，企业以销定产，同时生产和销售 A、B 两种产品。各产品的产销量、单价和成本数据如表 5-2 所示。计算两种产品盈亏平衡点的产销量。

表 5-2 A、B 产品的基本数据表

项目	A 产品	B 产品	合计
产销量（万件）	4 000	8 000	
单价（元）	100	30	
单位变动成本（元）	80	18	
固定成本总额（万元）			45 800
单位边际贡献（元）	20	12	
边际贡献率（%）	20	40	
销售收入（万元）	400 000	240 000	640 000

解：第一步，计算各产品销售收入占全部销售收入总额的比重，则有：

$$A 产品 \quad \frac{400\ 000}{640\ 000} = 62.5\%$$

$$B 产品 \quad 100\% - 62.5\% = 37.5\%$$

第二步，计算 A、B 两种产品的加权平均边际贡献率，即：

$$20\% \times 62.5\% + 40\% \times 37.5\% = 27.5\%$$

第三步，计算企业综合的盈亏平衡点的销售额，即：

$$\frac{45\ 800}{27.5\%} = 166\ 545.45（万元）$$

第四步，分别计算 A、B 两种产品盈亏平衡点的销售额和产销量。

$$A 产品销售额 = 166\ 545.45 \times 62.5\% = 104\ 090.91（万元）$$

$$销售量 = \frac{104\ 090.91}{100} = 1\ 040.91 = 1\ 041（万件）$$

$$B 产品销售额 = 166\ 545.45 \times 37.5\% = 62\ 454.54（万元）$$

$$销售量 = \frac{62\ 454.54}{30} = 2\ 081.8 = 2\ 082（万件）$$

案例

凡客的辉煌到衰落：一年卖出 3 000 万件到裁员至 300 人

"爱网络，爱自由，爱晚起，爱夜间大排档，爱赛车，也爱 29 块的 T-SHIRT，我不是什么旗手，不是谁的代言，我是韩寒，我只代表我自己。我和你一样，我是凡客。"2010 年 7 月，这句红极一时的广告词让凡客成为炙手可热的公众焦点，"凡客体"亦爆红网络。

2010 年，也是凡客最得意之时，一年卖出了 3 000 多万件服装，总销售额突破了 20 亿元，同比增长 300%，不仅是垂直电商的老大，更以全行业排名第四的业绩，让所有人对其刮目相看。

在 2010 年的业绩刺激下，凡客开始"大跃进"。2011 年 1 月，陈年将凡客的年销售额目标"保守"定在 60 亿元这个增长 200% 的数字。而到了 2011 年 3 月，陈年又将这个数字"修正"成了 100 亿元。陈年在接受记者采访时，说出了一句当时让整个行业震惊的话："我希望将来能把 LV 收购了。"

凡客以及陈年的狂热达到顶点。但凡客在这一年也迎来了拐点。

100 亿的"大跃进"让凡客迅速扩张，为了完成销售目标，凡客开始大幅度扩张人员、地盘，不断增加库存单品量来进行市场份额的扩张。在鼎盛时期，凡客的员工总数一度超过 1.1 万人，拥有 30 多条产品线，不仅仅有服装，还有家电、数码、百货，甚至还有拖把和菜刀。开新仓，补旧仓，源源不断进货。然而市场销量并不如预期般乐观。直至 2011 年年末，凡客的库存达到 14.45 亿元，总亏损近 6 亿元，100 亿元的销售目标也只完成 1/3。此后一年多的时间里，凡客始终在做着清库存的重复工作。除了清库存，还有清人员。生产线、资金链紧绷、巨额库存积压这三座大山一齐向凡客压来,公司难以达到盈亏平衡,凡客开始走向衰落。

资料来源:赢商新闻,作者有删减

第三节 敏感性分析

一、敏感性分析概述

(一)敏感性因素与敏感性分析

敏感性分析(sensitivity analysis)是技术经济分析评价中常用的一种不确定性分析方法。所谓敏感性,是指投资方案的各种因素变化对投资经济效果的影响程度。若因素小幅度的变动能够带来项目经济效果较大幅度的变化,则称该因素为项目的敏感性因素;反之,则称为非敏感性因素。敏感性分析的目的就是要通过分析与预测影响投资项目经济效果的主要因素,找出其敏感性因素,并确定其敏感程度,判断项目对不确定性因素的承受能力,从而对项目风险的大小进行估计,为投资决策提供依据。

影响投资项目经济效果的不确定性因素较多,一般主要有产品销量(产量)、产品销售价格、原材料价格、固定资产投资、经营成本、建设期等。

(二)敏感性分析的一般步骤和内容

1. 确定分析指标

分析指标就是指敏感性分析的具体对象,即方案的经济效果指标,如净现值、净年值、内部收益率及投资回收期等。各种经济效果指标都有其各自特定的含义,分析、评价所反映的问题也有所不同。对于某个特定方案的经济分析而言,不可能也不需要运用所有的经济效果指标作为敏感性分析的分析指标,而应根据方案资金来源等特点,选择一种或两种指标作为分析指标。

确定分析指标可以遵循以下两个原则:第一,与经济效果评价指标具有的特定含义有关。如果主要分析方案状态和参数变化对方案投资回收快慢的影响,则可选用投资回收期作为分析指标;如果主要分析产品价格波动对方案超额净收益的影响,则可选用净现值作为分析指标;如果主要分析投资大小对方案资金回收能力的影响,则可选用内部收益率指标等。第二,与方案评价的要求深度和方案的特点有关。如果在方案机会研究阶段,深度要求不高,可选用静态的评价指标;如果在详细可行性研究阶段,则应该选用动态的评价指标。

2. 选择不确定因素,设定其变化幅度

影响技术项目方案经济效果的因素众多,如投资额、建设工期、产品价格、生产成本、贷款利率及销售量等,不可能也没有必要对全部不确定因素逐个进行分析。因此,在选定需要分析的不确定因素时，可从以下两个方面考虑：第一，选择的因素要与确定的分析指标相联系。否则，当不确定性因素变化一定幅度时，并不能反映评价指标的相应变化，达不到敏感性分析的目的，如折现率因素对静态评价指标不起作用。第二，根据方案的具体情况选择在确定性分析中采用的预测准确性把握不大的数据或者未来变化的可能性较大，且其变化会比较强烈地影响评价指标的数据，作为主要的不确定性因素，如高档消费品，其销售受市场供求关系变化的影响较大，而这种变化不是项目本身所能控制的，因此销售量是主要的不确定性因素。生活必需品如果处于成熟阶段，产品售价直接影响其竞争力，能否以较低的价格销售，主要决定于方案的变动成本，因此变动成本就作为主要的不确定性因素加以分析。对高耗能产品，燃料、动力等价格是能源短缺地区投资方案或能源价格变动较大方案的主要不确定性因素。

在选定了需要分析的不确定因素后，还要结合实际情况，根据各不稳定的因素可能变动的范围，设定不确定因素的变化幅度，如5%、10%、15%等。

3. 计算不确定性因素对指标的影响程度

对于各个不确定因素的各种可能变化幅度，分别计算其对其他分析指标影响的具体数值，即固定其他不确定因素，变动某一个或某几个因素，计算经济效果指标值。在此基础上，建立不确定因素与分析指标之间的对应数量关系，并用图或表格表示。

4. 寻找敏感性因素

所谓敏感性因素（sensitive factor），就是其数值变动能显著影响方案经济效果的因素。判断敏感因素的方法有以下三种：

（1）相对测定法（变动幅度测定法）。设定要分析的各个不确定因素均从确定性分析时采用的数值开始变动（在令某个因素变动时，假定其他因素保持在确定性分析时的取值而不动），且各因素每次变动的幅度（增加或减少的百分数）相同（这样做使得各个因素的敏感度获得可比性），比较在同一变动幅度下各因素变动的敏感程度。一般将结果以图或表的形式表示出对应的数量关系，通过对表中因素变动率或图中曲线斜率的分析，判断敏感性因素。

（2）绝对值测定法（悲观值测定法）。绝对值测定法是假设各因素均向对方案不利的方向运动，并取其可能出现的对方案不利的数值（悲观值），据此计算项目方案的经济效益评价指标，看其是否达到使方案变得无法被接受的程度，若某因素可能出现的最不利数值会使方案变得不可接受，则表明该因素是该方案的敏感因素（方案能否接受判断依据是经济效益指标能否达到临界值）。

（3）临界值测定法。先设有关敏感性分析指标为临界值，如令净现值为零或令内部收益率等于基准收益率等，然后求出待分析的不确定因素的最大允许变动幅度，并与其可能出现的最大变动幅度相比，若某因素可能的变动幅度超过最大允许变动幅度，则说明该不确定性因素是敏感性因素。

5. 综合评价，优选方案

根据确定性分析和敏感性分析的结果，综合评价方案并选择最优方案。

二、单因素敏感性分析

敏感性分析主要分为单因素敏感性分析和多因素敏感性分析。单因素敏感性分析（single-variable sensitivity analysis）指假定影响方案经济指标的其他参数不变，仅考察某一参数的变化对方案经济效益的影响的分析方法。下面通过举例加以说明。

例 5-4 据测算，某项目的净现值 $NPV=17\ 240$ 元，各参数的最初估计值如表 5-3 所示。假定投资额和贴现率保持不变，试对年收入、年支出、寿命期和残值四个因素进行敏感性分析。

表 5-3　例 5-4 项目现金流量表　　　　　　　单位：元

参数	初始投资	年收入	年支出	残值	寿命（年）	贴现率（%）	净现值
估计值	170 000	35 000	3 000	20 000	10	12	17 240

解： 首先令各因素的变动范围分别取原估计值的 ±10%、±20% 和 ±30%，并分别计算变化后的净现值。计算结果如表 5-4 所示，并据此画出敏感曲线，如图 5-4 所示。

表 5-4　敏感性分析计算表

净现值＼变动率＼变动因素	−30%	−20%	−10%	0	+10%	+20%	+30%
年收入（千元）	−42.08	−22.30	−2.53	17.24	37.02	56.79	76.57
年支出（千元）	22.33	20.63	18.94	17.24	15.55	13.86	12.16
寿命（年）	−14.91	−2.96	7.71	17.24	25.76	33.35	40.14
残值（千元）	15.37	15.96	16.60	17.24	17.89	18.55	19.16

由表 5-4 和图 5-3 可以看出，此项目的净现值对年收入和寿命期两个参数最为敏感，对年支出次之，相对来说，对残值的影响就不太敏感。在其他因素不变的情况下，只要年

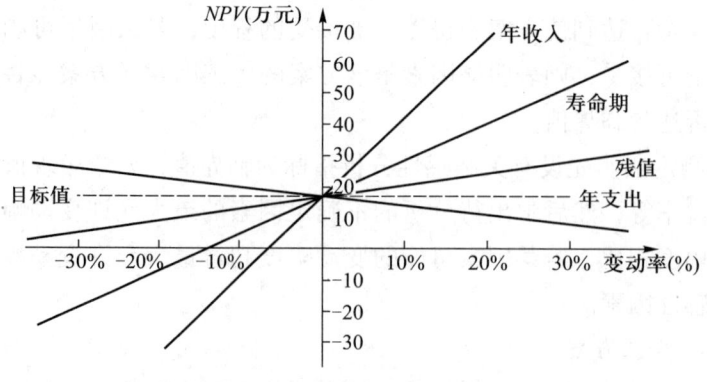

图 5-3　单因素敏感性分析

收入大于估计值的 10%或寿命期大于估计值的 20%，项目净现值比原估计值增加 1 倍之多；反之，若收入减少 10%左右，项目净现值将小于零。

三、敏感性分析的应用要点及局限性

敏感性分析能够指明因素变动对项目经济效益的影响，从而有助于搞清项目对因素的不利变动所能容许的风险程度，有助于鉴别哪些是敏感性因素。从而能够及早放松对那些无足轻重变动因素的注意力，把进一步深入调查研究的重点集中放在那些敏感性因素上，或者针对敏感性因素制定出管理和应变对策，以达到尽量减少风险、增加决策可靠性的目的。但是，敏感性分析每次都是对单一因素进行的，这里隐含着两个基本假设：其一，每计算某特定因素变动对经济效益的影响时，都假定其他因素固定不变；其二，各个不确定性因素变动的概率相同。实际上，许多因素的变动存在着相关性，一个因素变动了，往往导致其他因素随之变动，不会固定不变。比如说，项目产出品的需求曲线在一段时间内稳定不变，价格升高其销售量就随之下降。另外，即使看起来不那么直接相关的因素，未来也会发生与基本数据大小不等的变动。这就说明敏感性分析的第一个假设并不符合实际情况，不能很好地测度项目的风险。为了克服敏感性分析的这一不足，可以在研究分析的基础上设定各个因素将来各自可能的变动范围，然后计算分析多因素联动对经济效益的影响程度，从而有助于判定项目的风险程度。

扩展阅读　对房地产开发项目的敏感性分析

本章小结

投资方案将面对未来实施环境中的诸多不确定性因素，使方案收益不可避免存在风险。借助不确定性分析可以估计和控制风险程度。技术经济分析中常见的不确定性分析方法主要有盈亏平衡分析、敏感性分析等。

盈亏平衡分析是通过盈亏平衡点 BEP 来分析不确定性因素对方案经济效果的影响程度。相对而言，盈亏平衡分析方法较为简单，它通过对项目的量、本、利之间的平衡关系进行分析计算，找出平衡点就可以了解项目对市场需求变化的适应能力。但是，盈亏平衡分析方法也有其局限性，这种局限性来源于这种方法建立的假定前提条件。因为，盈亏平衡点的计算需要假定销售量等于生产量，而且在计算任一平衡点指标时，都要假定其他的因素不变且已知。这些前提约束条件都是理想化的条件，在实际中很难得到满足。因此，尽管盈亏平衡分析方法是一种很实用的不确定性分析方法，但仍只能作为对项目评价检验的辅助手段。

敏感性分析方法是投资决策中进行方案优选和评审项目的不可缺少的决策手段。敏感性分析在一定程度上就各种不确定因素的变动对项目经济效果的影响作了定量描述，有助于决策者更为详细地了解各方面的风险情况，帮助决策者进行正确决策。此外，敏感性分析还有助于确定于决策过程中及实施过程中需要重点研究和控制的因素。但是，敏感性分析方法也有其不足之处。敏感性分析只是指出了项目经济效果评价指标对各种不确定因素的敏感程度，以及项目可行所能允许的不确定因素变化的极限值，却没有考虑各种不确定因素在未来发生各种变化的概率，因此不能够表明不确定因素的变化对经济效果评价指标发生某种影响的可能性，以及在这种可能性下对经济评价指标的影响程度，所以，这种分析的结论难免带有很大的片面性。

关键概念

风险　不确定性　不确定性分析　盈亏平衡分析　盈亏平衡点　敏感性分析

思考与练习

1. 何谓不确定性分析？为什么在投资项目评价中要进行不确定性分析？它的主要方法有哪些？
2. 什么是盈亏平衡分析？有哪些种类？基本原理是什么？有哪些用途？
3. 什么是敏感性分析？敏感性分析的主要步骤有哪些？
4. 如何进行单一因素的敏感性分析？它有哪些不足之处？
5. 某企业生产某产品，今年的生产销售情况如下：销售价格500元/件，固定成本总额为800万元，单位产品变动成本为300元/件，销售量10万件，该厂通过市场调查和预测，发现明年该产品销量有继续上升的趋势，现有生产能力不能满足市场需求，因此准备扩大生产规模。由于需要购进专用设备而使固定成本总额上升到1 000万元，单位产品变动成本下降5%，若销量上升到15万件，试分析是否应扩大生产规模。
6. 某产品售价为750元/件，单位产品可变动成本为500元/件，固定成本总额为10万元，按销售收入征税的税率为20%。试分析：
　（1）盈亏平衡点；
　（2）年利润为5万元时的产量及经营安全率；
　（3）售价降低10%时的盈亏平衡点；
　（4）若所得税税率为25%时，完成以上（1）~（3）。
7. 某企业生产和销售甲、乙两种产品，产品的单价分别为：甲产品5元，乙产品2.5元。边际贡献率分别为：甲产品40%，乙产品30%。全月固定成本费用72 000元。试完成：

（1）假设本月单个产品的预计销售量分别为：甲产品 30 000 件，乙产品 40 000 件。请计算下列各项指标：① 盈亏平衡点的销售额；② 甲、乙两种产品的盈亏平衡点的销售量；③ 用金额表示的安全边际；④ 本月的预计利润。

（2）设每月增加广告费 9 700 元，可使甲产品的月销售量增加到 40 000 件，而乙产品的月销售量将减少到 32 000 件，请具体说明采取这一措施是否合算。

8. 某项目的总投资为 450 万元，年经营成本为 36 万元，年销售收入为 98 万元，项目寿命期为 10 年，基准折现率为 13%。

（1）试找出敏感性因素；

（2）试就投资与销售收入同时变动进行敏感性分析。

9. 案例分析。

在某项目的可行性研究报告中，有关资料汇总如下：建设投资总额为 100 000 万元，其中：固定资产投资 85 000 万元，流动资金 15 000 万元。固定资产投资全部形成固定资产，按直线折旧法计提折旧，寿命期为 10 年，期末残值率为 10%。年生产和销售量为 8 000 台，单价为 20 万元，固定成本费用 20 000 万元，可变成本 15 万元/台。预计该项目能产销平衡。

要求对该项目进行相关的分析。

（1）若该项目的寿命期为 10 年，求该项目的静态和动态投资回收期，净现值和内部收益率。

（2）当下列情况发生时，对净现值有何影响，做出相应的分析评判：① 材料费用增加 0.5 万元/台；② 固定费用增加 10%；③ 单价下降为 19.5 万元。

（3）进行盈亏平衡分析：① 盈亏平衡点的产销量；② 当固定费用增加 10% 时的盈亏平衡点产销量；③ 单价下降到 19.5 万元/台时的盈亏平衡点产销量。

（4）根据上述一系列的分析，对该项目作出最终的评价。

即测即评

第六章
设备更新与租赁的经济分析

学习指导：本章是第五章所述的经济性评价方法在设备更新与租赁决策中的具体应用。要求同学们在理解设备磨损的基础上，掌握用净现值和费用现值等指标计算设备的经济寿命、对设备更新与租购决策进行经济分析的方法。

新闻摘录　设备更新推动技术进步

正面临转型升级压力的中国企业 2014 年 9 月 24 日迎来利好政策。当日召开的国务院常务会议推出完善固定资产加速折旧、促进企业技术改造的政策，会议确定三条措施：分别对 2014 年 1 月 1 日后新购进的研发仪器设备、单位价值不超过 5 000 元的固定资产、生物医药行业 2014 年 1 月 1 日后新购进的固定资产进行加速折旧。

分析人士认为这将带动企业更新技术设备。"这是含金量很高的三条举措，将对企业起到实质性'减负'的效果，并助推企业主动进行技术设备的更新换代。"中信证券首席经济学家诸建芳说。他认为经济转型需要产业装备升级，企业加强国际竞争力也需要提升技术水平。"政策引导下企业将更积极地进行固定资产投资，更新技术设备会支撑投资增长，通过减税还会减轻企业负担、增强企业活力，有助于稳定当前经济，并培育经济增长的长远潜力。"诸建芳说。财政部财政科学研究所所长贾康认为，企业转型升级在设备方面势必有投入，常务会议的措施就是为了鼓励企业在设备、技术上加快更新换代，折旧新政的直接效应是促进企业技术改造和装备升级、加速产业升级。中国经济要从更多依靠资源投入向更多依靠科技投入转变，折旧新政可以有效扭转企业科技投入不足、设备更新迟缓的现状，实现用先进技术和装备武装"中国制造"的目标，进而推动中国经济向中高端水平迈进。

资料来源：中国信息报，2014-09-26；中国企业报，2014-10-13.

第一节 设备的磨损及其寿命

一、设备磨损

一般情况下,设备在一定时期的使用之后,就会出现磨损、陈旧破损甚至报废,即使设备处于闲置状态,也会发生磨损。企业为了保持生产的正常进行,就必须对磨损设备进行补偿,以恢复设备的生产能力。依据磨损对设备作用形式的不同,设备磨损可以分为有形磨损和无形磨损两种。

(一) 有形磨损

设备的有形磨损主要是指设备在使用(或闲置)过程中,发生的实体损耗,又称物质磨损,一般情况下通过外表就能测量察觉。依据其成因的不同,又可以分为以下两种形式:

第Ⅰ种有形磨损,是指设备在使用(运转)过程中,由于零部件发生摩擦、振动、扭曲、疲劳等现象,而使其受到的实体损伤。一般表现为设备零部件的原始尺寸发生改变,精度降低,设备整体功能下降,累积到一定程度时甚至导致设备停止正常工作,丧失使用价值。

第Ⅱ种有形磨损,是指设备在闲置过程中,由于受到自然力的作用发生的锈蚀、老化变形。它与生产过程中的使用没有关系,主要是由于缺乏对设备必要的保护、保养及管理不善造成的。所以,设备并不是封存就不会发生磨损,如果闲置时间过长,同样会因零件锈蚀、部件老化丧失工作精度和工作能力,导致使用价值的下降。

设备在使用中产生的有形磨损大致有三个阶段,如图6-1所示。第Ⅰ阶段又称初始阶段,是指新的设备在使用初期,由于零部件本身制造过程中不可避免的误差而发生摩擦、损耗,此时零部件粗糙不平的表面在短时间迅速磨去,表现出较大的磨损量。第Ⅱ阶段又称正常磨损阶段,是指零部件在加工误差消去后的一个较稳定的工作时段,此时零部件的磨损趋于缓慢,基本上随时间而匀速缓慢增加。第Ⅲ阶段又称剧烈磨损阶段,是指设备在一定时间使用后由于其零件磨损超过一定限度,磨损量迅速增大,导致设备精度、性能大幅下降。

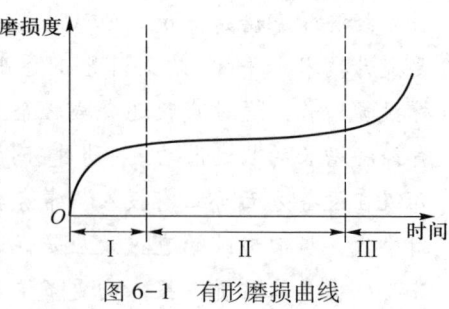

图6-1 有形磨损曲线

(二) 无形磨损

由于社会经济技术环境发生变化所导致的设备价值的下降与性能相对降低,称为设备的无形磨损。无形磨损并不表现为设备的实体损伤,而是设备价值的下降。依据其成因不同,可以分为以下两种形式:

第Ⅰ种无形磨损，是指随着技术的发展，设备制造工艺不断改进、成本不断下降、劳动生产率不断提高，虽然设备本身的技术结构和经济性能没有改变，但生产相同结构设备的社会必要劳动时间减少，设备在市场上的售价相应降低，使原设备发生贬值。这种无形磨损只是设备现有价值的降低，但由于其本身的技术性能并没有受到影响，所以不影响设备的正常使用。

第Ⅱ种无形磨损，是指由于科学技术的进步，不断创新出结构更先进、技术更完善、生产效率更高、使用成本更低的新设备，使原有设备相对陈旧落后，其经济效益相对降低而发生贬值。它的后果不仅是原有设备价值降低，而且会使原有设备局部或是全部丧失其使用价值。因为，虽然现有设备仍能正常使用，但其生产的产品在质量、性能等方面均不如新型设备，所耗费的原材料、燃料、动力等均比新型设备高，产品生产成本高于社会平均成本，从而导致产品竞争力降低，严重影响企业的发展。这就意味着必须考虑现有设备是否提前淘汰的问题。

设备往往同时存在有形磨损和无形磨损。技术发展快的行业，其设备更多地受到无形磨损的影响，而成熟行业的设备更多地受到有形磨损的影响。

二、设备磨损的补偿

不论是有形磨损还是无形磨损，都会引起设备价值的降低。因此，为了保证企业的正常生产及设备的稳定运行，必须对设备磨损进行补偿，一般情况下有修理、改装、更新三种基本形式。

（一）修理

按照其对机器设备的工作内容可以将修理分为日常维护、小修、中修和大修。日常维护是指诸如设备的润滑保洁、定期检查和调整等为延长设备的使用年限、减少设备的有形损耗等所做的各项活动；小修是在设备使用过程中为保证其工作能力而进行的调整、修复或更换个别零件的修理工作；中修是进行设备部分解体的计划修理，主要是更换或修复不能用到下次技术修理的磨损零件，使规定修理的零部件基本恢复到设备出厂时的功能水平；大修是在原有实物形态上的一种局部更新，它通过对设备全部解体、修理耐久的部分、更换全部损坏的零部件等，全面消除缺陷，恢复设备的精度、零部件和整机的全部或接近全部的功能。

（二）改装

设备的改装是指利用现代的科技成果，对设备的结构作局部的改进和技术上的革新，如增添新的、必需的零部件，以提升设备的生产功能和效率，使其赶上技术进步的步伐。

（三）更新

更新是指对整个设备进行更换，主要有两种形式：一种是使用相同的设备去更换磨损严重、不能继续使用的旧设备；另一种是用技术更先进、效率更高、原材料消耗更少的新设备更换旧设备。

若设备使用价值的降低主要是有形磨损引起的，磨损较轻，可通过修理进行补偿；若磨损太严重无法修复，或虽能修复但精度不能保证，则通过更新进行补偿。若设备使用价值的降低主要是由无形磨损引起的，则采取现代化改装或更新方式进行补偿；若设备虽遭受无形磨损但使用价值并没有改变，则不必进行补偿。设备磨损与补偿具体如图 6-2 所示。

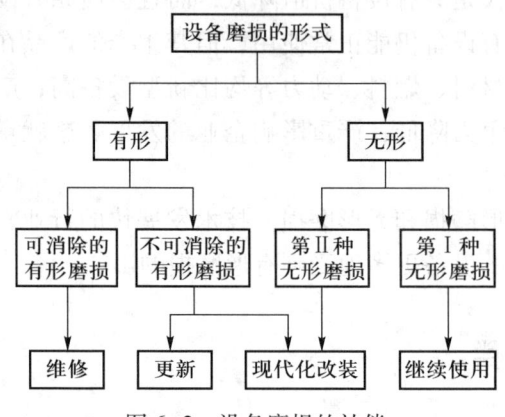

图 6-2 设备磨损的补偿

三、设备的寿命

（一）设备寿命的分类

依据研究角度的不同，设备寿命具有不同的含义，可以分为自然寿命、技术寿命、折旧寿命和经济寿命。

自然寿命，又称物理寿命，即设备从投入使用开始，直到不能继续使用所延续的时间。通过保养可以适当延长设备的自然寿命，但不能从根本上避免设备的磨损。

技术寿命，指设备在开始使用后持续地能够满足使用者需要功能的时间，具体来说即设备从开始使用到因技术落后而被淘汰的时间。它主要是与无形磨损直接联系的。

折旧寿命，指根据财会制度，按规定的设备耐用年数，将设备的原值通过折旧的形式转入产品成本，直到使设备净值接近于零的全部时间。它主要与设备折旧提取的方法有关。

经济寿命，是指从投入使用开始，到设备因继续使用不经济而被更新的时间。设备使用年限越长，每年所分摊的设备购置费（年资本费）越少。但是，随着使用年限的增加，设备的维修费或运行成本会增加。这就存在着设备使用到某一年份，其平均综合成本最低，或经济效益最好。设备从开始使用到其等值年成本最低（或年盈利最高）的使用年限为设备的经济寿命。

(二) 经济寿命的确定

从上所知,设备经济寿命是指从经济角度分析设备使用的最合理期限,具体来说即一台设备的年平均使用成本最低的年数。设备年平均成本一般由两部分组成,一部分是设备购置费扣除设备的残值后,在服务年限内各年的分摊值,称为平均年资金费用,很明显,随着设备使用年限的延长,这部分费用会逐渐减少;另一部分是设备的年运行费用,包括设备的维修费、材料费及能源消耗费用等,随着设备使用年限的延长,这部分的费用会逐渐增加。如图 6-3 所示,年平均总成本在某一时间会达到最低,此时对应的时间点即设备的经济寿命。

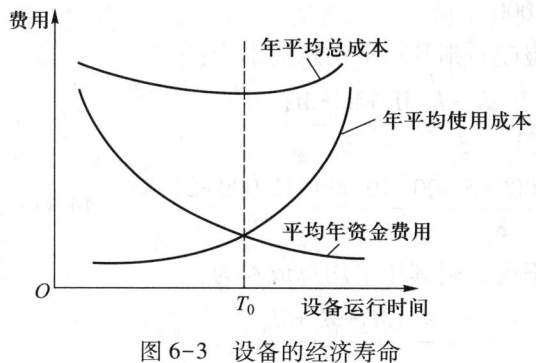

图 6-3 设备的经济寿命

1. 经济寿命的静态计算

如果不考虑资金的时间价值,则有:

$$设备资本金费用\ S_n = \frac{K_0 - L_n}{n} \tag{6-1}$$

$$设备使用费用\ M_n = \frac{1}{n}\sum_{t=1}^{n} M_t \tag{6-2}$$

式中:S_n——设备使用 n 年时平均年资本金费用;

M_n——设备使用 n 年时平均年使用费用;

M_t——设备第 t 年的使用费用;

K_0——设备初始价值;

L_n——设备的残值。

综合式 (6-1)、式 (6-2),设备使用 n 年的平均年总费用 C_n 可用下式计算:

$$C_n = S_n + M_n = \frac{K_0 - L_n}{n} + \frac{1}{n}\sum_{t=1}^{n} M_t \tag{6-3}$$

C_n 取最小值时,所对应的 n 即设备的经济寿命。

例 6-1 某机器购置费用为 100 000 元,预计寿命期为 5 年,随着使用过程中的磨损,其各年的使用费逐年增加(见表 6-1),假设不论何时更新其残值均为 5 000 元,若不考虑资金时间价值,求该设备的经济寿命。

表 6-1　设备各年的使用费用　　　　　　　　　　　　　　　　　单位：元

年份	1	2	3	4	5
使用费用（M_t）	10 000	15 000	28 000	40 000	60 000

解： 假设设备使用 1 年就报废，则其年平均总成本为：

$$C_1 = S_1 + M_1 = K_0 - L + M_1 = 100\,000 - 5\,000 + 10\,000 = 105\,000 \text{（元）}$$

假设设备使用 2 年报废，则其年平均总成本为：

$$C_2 = S_2 + M_2 = \frac{K_0 - L}{2} + \frac{M_1 + M_2}{2} = \frac{100\,000 - 5\,000}{2} + \frac{10\,000 + 15\,000}{2}$$

$$= 60\,000 \text{（元）}$$

假设设备使用 3 年报废，则其年平均总成本为：

$$C_3 = S_3 + M_3 = \frac{K_0 - L}{3} + \frac{M_1 + M_2 + M_3}{3}$$

$$= \frac{100\,000 - 5\,000}{3} + \frac{10\,000 + 15\,000 + 28\,000}{3} = 49\,333.33 \text{（元）}$$

假设设备使用 4 年报废，则其年平均总成本为：

$$C_4 = S_4 + M_4 = \frac{K_0 - L}{4} + \frac{M_1 + M_2 + M_3 + M_4}{4}$$

$$= \frac{100\,000 - 5\,000}{4} + \frac{10\,000 + 15\,000 + 28\,000 + 40\,000}{4} = 47\,000 \text{（元）}$$

假设设备使用 5 年报废，则其年平均总成本为：

$$C_5 = S_5 + M_5 = \frac{K_0 - L}{5} + \frac{M_1 + M_2 + M_3 + M_4 + M_5}{5}$$

$$= \frac{100\,000 - 5\,000}{5} + \frac{10\,000 + 15\,000 + 28\,000 + 40\,000 + 60\,000}{5} = 49\,600 \text{（元）}$$

经过计算，该设备使用 4 年时间的年平均使用费用是最低的，因此，它的经济寿命为 4 年。

2. 经济寿命的动态计算

如果考虑资金的时间价值，则有：

$$\text{设备资本金费用 } S_n = K_0(A/P, i, n) - L_n(A/F, i, n) \tag{6-4}$$

$$\text{设备使用费用 } M_n = (A/P, i, n) \sum_{t=1}^{n} M_t(P/F, i, t) \tag{6-5}$$

同样，设备使用 n 年的平均年总费用 C_n 的计算公式是：

$$C_n = S_n + M_n = K_0(A/P, i, n) - L_n(A/F, i, n)$$

$$+ (A/P, i, n) \sum_{t=1}^{n} M_t(P/F, i, t) \tag{6-6}$$

C_n 取最小值时，所对应的 n 即设备的经济寿命。

例 6-2 资料同例 6-1，若考虑资金时间价值，资金折现率为 10%，求该设备的经济寿命。

解： 假设设备使用 1 年就报废，则其年平均总成本为：

$$C_1 = S_1 + M_1 = K_0(A/P, 10\%, 1) - L(A/F, 10\%, 1) + M_1(A/F, 10\%, 1)$$
$$= 100\,000 \times 1.1 - 5\,000 \times 1 + 10\,000 \times 1 = 115\,000 \text{（元）}$$

假设设备使用 2 年报废，则其年平均总成本为：

$$\begin{aligned} C_2 &= S_2 + M_2 \\ &= K_0(A/P, 10\%, 2) - L(A/F, 10\%, 2) \\ &\quad + (A/P, 10\%, 2)[M_1(P/F, 10\%, 1) + M_2(P/F, 10\%, 2)] \\ &= 100\,000 \times 0.576\,2 - 5\,000 \times 0.476\,2 + 0.576\,2 \\ &\quad \times (10\,000 \times 0.909\,1 + 15\,000 \times 0.826\,4) \\ &= 67\,619.81 \text{（元）} \end{aligned}$$

假设设备使用 3 年报废，则其年平均总成本为：

$$\begin{aligned} C_3 &= S_3 + M_3 \\ &= K_0(A/P, 10\%, 3) - L(A/F, 10\%, 3) \\ &\quad + (A/P, 10\%, 3)[M_1(P/F, 10\%, 1) + M_2(P/F, 10\%, 2) \\ &\quad + M_3(P/F, 10\%, 3)] \\ &= 100\,000 \times 0.402\,1 - 5\,000 \times 0.302\,1 \\ &\quad + 0.402\,1 \times (10\,000 \times 0.909\,1 + 15\,000 \times 0.826\,4 + 28\,000 \times 0.751\,3) \\ &= 55\,798.16 \text{（元）} \end{aligned}$$

假设设备使用 4 年报废，则其年平均总成本为：

$$\begin{aligned} C_4 &= S_4 + M_4 \\ &= K_0(A/P, 10\%, 4) - L(A/F, 10\%, 4) \\ &\quad + (A/P, 10\%, 4)[M_1(P/F, 10\%, 1) + M_2(P/F, 10\%, 2) \\ &\quad + M_3(P/F, 10\%, 3) + M_4(P/F, 10\%, 4)] \\ &= 100\,000 \times 0.315\,5 - 5\,000 \times 0.215\,5 + 0.315\,5 \\ &\quad \times (10\,000 \times 0.909\,1 + 15\,000 \times 0.826\,4 + 28\,000 \times 0.751\,3 \\ &\quad + 40\,000 \times 0.683) \\ &= 52\,508.09 \text{（元）} \end{aligned}$$

假设设备使用 5 年报废，则其年平均总成本为：

$$\begin{aligned} C_5 &= S_5 + M_5 \\ &= K_0(A/P, 10\%, 5) - L(A/F, 10\%, 5) \\ &\quad + (A/P, 10\%, 5)[M_1(P/F, 10\%, 1) + M_2(P/F, 10\%, 2) \\ &\quad + M_3(P/F, 10\%, 3) + M_4(P/F, 10\%, 4) + M_5(P/F, 10\%, 5)] \\ &= 100\,000 \times 0.263\,8 - 5\,000 \times 0.163\,8 + 0.263\,8 \times (10\,000 \times 0.909\,1 \end{aligned}$$

　　　　　+15 000×0.826 4+28 000×0.751 3+40 000×0.683+60 000×0.620 9)
　　　　= 53 813.29（元）

经过计算，该设备使用 4 年时间的年平均使用费用是最低的，因此它的经济寿命为 4 年。

 扩展阅读　固定资产折旧方法　

第二节　设备更新的经济分析

设备更新有两种形式：一种是用相同的设备去更换有形磨损严重、不能继续使用或使用已不经济的旧设备；另一种是用较为先进、生产效率更高的设备替换现有的设备。很明显，后一种更新既能解决设备的损坏问题，又能解决设备技术落后、成本较高、效率低下等问题，在技术进步较快的条件下，设备更新主要采用后一种。

这里需要指出的是，设备更新的原因往往并非是因为设备的损坏。事实上，由于经济或运营环境的改变，常常促使企业淘汰一些实质并不算旧的设备。一般而言，淘汰旧设备的原因有：① 现有设备已无法应付目前或与其日益增加的产品需求；② 出现较原有设备更有效率或者有较低的作业成本或维护成本的新设备；③ 使用原设备的原因消失，例如消费者已不需要该设备所生产的产品；④ 现有设备由于一次意外或使用而损坏。

一、设备更新的原则

对设备更新进行决策时，应遵循两个原则：

第一，不考虑沉没成本。过去所发生的投资并不会因为现在的决策而改变，所以，沉没成本不影响决策。在方案比选时，原设备现在的价值与其原值以及目前的净值无关。例如，某设备 3 年前的购入价格为 3 万元，目前账面净值为 1.5 万元，现在的市场价格为 1 万元。在设备更新分析中，应该用 1 万元作为旧设备现在的投资价格。

第二，保持客观介入角度。即不要从方案直接陈述的现金流量进行比较分析，而是站在方案之外，按照没有旧设备变现的前提，分析是买新设备好，还是继续用旧设备好。

例 6-3　机器 A 在 4 年前以原始费用 220 000 元购置，估计可以使用 10 年，第 10 年末估计净残值为 20 000 元，年使用费为 75 000 元，目前的售价是 60 000 元。现在市场上同类机器 B 的原始费用为 240 000 元，估计可以使用 10 年，第 10 年末的净残值为 30 000 元，年使用费为 50 000 元。现有两个方案：方案一继续使用机器 A，方案二把机器 A 出售，然后购买机器 B。已知基准折现率为 15%，是继续使用旧设备还是购买新设备？

解：继续使用旧设备：

$$AC_A = 60\,000(A/P,\ 15\%,\ 6) + 75\,000 - 20\,000(A/F,\ 15\%,\ 6)$$
$$= 60\,000 \times 0.264\,2 + 75\,000 - 20\,000 \times 0.114\,2$$
$$= 88\,568\ (元)$$

使用新设备：

$$AC_B = 240\,000(A/P,\ 15\%,\ 10) + 50\,000 - 30\,000(A/F,\ 15\%,\ 10)$$
$$= 240\,000 \times 0.199\,3 + 50\,000 - 30\,000 \times 0.049\,3$$
$$= 96\,353\ (元)$$

$AC_B < AC_A$，因此应该保留使用旧设备。

二、设备更新的决策方法

设备更新决策实质就是确定正在使用的设备是否应该以及什么时候应该用更经济的设备来替代或改进现有设备。从常理来看，人们可能会因为新设备的购置费用较大，而趋向于保留现有设备，但是，新设备将带来运行费用、维修费用的减少以及产品质量的提高。因此，设备更新的关键在于使用新设备的综合收益是否高于保留旧设备的综合收益。设备更新的最佳时机应为综合收益最大的那个时点。

例6-4 某项目剩余寿命为3年，其主要设备A在3年前以250 000元购置，现市场上相同成色相同型号的设备价格为100 000元，以后每年残值如表6-2所示，每年收益为80 000元，使用成本为30 000元；此时有技术性能更好的设备B面世，售价为300 000元，每年收益为150 000元，使用成本为50 000元，每年残值如表6-2所示，项目结束后设备B也不再使用。是否应该更换设备B，如应更换，何时较为合适？（基准收益率为10%）

表6-2 各设备更新年限及残值 单位：元

使用年数	设备A残值	设备B残值
1	70 000	240 000
2	30 000	200 000
3	10 000	150 000

解：方案一：马上更新，在接下去的3年时间均使用设备B，则其产生的效益为：

$$NPV_0 = -300\,000 + 150\,000(P/F,\ 10\%,\ 3)$$
$$+ (150\,000 - 50\,000)(P/A,\ 10\%,\ 3)$$
$$= -300\,000 + 150\,000 \times 0.751\,3 + 100\,000 \times 2.487$$
$$= 61\,395\ (元)$$

方案二：如果设备A使用1年，然后更新为设备B，则产生的效益为：

$$NPV_1 = -100\,000 + 70\,000(P/F, 10\%, 1) + (80\,000 - 30\,000)(P/A, 10\%, 1)$$
$$+ [-300\,000 + 200\,000(P/F, 10\%, 2)$$
$$+ (150\,000 - 50\,000)(P/A, 10\%, 2)](P/F, 10\%, 1)$$
$$= -100\,000 + 70\,000 \times 0.909\,1 + 50\,000 \times 0.909\,1$$
$$+ (-300\,000 + 200\,000 \times 0.826\,4 + 100\,000 \times 1.735\,5) \times 0.909\,1$$
$$= 44\,392.35\,(元)$$

方案三：如果设备 A 使用 2 年，然后更新为设备 B，则产生的效益为：

$$NPV_2 = -100\,000 + 30\,000(P/F, 10\%, 2) + (80\,000 - 30\,000)(P/A, 10\%, 2)$$
$$+ [-300\,000 + 240\,000(P/F, 10\%, 1)$$
$$+ (150\,000 - 50\,000)(P/A, 10\%, 1)] \times (P/F, 10\%, 2)$$
$$= -100\,000 + 30\,000 \times 0.826\,4 + 50\,000 \times 1.735\,5$$
$$+ (-300\,000 + 240\,000 \times 0.909\,1 + 100\,000 \times 0.909\,1) \times 0.826\,4$$
$$= 19\,082.28\,(元)$$

方案四：如果设备 A 使用 3 年，即不进行更换，则产生的效益为：

$$NPV_3 = -100\,000 + 10\,000(P/F, 10\%, 3) + (80\,000 - 30\,000)(P/A, 10\%, 3)$$
$$= -100\,000 + 10\,000 \times 0.751\,3 + 50\,000 \times 2.487$$
$$= 31\,863\,(元)$$

很明显 NPV_0 最大，则应该马上更换设备。

例 6-5 某设备目前的净残值为 80 000 元，还能继续使用 4 年，保留使用的情况如表 6-3 所示。

表 6-3 某设备保留使用的情况　　　　　　　　　　　单位：元

保留使用年数	年末净残值	年使用费用
1	65 000	30 000
2	50 000	40 000
3	35 000	50 000
4	20 000	60 000

新设备的原始费用为 350 000 元，经济寿命 10 年，10 年年末的净残值为 40 000 元，平均年使用费用为 5 000 元，基准折现率为 10%。问旧设备是否需要更换，如需更换，何时更换为宜？

解：设新、旧设备的平均年使用费用分别为 AAC_N 与 AAC_O，

保留 1 年：

$$AAC_O(1) = [80\,000 - 65\,000(P/F, 10\%, 1)](A/P, 10\%, 1) + 30\,000$$
$$= [80\,000 - 65\,000 \times 0.909\,1] \times 1.1 + 30\,000$$
$$= 52\,999.35\,(元)$$

$AAC_N > AAC_O$，所以旧设备应该保留使用。

保留 2 年：

$$AAC_O(2) = [65\,000 - 50\,000(P/F, 10\%, 1)](A/P, 10\%, 1) + 40\,000$$
$$= [65\,000 - 50\,000 \times 0.909\,1] \times 1.1 + 40\,000$$
$$= 61\,499.5\,(元)$$

$AAC_N < AAC_O$，所以旧设备应该更换。

可见，旧设备应该保留使用 1 年，于第 1 年年末更换。保留 1 年至 2 年的每年的现金流量图如图 6-4 所示。

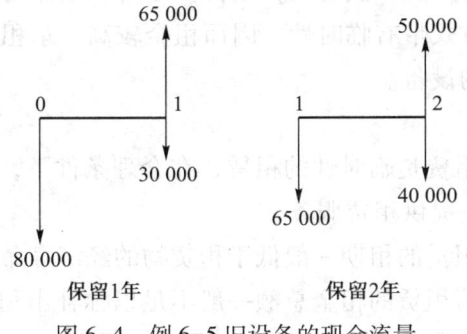

图 6-4 例 6-5 旧设备的现金流量

 扩展阅读　设备改造更新管理制度

第三节　设备租赁的经济分析

一、设备租赁概述

设备租赁是指在一定期限内，出租方按照租赁契约的规定，将设备的使用权出让给承租方，并以租金的形式收取一定的报酬，设备所有权不发生改变，仍归出租方所有。简单来说，设备租赁就是设备使用方向设备拥有方租借设备，在规定的租期内付出一定的租金以换取设备使用权的经济活动。

对于承租人来说，设备租赁的优点在于：可以减少设备对资金的占用，用较少的资金获得生产急需的设备；保持企业资金良好的流动性，不易使企业的资金负债状况发生恶化；有利于企业减少技术落后的风险；设备利用较为灵活，能够满足暂时性和季节性的需要等。设备租赁的缺点在于：承租方对租用设备只有使用权，不能处置设备，也不能用于担保、抵押贷款；设备租赁的总费用比购置设备费用高；长年支付租金，形成长期负债；

租赁合同规定严格，毁约要赔偿损失，有一定的风险等。

设备租赁实质是一种融资行为，承租者获得了出租方所提供的一笔购买设备的信贷投资，租金则可看成是这笔信贷的还款和付息。

二、租赁的方式

（一）经营租赁

经营租赁是指由出租方除向承租方提供租赁物外，还承担设备的保养、维修、老化、贬值等费用以及不再续租的风险，换言之，租赁双方均可以随时通知对方在规定时间内取消或终止租约。这种租赁方式带有临时性，因而租金较高。承租者往往采用这种方式租赁技术更新较快，租期较短的设备。

经营租赁的特点是：

（1）可撤销性。经营租赁是临时性的租赁，在合理条件下，承租方可以通知出租方解除合同，出租方也可以终止提供租赁服务。

（2）期限较短。经营租赁的租期一般低于租赁物的经济寿命。

（3）非全额清偿。经营租赁的租金总额一般不足以弥补出租方的租赁成本并使其获得正常收益，出租方在租赁期满时将其再出租或在市场上出售才能收回成本。

（二）融资租赁

融资租赁是一种融资和融物相结合的租赁方式。它是由双方明确租让的期限和付费义务，出租方按照契约提供规定的设备，然后以租金形式回收设备的全部资金。这种租赁方式要求租赁双方承担确认的租期和付费义务，不得任意终止和取消租约，其实质已经转移了与资产所有权有关的全部风险和报酬。

它以融资和对设备的长期使用为前提，租赁期相对于或超过设备的寿命期，租赁对象往往是一些贵重和大型的设备。出租方对设备的整机性能、维修保养、老化风险等不承担责任。对于承租方来说，融资租入的设备属于固定资产，可以计提折旧计入企业成本，而租赁费一般不直接列入企业成本，由企业税后支付。但租赁费中的利息和手续费可计入企业成本，作为纳税所得额中准予扣除的项目。

融资租赁的特点是：

（1）不可撤销性。这是一种不可解除的租约，在基本租期内双方均无权撤销合同。

（2）租期较长。融资租赁的基本租期一般相当于设备的经济寿命。

（3）全额清偿。在基本租期内，设备只租给一个用户使用，承租方支付租金的累积总额为设备款、利息及租赁合同的手续费之和。

三、租购的决策方法

购买及租赁是企业获得设备的两种基本形式。是租还是购？最简单的方法是将租赁成本与购买成本进行比较。

这里需要说明的是，按照财务制度规定，正常成本是可以减免所得税的。在其他费用保持不变的情况下，计入成本越多，则利润总额越少，企业相应缴纳的所得税也越少。以银行借款为例，企业向银行借10万元的现金，假设年利率为10%，则每年的利息为1万元，对于企业来说它就少了1万元的税前利润，若企业所得税税率为25%，则企业可少交0.25万元的所得税，所以企业实际支出为0.75万元，即企业获得了0.25万的免税收益，其借款实际成本为$1\times(1-25\%)=0.75$万元。

租赁成本包括支付的租金和在租赁设备期间为维持设备的正常状态所必须开支的生产运转费用，因为不同的租赁方式决定着这些支出是否能够全部计入成本而减免税金，所以不同的租赁方式，其计算净现金流量的方式有些不同：

经营租赁的净现金流量计算公式如下：

$$\text{净现金流量(经营租赁)} = 销售收入-经营成本-税金及附加-租金 \\ -(销售收入-经营成本-租金-税金及附加) \\ \times 所得税税率 \quad (6-7)$$

融资租赁的净现金流量计算公式如下：

$$\text{净现金流量(融资租赁)} = 销售收入-经营成本-税金及附加-租金 \\ -(销售收入-经营成本-税金及附加 \\ -折旧费-租赁费中的手续费和利息) \\ \times 所得税税率 \quad (6-8)$$

购买设备，其成本不仅包括设备的价格，还包括使用设备所发生的运转费和维修费。由于购买设备可以使用自有资金也可以使用贷款，而贷款利息可以计入成本而减免税金，所以，不同的购买方式其计算净现金流量的方式有些不同：

自有资金购买设备的净现金流量的计算公式如下：

$$\text{净现金流量(自有资金)} = 销售收入-经营成本-税金及附加 \\ -(销售收入-税金及附加-经营成本-折旧费) \\ \times 所得税税率 \quad (6-9)$$

贷款购买设备的净现金流量的计算公式如下：

$$\text{净现金流量(贷款)} = 销售收入-经营成本-税金及附加-利息 \\ -(销售收入-税金及附加-经营成本-折旧费-利息) \\ \times 所得税税率 \quad (6-10)$$

例6-6 A设备每年可实现销售额5万元，使用成本和税金及附加共2万元，设备价格为5万元，寿命期5年，残值为0，有四种投资方式，若基准收益率为10%，所得税税率为25%，设备采用直线折旧法，应选择哪种方式？

（1）经营租赁，年租金1.5万元。

（2）融资租赁，首付50%设备价款，余额5年内每年付款0.8万元，其中包含利息和手续费0.3万元。

（3）用自有资金购买。

(4) 全部用贷款购买,年利率8%,等额还款。

解:分别计算四种方式的净年值。

(1) 经营租赁:

$$\text{净现金流量(经营租赁)} = 销售收入 - 经营成本 - 税金及附加 - 租金$$
$$- (销售收入 - 经营成本 - 税金及附加 - 租金)$$
$$\times 所得税税率$$
$$= 5 - 2 - 1.5 - (5 - 2 - 1.5) \times 25\%$$
$$= 1.125 \text{ (万元)}$$

$$NAV(经营租赁) = A = 1.125 \text{ (万元)}$$

(2) 融资租赁:

$$折旧 = 5 \div 5 = 1 \text{ (万元/年)}$$

$$\text{净现金流量(融资租赁)} = 销售收入 - 经营成本 - 税金及附加 - 租金$$
$$- (销售收入 - 经营成本 - 税金及附加$$
$$- 折旧费 - 租赁费中的手续费和利息)$$
$$\times 所得税税率$$
$$= 5 - 2 - 0.8 - (5 - 2 - 1 - 0.3) \times 25\%$$
$$= 1.775 \text{ (万元)}$$

每年净现金流量如表6-4所示。

表6-4 现金流量表   单位:万元

年份	1	2	3	4	5
一、现金流入	5	5	5	5	5
销售收入	5	5	5	5	5
二、现金流出	3.225	3.225	3.225	3.225	3.225
1. 经营成本和税金及附加	2	2	2	2	2
2. 租金(余款分摊)	0.8	0.8	0.8	0.8	0.8
3. 所得税	0.425	0.425	0.425	0.425	0.425
三、净现金流入	1.775	1.775	1.775	1.775	1.775

$$NAV(融资租赁) = -P \times (A/P, 10\%, 5) + A = -2.5 \times 0.2638$$
$$+ 1.775 = 1.1155 \text{ (万元)}$$

(3) 自有资金购买:

$$折旧 = 5 \div 5 = 1 \text{ (万元/年)}$$

$$\text{净现金流量(自有资金)} = 销售收入 - 经营成本 - 税金及附加 - 设备购置费$$
$$- (销售收入 - 税金及附加 - 经营成本 - 折旧费)$$
$$\times 所得税税率$$
$$= 5 - 2 - 0 - (5 - 2 - 1) \times 25\% = 2.5 \text{ (万元)}$$

投产后每年净现金流量如表 6-5 所示。

表 6-5 现金流量表　　　　　　　　　　　　　　　　单位：万元

年份	1	2	3	4	5
一、现金流入	5	5	5	5	5
销售收入	5	5	5	5	5
二、现金流出	2.5	2.5	2.5	2.5	2.5
1. 经营成本和税金及附加	2	2	2	2	2
2. 所得税	0.5	0.5	0.5	0.5	0.5
三、净现金流入	2.5	2.5	2.5	2.5	2.5

$$NAV(自有资金) = -P \times (A/P, 10\%, 5) + A$$
$$= -5 \times 0.2638 + 2.5 = 1.181（万元）$$

（4）贷款购买：

$$折旧 = 5 \div 5 = 1（万元/年）$$

因为是等额还款，则每年所要支付的利息都不一样，每年支付利息如表 6-6 所示。

$$每年还款额 = P \times (A/P, 8\%, 5) = 5 \times 0.2505 = 1.2525（万元）$$

表 6-6 还款计划表　　　　　　　　　　　　　　　　单位：万元

年份	剩余本金	每年还款额	其中：支付利息	偿还本金额
1	5	1.252 5	0.400 0	0.852 5
2	4.147 5	1.252 5	0.331 8	0.920 7
3	3.226 8	1.252 5	0.258 1	0.994 4
4	2.232 4	1.252 5	0.178 6	1.073 9
5	1.158 5	1.252 5	0.094 0	1.158 5

投产后每年的净现金流量如表 6-7 所示。

表 6-7 现金流量表　　　　　　　　　　　　　　　　单位：万元

年份	1	2	3	4	5
一、现金流入	5	5	5	5	5
销售收入	5	5	5	5	5
二、现金流出（1+2+3）	2.800 0	2.748 9	2.693 6	2.634 0	2.570 5
1. 经营成本和税金及附加	2	2	2	2	2
2. 利息	0.400 0	0.331 8	0.258 1	0.178 6	0.094 0
3. 所得税（3.5×25%）	0.400 0	0.417 1	0.435 5	0.455 4	0.476 5

续表

年份	1	2	3	4	5
3.1 销售收入	5	5	5	5	5
3.2 经营成本和税金及附加	2	2	2	2	2
3.3 折旧	1	1	1	1	1
3.4 利息	0.400 0	0.331 8	0.258 1	0.178 6	0.094 0
3.5 利润（3.1-3.2-3.3-3.4）	1.600 0	1.668 2	1.741 9	1.821 4	1.906 0
三、净现金流入	2.200 0	2.251 1	2.306 4	2.366 0	2.429 5

$$NPV(贷款购买) = -5 + 2.2(P/F, 10\%, 1) + 2.251\ 1(P/F, 10\%, 2)$$
$$+ 2.306\ 4(P/F, 10\%, 3) + 2.366(P/F, 10\%, 4)$$
$$+ 2.429\ 5(P/F, 10\%, 5)$$
$$= -5 + 2.2 \times 0.909\ 1 + 2.251\ 1 \times 0.826\ 4$$
$$+ 2.306\ 4 \times 0.751\ 3$$
$$+ 2.366 \times 0.683\ 0 + 2.429\ 5 \times 0.620\ 9$$
$$= 3.717（万元）$$

或可根据利息、折旧等成本项可免收所得税，直接列式：

$$NPV(贷款购买) = -5 + (5-2) \times (P/A, 10\%, 5)$$
$$- (5-2-1) \times (P/A, 10\%, 5) \times 25\%$$
$$- [0.4 \times (P/F, 10\%, 1) + 0.331\ 8 \times (P/F, 10\%, 2)$$
$$+ 0.258\ 1 \times (P/F, 10\%, 3) + 0.178\ 6$$
$$\times (P/F, 10\%, 4) + 0.094\ 0 \times (P/F, 10\%, 5)] \times 75\%$$
$$= -5 + 3 \times 3.790\ 8 - 2 \times 3.790\ 8 \times 25\% - (0.4 \times 0.909\ 1$$
$$+ 0.331\ 8 \times 0.826\ 5 + 0.258\ 1 \times 0.751\ 3$$
$$+ 0.178\ 6 \times 0.683 + 0.094\ 0 \times 0.629\ 9) \times 75\%$$
$$= 3.717（万元）$$

$$NAV(贷款购买) = NPV(贷款购买) \times (A/P, 10\%, 5)$$
$$= 3.717 \times 0.263\ 8 = 0.980\ 5（万元）$$

自有资金购买方案的净年值最大，所以选择自有资金购买方案。

案例

河南安阳"1元租车"热

近年来，汽车租赁业务在河南安阳悄然兴起，甚至呈现井喷之势。前些年，安阳的租车公司可谓凤毛麟角，在两年多的时间里，市区的汽车租赁公司迅速发展到近百家，一半以上的汽车租赁公司都在一年内成立。现在，安阳市区内大大小小的汽车租赁公司林立，在市区各个交通干道均能发现"汽车租赁"门店，仅人民大道一条路上就有十几家。一些刚开业的租车公司在短短几个月时间内，就租出去六七十辆车，几家开业时间较长的公司租出的汽车甚至多达上千辆。

安阳的汽车租赁公司大多采用"1元租车模式"，承租者交纳所选车价2倍左右的押金，随后每天交1元租金，牌照、保险、养护以及交通事故等均由租赁公司承担，当然也不用担心车辆贬值，合约期满后还车即退还押金。另外，绝大多数租赁公司都要求租期超过1年。

对于"1元租车"模式，多数市民都很心动，有的甚至放弃购车计划转而选择租车。家住安阳市北关区的王女士因为工作单位距离太远，一直想买辆车代步，但经过综合考虑后选择了租车。王女士说："比买车划算多了，几乎是免费使用。"市民贾先生家住开发区，距离工作单位较远，早就跟妻子商量着打算买一辆轿车上下班，可因买房花去大部分积蓄，又觉得买车有点力不从心，也选择了租车，他说："租车还是比买车划算多了。现在汽车贬值很快，以后换轿车就像换手机一样频繁，现在买了新车，两三年后车价至少贬值一半，还不如先租车开呢。"家住中华路南段和园小区的张先生刚办好租车手续，也是觉得租车划算，"3.6万的吉利熊猫，押金只要6万。大不了开两年后车自己要了，不会有大损失。"正如一位汽车租赁公司的负责人介绍，押金6万元左右的小型轿车颇受青睐，如吉利熊猫、奇瑞QQ、长安奔奔、东风雪铁龙等。

"1元租车"模式的好处显而易见，正因如此，其成为上班族和工薪族的首选。但其也有一定的风险，调查显示80%的承租人担心租赁公司倒闭，从而收不回两倍于车价的押金，落得两倍价钱买辆车的下场，还有一部分人认为若不租车而将押金用于理财也会产生不少收益。

亲爱的读者朋友，你清楚王女士、贾先生和张先生心里的明账吗？若是你，你会如何选择呢？

本章小结

设备在使用或闲置的过程中，会产生有形磨损及无形磨损，磨损严重时甚至会影响生产的正常进行。因此，需要对设备磨损及时进行必要的补偿。补偿一般有修理、改装、更新三种基本形式。

从不同的角度定义，设备寿命有自然寿命、技术寿命、折旧寿命、经济寿命等。其中经济寿命是设备使用到最经济年份的寿命，一般情况下即平均年使用费用最低时的使用年限。当然，如果有新设备出现，旧设备不一定会使用至经济寿命结束，是否需要更换新设备及何时更换主要决定于新旧设备使用方式所带来的实际收益。

企业可以通过购买或者租赁两种形式获取设备的使用权，具体决策时主要考虑采取哪种方式能够带来最大的收益。在考虑所得税的情况下，折旧、租金、利息等能够计入成本，企业可获得税收减免的收益，这是需要特别注意的。

关键概念

设备磨损　有形磨损　无形磨损　设备折旧　经济寿命　设备更新　设备租赁　经营租赁　融资租赁

思考与练习

1. 什么叫有形磨损？什么叫无形磨损？
2. 设备的物理寿命、技术寿命、折旧寿命和经济寿命分别是指什么？
3. 设备磨损的补偿主要有哪几种方式，具体内容是什么？
4. 决定设备经济寿命的因素有哪些？经济寿命如何计算？
5. 怎样选择设备更新时机？
6. 设备融资租赁和经营租赁的主要区别在哪里？在进行租购决策分析时应该如何处理？
7. 假设某设备价值 100 000 元，每年年末使用残值和使用年费如表 6-8 所示，若基准收益率为 10%，试分别计算静态经济寿命和动态经济寿命。

表 6-8　各年使用费用与年末残值　　　　　　　　　　单位：元

年份	1	2	3	4	5
年使用费用	10 000	12 000	15 000	20 000	30 000
年末残值	70 000	50 000	35 000	12 000	4 000

8. 机器 A 在 5 年前以原始费用 400 000 元购置，估计可以使用 10 年，第 10 年年末估计净残值为 20 000 元，年使用费为 75 000 元，目前相同型号相同损耗程度的机器市场售价是 60 000 元。现在市场上同类机器 B 的原始费用为 240 000 元，估计可以使用 10 年，第 10 年年末的净残值为 30 000 元，年使用费为 40 000 元。现有两个方案：方案一继续使用机器 A，方案二把机器 A 出售，然后购买机器 B。若基准折现率为 15%，问应该选择哪个方案？

9. 某企业拥有一台 5 年前购买的设备，现在估价为 500 万元，若继续使用，预计当年使用费为 40 万元，并且今后每年使用费递增 50 万元，残值不计，折现率 10%，则设备的剩余经济寿命是多少？

10. 某项目为期 10 年，其主要设备 A 从项目开始到现在已使用 6 年，现市场价格为 50 万元，每年能够带来净收益 15 万元，余下寿命期内每年的残值如表 6-9 所示。现有一台新设备 B，市场价格为 100 万元，每年能够带来净收益 20 万元，经济寿命为 8 年，每年残值如表 6-9 所示。如果项目结束所有设备都将处理变卖，是否应该更换新设备 B？如果项目结束后，继续保留使用新设备呢？

表 6-9　设备各年残值　　　　　　　　　　　　　　单位：万元

使用年数	设备 A 残值	设备 B 残值
1	35	78
2	20	62
3	10	48
4	5	36
5	—	26
6	—	18
7	—	12
8	—	8

11. 某厂需要一台设备，设备的购买价格（包括运输费、保险费等在内）为 200 000 元，使用寿命 10 年，预计设备的净残值为 5 000 元。该机器每年预估的营运费为 40 000 元，可能的各种维修费用平均每年需要 3 000 元。若向租赁公司以经营租赁的形式租用，每年租金为 25 000 元。试问租赁和购买哪种方式对企业有利？折现率为 10%。

12. 某企业现在需要一台设备扩充产能，设备购买价 10 万元，每年能够产生 5 万元的营业收入，需 3 万元的经营成本，寿命期 10 年。如果采用经营租赁，则需要交纳租金 1.8 万元/年；如果采用融资租赁，首付 4 万元，余款 10 年内每年交纳 0.8 万元。若基准收益率 10%，所得税税率 25%，采用直线折旧法，残值为 0，问哪一种更为合适？

13. 某企业为生产 A 产品，需要一台价值为 110 万元的设备，该设备的经济寿命为 5 年，采用直线折旧法，残值为 10 万元。若采用租赁方式租用设备，则每年需付租金 30 万元。如借款购买则每年需按借款利率 10% 等额支付本利和。假设企业的所得税税率为 25%，折现率为 10%。若租赁设备，承租人可以将租金计入成本而免税；若借款购买，企业可以将支付的利息及折旧从成本中扣除而免税，并且可以回收残值。试对以上两种方案进行决策。

即测即评

第七章
价值工程

学习指导：技术经济学除了要评价项目的经济效果外，还要对项目产品进行功能成本分析，力求用最低的寿命周期成本，可靠地实现产品或作业的必要功能，以提高产品价值。价值工程是一门显著降低成本、提高效率、提升产品价值的资源节约型管理技术。通过学习本章内容，要求掌握价值工程思考问题方式和实施步骤，熟悉功能分析基本原理和功能评价方法。

新闻摘录　某国际项目中工程问题的应对与解决

我国某公司在毛里求斯承担某机场建设项目时，项目投标阶段拟采用的地基处理方法为强夯，但实际地质条件决定了需要采用桩基，然而依据合同条款此项费用无法进行索赔。本项目所处的地质情况非常复杂，属于中度发展的玄武岩伴有地下孔洞带，岩层厚薄不均，同一地层受风化、冲击程度不同，强度差异较大，地下空洞容易导致承载力不足，给钻孔桩施工带来隐患。开工后，结构设计分包SJP进行了全场范围内的高密度电法补充勘探、每柱下的无取样钻孔和复杂地质区域的取样钻孔共三种形式的地质详勘并给出1 000多页的报告，结论是要在大部分柱下打桩，总桩数为507根，平均桩长10米。由于毛里求斯只有一家桩基施工公司，费用谈不下来，成本压力非常大。项目部的合约人员和技术人员，通过分析基础的设计书，针对设计的前提条件，结合高密度电法、无取样和钻孔的三种地勘报告逐桩分析，交叉对比，最终将桩的数量减少到224根，并得到设计顾问的认可。按平均桩长10米计算，减少了2 830米的桩，节约了近一半成本，并减少了一半的桩基施工工期。

资料来源：翟冰. 国际工程"价值工程"实施案例及分析. 科技创新与应用，2014（29）：235-235.

第一节 价值工程的基本原理

一、价值工程的产生和发展

价值工程（value engineering，VE），又称为价值分析（value analysis，VA），是 20 世纪 40 年代起源于美国的一种新兴的科学管理技术，也是降低成本提高经济效益的一种有效方法。第二次世界大战期间，美国的军事工业获得很大发展，但同时出现了资源奇缺、物价飞涨和原材料供不应求的问题。如何合理利用资源，解决原材料紧缺，在当时成了一个非常重要的问题。当时美国通用电气公司的工程师麦尔斯（Lawrence D. Miles）研究发现，采购某种材料的目的并不在该材料本身，而在于材料的功能。在某些情况下，虽然买不到某一种指定的材料，但可以找到具有同样功能的材料来替代，仍然可以满足其使用效果。当时轰动一时的"石棉事件"就是一个典型的例子。通用电气公司汽车装配厂急需一种耐火材料——石棉板，当时，这种材料市价很高而且物资奇缺。麦尔斯通过调查发现，石棉板的主要功能是防止汽车表面喷涂中的涂料漏洒在地板上而引起火灾。弄清石棉板的功能后，麦尔斯在市场上找到了一种廉价同时又具有防火功能的防火纸来替代石棉板，达到了防止火灾的目的。经过试用和检验，美国消防部门通过了这一代用材料。

麦尔斯从研究代用材料开始，逐渐摸索出一套特殊的工作方法。他把产品功能、产品成本和产品价值结合起来考虑问题，用技术与经济价值统一对比的标准来衡量问题，后来他又进一步把这种价值分析的思想和方法推广到研究产品开发、设计、制造及经营管理等方面，逐渐总结出一套比较系统和科学的方法。1947 年，麦尔斯以《价值分析程序》为题发表了研究成果，价值工程正式产生。由于在价值工程方面的杰出贡献，麦尔斯被誉为"价值工程之父"。在此后多年的实践和研究过程中，价值工程理论不断地得到丰富和发展，由初始的价值分析理论发展成为系统的价值工程科学方法体系。例如，1965 年白里威（Charles W. Bytheway）在美国价值工程师协会年会上提出了功能分析系统技术的理论（function analysis system technique），简称 FAST。这一理论强调功能的系统研究——功能系统图的建立和分析，使功能分析系统更加完善、科学，推动价值工程理论又向前迈进了一大步。

由于经济效果显著，价值工程在世界各国得到迅速推广，应用范围从研究开发、设计、生产，扩展到经营管理的各个部门。1955 年价值工程传入日本，日本企业把价值工程与全面质量管理结合起来，形成具有日本特色的管理方法，并取得了极大成功。我国运用价值工程是从 20 世纪 70 年代末开始。1984 年国家经委将价值工程作为十八种现代化管理方法之一向全国推广。1987 年，国家计量标准局颁布了第一个价值工程国家标准《价值工程基本术语和一般工作程序》。

二、价值工程的基本概念

购买商品是人们日常的活动之一。人们选择商品时一般有两个准则：第一，商品必须具有自己所需要的某种功能；第二，商品价格比较便宜，使用比较方便。例如，顾客购买电视机，是因为电视机具有他们所需要的功能："显示图像"和"发出伴音"。他们需要的是电视机的功能，而不是电视机这一方形结构本身。另外，到底买哪一台电视机，还要在同一功能下根据一定的消费能力和水平，比较不同类型、规格电视机的价格水平、质量、使用性能，从中选择质优价廉、使用方便的电视机。

也就是说，人们买与不买产品，取决于两个因素：一是看它是否符合自己的要求，即产品效用或功能的满足程度；二是看它的价格，然后决定是否值得买。这里的值不值得就是"价值"的概念。从消费者的角度来说，消费者价值=产品功能/消费者花费，这一比值越大，产品对消费者的吸引力就越大。

从企业的角度看，企业的经营目标是追求盈利最大化，其实现途径有两种：一是用提价的办法增加盈利，但这不仅会损害消费者的利益，而且可能会造成产品积压，以至最终损害企业的利益；二是用最低的成本开发生产出消费者所需要的产品。所以，企业的价值可表示为：企业价值=销售收入/生产成本，这一比值越大，企业获利就越多。如果忽略流通费用，"销售收入"正好等于"消费者花费"，则企业价值还可表示为：

$$企业价值 = \frac{消费者花费}{产品功能} \times \frac{产品功能}{生产成本} = \frac{1}{消费价值} \times 产品价值$$

显然，当产品价值一定时，企业（生产者）价值与消费者价值是成反比的。有什么办法既能提高生产者价值，又能提高消费者的价值呢？出路只有一条，那就是想方设法提高产品价值。产品价值越高，对生产者和消费者都越有利，因此上述的途径二才是解决问题的根本出路，是使企业、消费者和社会都获得良好经济效益的最好办法，这就是价值工程的目标。

价值工程，是指以产品或作业的功能分析为核心，以提高产品或作业的价值为目的，力求以最低寿命周期成本实现产品或作业使用所要求的必要功能的一项有组织的创造性活动，也称为功能成本分析。价值工程涉及功能、寿命周期成本和价值等三个基本要素。

（一）功能

功能是指产品的某种属性，是产品满足人们某种需要的能力和程度。具体指产品或作业的功用、效用、作用、用途、能力等，也可称之为性能、效能。也就是说，产品的功能是指产品的使用价值，它是任何一种产品的基础。

（二）寿命周期成本

寿命周期成本是指产品或作业在寿命期内所花费的全部费用。它不仅包括产品研制成本、生产成本和生产后的储存、流通、销售的全部费用，还包括用户整个使用过程的费用

和残值。其计算公式为

$$C = C_1 + C_2 \pm C_3 \qquad (7-1)$$

式中：C_1——设计制造费；

C_2——使用费用；

C_3——残值费用（残值收入为-，清理费用为+）。

一般来讲，产品或作业的功能越高，制造成本也越高，但是用户在使用中所花费的使用成本会越少；若产品或作业的功能越低，制造成本会降低，但是使用成本会越高。价值工程的目的，就是以最低的寿命周期成本，可靠地实现用户所要求的功能。即达到所需要的功能时，应满足寿命周期成本最小的原则，其公式为：

$$C_{\min} = \min(C_1 + C_2) \qquad (7-2)$$

由于残值费用较小，为分析方便，这里将其省略了。寿命周期成本的高低与产品的功能水平具有内在联系。一般来说，在技术经济水平不变的条件下，随着产品功能（质量）的提高，生产产品的成本呈上升趋势，而产品功能（质量）的提高，又使产品在使用中的维修费用呈下降趋势，而寿命周期成本则呈"U"形，如图7-1所示。

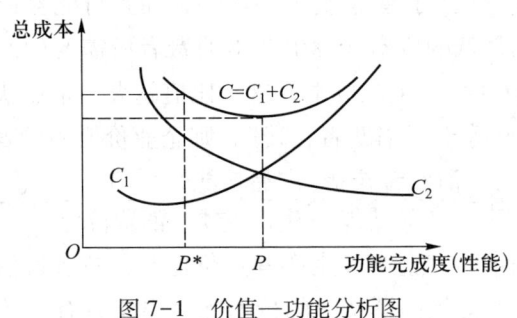

图7-1 价值—功能分析图

（三）价值

价值工程中所述的价值，是指对象（产品或作业）具有的必要功能与取得该功能的寿命周期成本的比值，即效用（或功能）与费用之比。它是对研究对象的功能和成本进行的一种综合评价，类似于我们日程生活中所说的性价比。其表达式为：

$$价值（V）= \frac{对象（产品或作业）具有的必要功能（F）}{达到该功能的寿命周期成本（C）} \qquad (7-3)$$

上式表明，在寿命周期成本不变的情况下，产品或作业的价值与功能成正比，即功能越大，价值就越大；反之，功能越小，价值也越小。在功能不变的情况下，产品或作业的价值与寿命周期成本成反比，即寿命周期成本越低，价值就越大；寿命周期成本越高，价值就越低。由此，可以得出提高产品或作业价值的五种主要途径，如表7-1所示。

表 7-1 提高价值的途径表[①]

项目＼途径	1	2	3	4	5
功能 F	提高	提高	显著提高	不变	略降低
成本 C	下降	不变	略提高	降低	显著降低
模式	$\frac{F\uparrow}{C\downarrow}=V\uparrow$	$\frac{F\uparrow}{C\rightarrow}=V\uparrow$	$\frac{F\uparrow\uparrow}{C\uparrow}=V\uparrow$	$\frac{F\rightarrow}{C\downarrow}=V\uparrow$	$\frac{F\downarrow}{C\downarrow\downarrow}=V\uparrow$
特点	双向型	改进型	投资型	节约型	牺牲型

三、价值工程的特点和作用

(一) 价值工程的特点

价值工程是一种以提高产品和作业价值为目标的管理技术,它具有以下特点:

(1) 价值工程强调产品的功能,重点放在对产品功能的研究上。

(2) 价值工程将确保功能和降低成本作为一个整体同时来考虑,以便创造出总体价值最高的产品。

(3) 价值工程强调不断改革和创新,开拓新构思和新途径,获得新方案,创造新功能载体,从而简化产品结构,节约原材料,提高产品的技术经济效益。

(4) 价值工程要求将功能定量化,即将功能转化为能够与成本直接相比的货币值。

(5) 价值工程是以集体的智慧开展的有计划、有组织的活动。因为提高产品价值涉及产品的设计、制造、采购和销售等过程。为此必须集中人才,依靠集体的智慧和力量,发挥各方面、各环节人员的积极性,有计划、有组织地开展活动。

(二) 价值工程在企业管理中的作用

据有关资料反映,企业开展价值工程活动一般能降低成本 10%~30%,活动的收益与支出之比可以高达数十倍。美国管理学会对经理和销售部门负责人调查表明,在对六种降低成本方法重要性的顺序排列中,价值工程活动均排序第二。价值工程在企业的生产经营中起到十分广泛的作用,不仅应用于改进企业产品,降低产品成本,还可以用于改进设备、工具、作业、库存和管理等,它的作用具体表现为以下几个方面:

1. 可以有效地提高经济效益

价值工程以功能分析为核心,通过功能分析,保证必要的功能,剔除不必要的过剩功能、重复功能及无用功能,从而去掉不必要的成本,提高产品的竞争力。

价值工程的巨大作用往往首先在产品重新设计方面充分表现出来。通过对产品适当

---

① 王柏轩. 技术经济学. 上海:复旦大学出版社,2007:307.

的重新设计，不仅能降低材料成本、劳务成本和工厂制造费用，而且能提高一个公司的产品质量和产品价格，使产品更具有竞争能力。例如，一个灭火设备制造公司生产制造一种用于固定小型灭火器的托架，长期以来一直采用金属作为原材料，经过对产品重新设计的价值分析活动缩小了这种托架的尺寸，并用塑料取代金属，使公司节省了50%的成本。

2. 可延长产品市场寿命期

产品的市场寿命期是指一种产品由投放市场到被淘汰为止所持续的时间。产品有一个从诞生、成长、成熟到衰亡的过程。产品成熟期越长，获利越多。要维持和延长产品的成熟期，改进产品功能是十分重要的。通过开展价值工程，改进产品式样、结构、品种、质量、提高产品功能，可以延长产品市场寿命。改进产品功能使产品市场寿命延长的过程如图7-2所示。

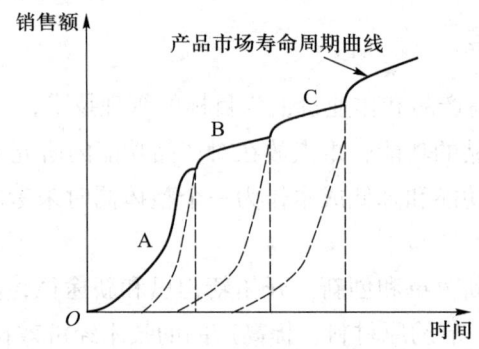

A——新产品开发、成长；B——改进质量、样式；C——提高功能

图7-2　产品的改进与延长市场寿命期曲线

3. 有利于提高企业管理水平

价值工程活动涉及范围广，贯穿于企业生产各环节。通过开展价值工程活动，可对企业各方面的管理工作起到一个推动作用，促进企业管理水平的提高。

4. 可促进技术与经济相结合、软技术与硬技术相结合

价值工程既要考虑技术问题，又要考虑经济问题。提高产品功能、降低产品成本，既要发挥技术人员智慧，又要发挥材料供销人员、财务人员的智慧。所以，开展价值工程工作，能使以上人员更紧密地结合在一起，共同研究问题，促进软技术与硬技术的结合。

四、价值工程的工作程序

价值工程活动过程，是一个发现问题、分析问题、解决问题的过程。在具体实施过程中，总是围绕着回答下列七个问题而步步深入的：

（1）这是什么？

（2）这是干什么用的？

（3）它的成本是多少？

(4)它的价值是多少?
(5)有其他办法实现这个功能吗?
(6)新方案的成本是多少?
(7)新方案能满足功能要求吗?

系统地开展价值工程,一般包括准备阶段、功能分析、方案创造阶段和方案实施阶段。

(一)准备阶段

在此阶段的主要准备工作如下:

(1)确定课题和课题目标。根据企业经营方案所规定的经营目标、经营方针和经营策略等,针对企业中迫切需要解决的问题选定 VE 课题、确定课题目标。

(2)建立价值工程活动组织。由企业负责人牵头,组织企业各部门的技术、生产和经营管理骨干人员参加,一般由 10~15 人组成,并根据需要适当培训。

(3)制定价值工程计划。该计划包括对价值工程活动的内容、程序、资金和时间等的详细安排。

(二)功能分析与方案创造阶段

这是价值工程的基本阶段,包括三个基本步骤和十二个详细步骤,如表 7-2 所示。

表 7-2 功能分析与方案创造阶段活动内容

构思一般过程	价值工程活动程序		主要内容和要求	对应的问题
	基本步骤	详细步骤		
分析	功能分析	1. 对象选择	(1)生产经营上迫切要求改进的产品 (2)改进潜力比较大的产品	1. 这是什么
		2. 收集情报	围绕价值工程对象调查: (1)企业经营目标、方针、策略 (2)用户反映、要求 (3)生产、销售、成本、价格、利润情况 (4)同行业情况 …	
		3. 功能定义	(1)对象的功能是什么 (2)怎样实现这个功能	2. 这是干什么用的
		4. 功能整理	(1)有无多余功能 (2)有无不足功能 (3)绘出功能系统图	

续表

构思一般过程	价值工程活动程序		主要内容和要求	对应的问题
	基本步骤	详细步骤		
分析	功能评价	5. 功能成本分析	（1）确定功能现实成本 （2）计算功能的目标成本	3. 它的成本是多少
		6. 功能评价	（1）计算功能的重要度系数 （2）计算功能的价值或价值系数	4. 它的价值是多少
		7. 选定功能改进对象	（1）根据价值系数值选定 （2）根据成本改善期望值选定	
综合		8. 创造	按照价值工程活动原则，充分发挥集体智慧和创造精神，多提各种设想	5. 有其他方法实现这个功能吗
评价	制定改进方案	9. 概略评价	初选改进方案，剔除那些不能满足功能要求、成本太高的方案	
		10. 具体化	（1）方案具体化，使其详细完整 （2）进一步开展调研	6. 新方案的成本是多少
		11. 详细评价	（1）从技术、经济两方面进行详细评价 （2）方案优选	7. 新方案能满足功能要求吗
		12. 提案	（1）制定提案书 （2）上报提案	

（三）方案实施阶段

为了确保质量和效益，需要对优选出的方案进行试验。如果试验表明该方案确是最优的，可定为正式方案，经批准后列入实施计划。方案实施过程中要进行检查，发现问题，不断改进。方案实施完成后，要及时总结评价和验收。

 扩展阅读　价值工程在中国发展的反思与未来

第二节　价值工程的基本内容

价值工程的基本内容可概括为"功能、情报、创造"六个字，价值工程就是要从透彻了解所要实现的功能出发，在掌握大量产品情报信息的基础上，进行创造性改进，完成功能的再实现。

一、价值工程研究对象的选择

选择价值工程活动的对象，就是要具体确定进行功能分析的产品、零部件或工序。这是价值工程分析能否收效的第一步，是非常重要的一步。在一个企业里，并不是所有产品都要进行价值工程分析，而是有选择、有重点地进行的。所以，能否正确地选准价值工程的对象是决定 VE 活动收效大小，乃至成败的关键。选择研究对象往往要兼顾定性分析和定量分析之结果，在对象选择的定性分析方面，常用的方法有经验分析法，而在对象选择的定量分析方面，常用的计量方法有 ABC 分类法、价值系数法、百分比法、产品寿命周期选择法等。下面介绍三种方法：经验分析法、ABC 法和价值系数法。

（一）经验分析法

经验分析法又称因素分析法，是一种对象选择的定性分析方法，是目前企业较为普遍使用的、简单易行的 VE 对象选择方法。它实际上是利用一些有丰富实践经验的专业人员和管理人员对企业存在问题的直接感受，经过主观判断确定价值工程对象的一种方法。运用该方法进行对象选择，要对各种影响因素进行综合分析，区分主次轻重，既考虑需要，也考虑可能，以保证对象选择的合理性。

运用这种方法选择对象时，可以从设计、加工、制造、销售和成本等方面进行综合分析。任何产品的功能和成本都是多方面的因素构成的，关键是找出主要因素，抓住重点。一般具有下列特点的一些产品和零部件可以作为价值分析的重点对象。

（1）从需求的必要性看：① 应选择对国计民生影响大的产品；② 需求量大的产品；③ 正在研制即将投入市场的产品；④ 用户意见大，质量、功能急需改进的产品；⑤ 市场竞争激烈的产品；⑥ 成本高、利润少的产品；⑦ 需要扩大用户、提高市场占有率的产品。

（2）从发展潜力看：① 结构复杂、造型不好的产品；② 工艺落后、手工劳动多的产品；③ 原材料品种复杂、互换材料较多的产品；④ 价值高、体积大、工序多、废品率高的产品。

经验分析法的优点是简便易行，考虑问题综合全面。缺点是缺乏定量分析，在分析人员经验不足时易影响结果的准确性，但用于初选阶段是可行的。总之，使用这种方法要求抓住主要矛盾，选择成功概率大、经济效益高的产品或零部件作为价值工程的重点分析对象。

（二）ABC 分析法

ABC 分析法是一种寻找主要因素的方法，它起源于意大利经济学家帕累托对经济社会财富分布情况的分析。帕累托发现在西方经济社会中的大部分财富是集中在少数人手中的。以后这种方法被扩展运用到其他领域。价值工程运用这种方法进行对象选择时，将产品成本构成进行逐项统计，将每一种产品零配件占产品成本的多少从高到低排列出来，分成 A、B、C 三类，找出少数零配件占多数成本的零配件项目，作为价值工程的重点分析对象。

如图 7-3 所示，一般来说，零配件数量占总数的 10% 左右，而成本却占总成本 70% 的零配件为 A 类；零配件数量占总数 20% 左右，而成本占 20% 左右的零配件为 B 类；零配件数量占总数的 70% 左右，而成本只占总成本的 10% 左右的零配件为 C 类。这说明 A 类零配件在数量上虽然只占零配件总数的 10%，而其成本却占总成本的 70%，因此应选择 A 类零配件作为价值工程活动的重点分析对象，B 类零配件只作一般分析，C 类零配件可以不加分析。

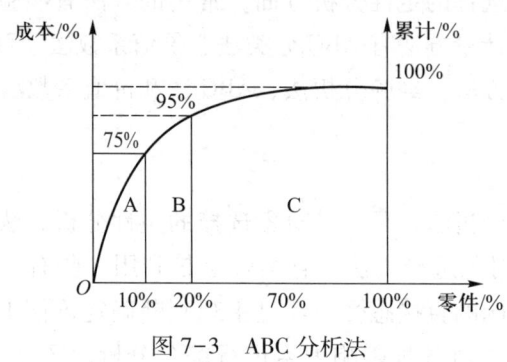

图 7-3 ABC 分析法

ABC 分析法的优点是抓住重点，突出主要矛盾，在对复杂产品的零配件作对象选择时常用它进行主次分类。据此，价值工程分析小组可结合一定的时间要求和分析条件，略去"次要的多数"，抓住"关键的少数"，卓有成效地开展工作。

（三）价值系数法

价值系数法又称强制确定法。在选择对象中，通过计算功能重要度系数和成本系数，然后求出两个系数之比，即价值系数。根据价值系数大小来判断 VE 对象，一般把价值系数低的零配件选做 VE 活动的对象。具体步骤如下：

1. 计算功能重要度系数

确定功能重要度系数的方法是对功能打分，常用的功能打分法有强制打分法（0~1 评分法或 0~4 评分法）、逻辑评分法、环比评分法（又称 DARE 法）等。

0~1 评分法的做法是请 5~15 名对产品熟悉的人员各自参加零配件功能的评价。首先按照功能重要程度一一对比打分，相对重要的打 1 分，相对不重要的打 0 分，如表 7-3 表示。表中，要分析的对象（零部件）自己和自己相比不得分，用"×"表示。然后把各零配件得分累计起来，再除以全部零配件得分总和。设 W 表示各零部件的功能重要程度，则其计算公式为：

$$功能重要度系数（W）= \frac{某零部件功能重要度得分}{得分总和} \tag{7-4}$$

最后，根据每名参评人员选择该零部件得到的功能重要度系数 W_i，可以得到该零部件的功能重要度系数平均值（$\overline{W}$），其计算公式为：

$$\overline{W} = \frac{\sum_{i=1}^{k} W_i}{k} \tag{7-5}$$

式中：k——参加功能评价的人数。

表 7-3 0~1 评分法评分表

零部件	A	B	C	D	E	总分	功能重要度系数
A	×	1	0	1	1	3	0.3
B	0	×	0	1	1	2	0.2
C	1	1	×	1	1	4	0.4
D	0	0	0	×	0	0	0
E	0	0	0	1	×	1	0.1
合计						10	1.0

2. 计算成本系数

成本系数指每个零配件的现实成本在产品成本中所占的比例，其计算公式为：

$$成本系数 = \frac{零配件现实成本值}{产品成本总值} \tag{7-6}$$

各零配件的成本系数如表 7-4 之③栏所示。

表 7-4 价值系数计算

零部件名称	功能重要度系数①	现实成本/元②	成本系数③	价值系数④=①/③	VE 对象选择顺序
A	0.3	8.0	0.53	0.57	1
B	0.2	2.4	0.16	1.25	4
C	0.4	2.0	0.13	3.08	3
D	0	0.8	0.05	0	
E	0.1	1.8	0.12	0.83	2
合计	1.0	15.0	1.0		

3. 计算价值系数及确定分析对象的顺序

价值系数（V）是指某零配件的功能重要度系数与其成本系数之比，计算公式为：

$$价值系数 = \frac{零件功能重要度系数}{该零件成本系数} \tag{7-7}$$

价值系数计算结果可能出现以下几种情况：

① $V=1$，说明该零配件价值高，其功能与成本匹配合理，一般无须改进，不应选为VE工作对象；

② $V<1$，说明零配件成本过大，有改进的潜力，是VE活动重点改进的对象；

③ $V>1$，说明零配件功能分配偏高或成本分配过低，应当查明原因，或者剔除多余功能，或者适当增加成本；

④ $V=0$，表明该零配件不重要，可以取消或合并。

二、对象情报的收集

情报是指在价值工程活动中所需要的有关技术和经济方面的信息和知识，它是进行价值工程活动的信息基础，贯穿于价值工程活动的全过程。为了实现提高产品价值这一主要目标，价值工程活动的每一步都离不开情报资料。在功能定义阶段，为了弄清价值工程对象应具备的必要功能，必须清楚地了解与对象有关的各种情报资料。在功能评价阶段，需要寻找实现功能的最低成本方案资料。在制定方案阶段，为了创造和选择最优改进方案，也都需要有大量的情报资料。一般说，情报资料掌握得越多，VE对象分析得越透彻，改进的可能性就越大，价值提高的可能性就越大。收集情报要明确如下两个问题：收集情报资料的步骤以及要重点收集的情报资料。

（一）收集情报资料的步骤

（1）确定收集情报资料的目的。

（2）制定收集情报资料的计划。

（3）收集并整理情报资料。

（4）分析甄别情报资料。

（5）建立情报资料查询方法。

（二）重点收集的情报资料

1. 技术方面的情报

（1）产品新设计原理。新设计原理会导致一代全新产品的出现，对技术和经济都会产生重大影响。

（2）新工艺、新设备。新工艺的出现可能导致制造加工方法的重大变化，对设计、设备也提出了新要求。

（3）新材料。新材料的应用对产品性能、差别有很大影响，同时引起工艺、设备作相应地改变。

（4）改善环境或劳动条件。减少粉尘和有害液气体外泄、减少噪声污染、减轻劳动强度、保障人身安全的技术越来越受到重视，这都会对产品的设计、生产产生影响。

2. 经济方面的情报

（1）用户情报。了解用户性质、经济承受能力、消费偏好、使用目的、使用环境，这是产品改进和生产的前提。

（2）用户对产品的意见反馈。用户对产品性能、价格、外观、售后服务等方面的意见要求。这是产品改进的依据，是一种宝贵的信息资源。

（3）了解同类企业规模、经营特点、管理水平以及产品成本、利润等方面的情报。特别是同类产品或零部件的生产成本。这是明确差距、找准改进对象的重要信息。

（4）了解市场情报。了解市场需求、同行竞争、同类产品价格和市场占有率等，特别是竞争对手的经济分析资料、生产资料、质量统计等资料。

（5）充分了解企业内部情报，包括企业的内部供应、生产、组织以及产品成本等方面的情报。

（6）了解产品生产的外协情报，包括外协单位状况以及外协件的品种、数量、质量、价格、交货期等。

（7）了解政府和社会有关部门的经济政策、法规、条例等方面情报。

三、功能分析

功能分析是价值工程的基本内容之一。它通过透彻分析产品情报信息资料，正确地表达对各对象的功能定义、性质，明确功能特性要求，并绘制功能系统图。功能分析包括功能定义和功能整理两方面的内容。通过功能分析，可以对 VE 对象"它是干什么用的"的提问做出回答，从而准确地掌握用户的功能要求。

（一）功能定义

用简洁的语言把价值工程所研究对象的功能表达出来，称为功能定义。功能定义就是对 VE 改善对象所具有的功能进行描述，明确功能的内容和水平。功能定义的根本任务就是透过产品的形式实体，准确抓住用户的本质要求。如果功能定义不准，就会使价值工程设计因偏离用户要求而失败，可以说，功能定义对价值工程的创新活动具有导向性作用。

事实上下定义的过程就是对功能认识不断深化的过程。准确的功能定义，是今后提出改进方案的依据。有了准确的功能定义之后，我们就可以大大开拓设计思路，按价值工程的要求，抛开原方案，"忘掉"原来的产品，紧紧地抓住功能这个关键，重新设计。

功能定义的要求是：用一个动词、一个名词，以动宾关系把功能用简洁而准确的语言表达出来。例如电灯的功能为照明，自行车的功能为代步等都抓住了产品的本质。在功能定义描述中，既要注意表达产品的有形特征——外观、材质、质量等，又要注意产品的无形特征，以揭示产品的本质。

产品的功能可以按以下标志分类：

（1）按功能的重要程度，功能可以分为基本功能和辅助功能。基本功能是必不可少的功能，辅助功能属于次要功能。如台灯的基本功能是照明，它的辅助功能是装饰美观。

（2）按功能的性质，功能可以分为使用功能和外观功能。前者具有使用目的，如空调器的制冷、制热功能；后者具有外观特征，也称为美学功能，如产品造型、色彩款式、商标图案等。

(3) 按目的和手段，功能可以分为上位功能和下位功能。上位功能是目的性功能，下位功能是实现上位功能的手段性功能。这种上位与下位，目的和手段又是相对的。

(4) 按总体与局部，功能可以分为总体功能和局部功能。总体功能与局部功能是目的与手段的关系，它以各局部功能为基础，又呈现出整体性的新特征。

(5) 按功能的有用性，功能可分为必要功能和不必要功能。使用功能、美学功能、基本功能、辅助功能都是必要功能。不必要功能主要表现为：多余功能、过剩功能等。

(二) 功能整理

功能整理就是按照一定的逻辑关系，把产品各构成要素的功能相互联结起来，组成一个体系，编制出功能系统图。对局部功能与整体功能的相互关系进行研究，弄清哪些是基本功能，哪些是辅助功能，哪些是不必要的可以取消的功能，哪些是不足的还需要加以补充的功能，进而把握功能改进领域。关于功能整理的方法，国外已经总结出了一套规范的功能系统技术，简称 FAST。其步骤大致如下：

(1) 建立功能卡片。在卡片上标出对象名称的功能定义，每个功能设一张。这样在使用卡片时，可以集中精力思考特定的功能，而且可以随时移动位置，排列、修改、取消卡片，方便灵活，便于绘制功能系统图。

(2) 确定基本功能，把其中最基本功能排列在左端，称为上位功能。

(3) 逐个明确功能之间的关系，是上下位关系还是并列关系，并列关系是指两个以上功能处于同等地位，都是实现同一目的的必要手段。

(4) 画出功能系统图，把定义零乱的功能按照目的—手段的逻辑关系，从左到右，从下到上绘出功能系统图，如图 7-4 所示。

从图 7-4 中可以看出，功能系统图有如下几个特点：

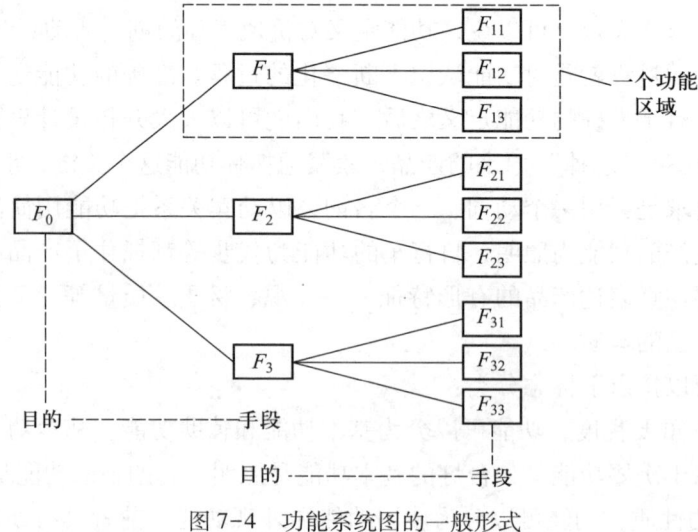

图 7-4 功能系统图的一般形式

其一，功能之间的关系是通过上位功能和下位功能的位置表现出来的。例如，图 7-4 中 F_1 相对于 F_0 是下位功能，F_0 是 F_1 的上位功能，而 F_1 相对于 F_{11} 是上位功能，F_{11} 是 F_1 的下位功能，F_{11}、F_{12}、F_{13} 是同位功能。

其二，全部功能划分为几个功能区域，某功能及其分支全体为一功能区域（又称功能范围）。图 7-4 中的功能系统划分为三个功能区域。

从功能系统图中可知，功能是逐级得以实现的。如果不进行功能整理，就不知道要改善的功能处于哪个位置。一般越接近上位功能，改善后价值提高的幅度越大，所以功能整理可以帮助我们选择靠近上位的功能作为价值工程改善的对象。

四、功能评价

功能评价是整个价值工程活动的中心环节。功能定义和功能整理仅说明了功能系统及其范围，还不能确定改善应从何入手，而功能评价就是要解决这一问题。功能评价是在功能整理的基础上，应用一定的科学方法，进一步求出实现某种功能的最低成本（或称目标成本），并以此作为功能评价的基准，亦称功能评价值。通过与实现该功能的现实成本（或称目前成本）相比较，求出两者的比值即为功能价值，两者差值为成本改善期望值，也就是成本降低幅度。

功能评价的基本程序是：① 计算功能的现实成本 C（目前成本）；② 确定功能的评价值 F（目标成本）；③ 计算功能的价值 V（功能价值系数）；④ 计算功能成本改善期望值 ΔC；⑤ 选择价值系数（V）低、成本改善期望值（ΔC）大的功能或功能区域作为重点改进对象。

（一）计算功能现实成本

成本历来是以产品或零配件为对象进行计算的。而功能现实成本的计算则与此不同，它是以功能为对象进行计算的。在产品中零配件与功能之间常常呈现一种相互交叉的复杂情况，即一个零配件往往具有几种功能，而一种功能往往通过多个零配件才能实现。因此，计算功能现实成本，就是采用适当方法将零配件成本转移分配到功能中去。

当一个零配件只实现一项功能，且这项功能只由这个零配件实现时，零配件的成本就是功能的现实成本。当一项功能由多个零配件实现，且这多个零配件只为实现这项功能服务时，这多个零配件的成本之和就是该功能的现实成本。当一个零配件实现多项功能，且这多项功能只由这个零配件实现时，则按该零配件实现各功能所起作用的比重将成本分配到各项功能上去，即为各功能的现实成本。

更多的情况是多个零配件交叉实现多项功能，且这多项功能只由这多个零配件交叉的实现。计算各功能的现实成本，可通过填表进行。首先将各零配件成本按该构配件对实现各功能所起作用的比重分配到各项功能上去，然后将各项功能从有关零配件分配到的成本相加，便可得出各功能的现实成本。

零配件对实现功能所起作用的比重，可请几位有经验的人员集体研究确定，或者采用评分方法确定。例如,某产品具有 $F_1 \sim F_4$ 共四项功能,由 3 种零配件实现,功能现实成本计算见表 7-5。

表 7-5 功能现实成本计算表

零配件			功能或功能区域							
序号	零配件名称	零配件成本(元)	F_1		F_2		F_3		F_4	
			比重	成本(元)	比重	成本(元)	比重	成本(元)	比重	成本(元)
1	A	250			80%	200			20%	50
2	B	511	35.6%	182			32.7%	167	31.7%	162
3	C	639	54.8%	350	13.9%	89			31.3%	200
功能现实成本合计		C_0	C_{01}		C_{02}		C_{03}		C_{04}	
		1 400	532		289		167		412	

在表 7-5 中,A 零配件对实现 F_2、F_4 两项功能所起的作用分别为 80% 和 20%,故功能 F_2 分配成本为 80%×250=200(元),F_4 分配成本为 20%×250=50(元)。按此方法将所有零配件成本分配到有关功能中去,再按功能进行相加,即可得出 $F_1 \sim F_4$ 四种功能的现实成本 $C_{01} \sim C_{04}$。

(二)确定功能的评价值

功能评价值是依据功能系统图上的功能概念,预测出对应于功能的成本。它不是一般概念的成本计算,而是把用户需求的功能换算为金额,其中成本最低的即是功能评价值。实际上功能评价值只能是个理论数值,实际准确确定它是很困难的。因此,在价值工程实施活动中,通常是求算一个近似值来代替它。用户总是要挑选价廉物美的产品,力求用最少的钱买到同样的功能。因此,质高、价格便宜、成本低就成了人们追求的目标。求算功能评价值近似值的方法有很多,这里介绍一种常用的求算方法——功能重要度系数法。

功能重要度系数法(强制确定法)在前面我们已经做了简要介绍。它实际上是一种间接评价的方法,此法是根据功能重要性程度确定功能评价值。首先将产品功能划分几个功能区域,并根据功能区的重要程度和复杂程度,确定各个功能区的功能重要度系数,然后将产品的目标成本按功能重要度系数分配给各功能区作为该功能区的目标成本,即功能评价值。通过衡量各功能的重要程度,用打分的方法,求出它们的功能所占总功能的权数,以此来确定功能评价值。因此,要求得功能评价值,就必须要解决两个问题,一是确定产品整体的目标成本,二是求得功能重要度系数。

产品的目标成本，可以参照同行业的先进水平或本企业的历史最好情况来确定，一般适用于具有同类可比性的产品或零部件；或者根据市场竞争的需要来确定产品的目标成本。对新产品，往往是在成本核算的基础上确定产品的目标成本。目标成本既要有先进性，即必须经过努力才能达到，又要有可行性，即有实现的可能。根据尽可能收集到的同行业、同类产品的情况，从中找出最低费用作为该产品的目标成本。

而确定功能重要度的方法主要采用功能打分法，常用的功能打分法仍是强制打分法0~1评分法，多比例评分法等。0~1评分法我们在前面已经作了介绍，由于使用0~1评分法评分时只有1分或0分两种情况，不能反映功能之间的真实差别，所以出现了多比例评分法。常用的有0~4评分法和1~9评分法，下面介绍0~4评分法。

0~4评分法与前面的0~1法基本相同，不同的是打分标准有所改进。当评价对象进行一对一比较时，分为四种情况：① 非常重要的（或实现难度非常大的）功能得4分，很不重要的（或实现难度很小的）功能得0分；② 比较重要（或实现难度比较大的）功能得3分，不太重要的（或实现难度不太大）的功能得1分；③ 两个功能重要程度（或实现难度）相同时各得2分；④ 自身对比不得分。仍沿用前例，假设某产品具有F_1~F_4共四项功能，由三种零配件实现，其功能重要度系数计算如表7-6所示。

表7-6 功能重要度系数计算表（0~4评分表）

评价对象	F_1	F_2	F_3	F_4	得分	功能重要度系数
F_1	×	3	4	4	11	0.458
F_2	1	×	3	3	7	0.292
F_3	0	1	×	0	1	0.042
F_4	0	1	4	×	5	0.208
合计					24	1

确定了产品的目标成本和功能重要度系数以后，按功能重要度系数就可以分摊目标成本，从而得出各功能评价值。如果产品目标成本为1 000元，根据用0~4评分法得出的功能重要度系数（表7-6），可以求出各功能的评价值，计算公式如下：

$$功能评价值 = 功能重要度系数 \times 目标成本 \tag{7-8}$$

计算结果如表7-7所示。由于现实成本已知（根据生产实际统计数据），这里假定为1 400元，将已知产品现实成本分摊到各功能上去（计算方法参见表7-5），之后将功能评价值与功能现实成本进行比较分析，以判断在产品必要功能中哪些功能属于需要改善的，以及评价各功能的价值实现情况。

表 7-7　功能评价值（目标成本）计算表

评价对象	现实成本	功能重要度系数	功能评价值（目标成本）
F_1	532	0.458	0.458×1 000=458（元）
F_2	289	0.292	0.292×1 000=292（元）
F_3	167	0.042	0.042×1 000=42（元）
F_4	412	0.208	0.208×1 000=208（元）
合计	1 400	1	1 000（元）

（三）计算功能的价值系数和成本改善期望值

功能价值系数是评价各功能价值实现情况的指标，它等于功能评价值除以功能现实成本值，其计算公式如下：

$$功能价值系数（V）= \frac{功能评价值（F）}{功能的现实成本（C）} \tag{7-9}$$

而成本改善期望值是功能现实成本与功能评价值的差额，计算公式如下：

$$成本改善期望值 \Delta C = 功能现实成本 - 功能评价值 \tag{7-10}$$

通过上面两个公式，我们可以计算出功能价值系数 V、成本期望改善值 ΔC，计算结果如表 7-8 所示。

表 7-8　功能评价值计算表

评价对象	现实成本①	功能重要度系数②	功能评价值③=②×1000	价值系数④=③/①	成本降低期望值①-③	改善优先次序
F_1	532	0.458	458	0.861	74	3
F_2	289	0.292	292	1.00		2
F_3	167	0.042	42	0.246	126	2
F_4	412	0.208	208	0.505	204	1
合计	1 400	1	1 000		400	

（四）选择功能改进对象

选择功能改进对象时，考虑的因素主要是功能价值系数大小和成本改善期望值的大小。它有下面三种情况：

（1）当价值系数等于或趋近于1时，功能现实成本等于或接近于功能目标成本，说明功能现实成本是合理的，价值最佳，无需改进，如 F_2。

（2）当价值系数小于1时，表明功能现实成本大于功能评价值，说明功能现实成本偏高，有改进的潜力，是重点改进的对象，如 F_3、F_4。

（3）当价值系数大于 1 时，表明功能现实成本小于功能评价值，说明功能现实成本偏低。其原因可能是功能不足，满足不了用户要求。在这种情况下，应增加成本，更好地实现用户要求的功能；也有可能是具有重要功能的部件成本分配不足，如原材料质量较低、工艺过于简单等。此外，还可能是功能评价值确定不准确，而以现实成本就能够可靠实现用户要求的功能，现实成本是比较先进的，此时无须再对功能或功能区域进行改进。

在选择改进对象时，要将价值系数和成本改善期望值两个因素综合起来考虑，即选择价值系数低、成本改善期望值大的功能或功能区域作为重点改进对象。例如 F_3 和 F_4 比较，尽管 F_3 的价值系数比 F_4 低，但 F_4 的成本改善期望值明显地要大得多，因此，在选择改进对象排序时 F_4 排在 F_3 前面。

第三节 方案的创造与实施

一、方案的创造

在价值工程活动中，对象选择、功能分析与功能评价仅仅是分析问题、明确问题的过程，发挥创造力进行方案创造才是解决问题的关键，如图 7-5 所示。进行方案创造有两种形式：一种是新产品的设计。通常是从最终功能出发，一步一步地构想手段，创造出一个全新的设计方案。另一种是老产品的改造。通常以功能系统图为依据，从某一功能范围入手，创造出一个老产品改造的方案来。要创造出好的方案，应该充分发挥人的创造力，并遵循一定的原则，采取适当的方法。同时，还要对新方案进行技术、经济和社会效果的评价，从而获得满意的方案。

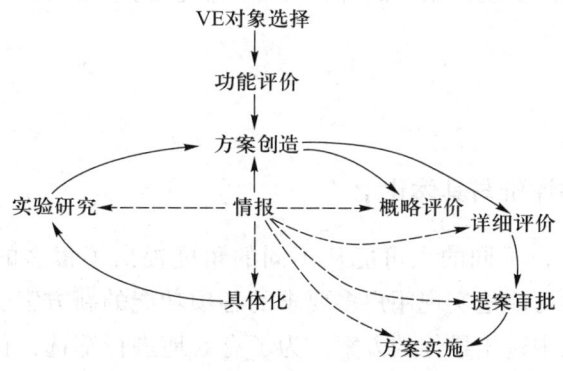

图 7-5 方案制定与实施过程

方案创造的理论依据是功能载体具有替代性。方案创造是在正确的功能分析和评价的基础上，发挥每个人的积极性，群策群力，提出能够可靠地实现必要功能的新方案。这种功能载体替代的重点应放在以功能创新的新产品替代原有产品和以功能创新的结构替代原有的结构方案。创造一般可选用下列方法：

（一）头脑风暴法

头脑风暴法（brain storming，简称 BS 法）是美国 BBDO 广告公司的奥斯本（Osborn）于 1947 年提出的。其原意是提案人不要受到任何限制，打破常规，自由地思考，努力捕捉瞬时的灵感，构思新方案。头脑风暴法是开会创造方案的方法，这种方法以 5～10 人的小型会议的方式进行为宜，由一名熟悉研究对象，善于启发思考的人主持会议。会议按以下四条原则进行：

（1）欢迎畅所欲言，自由地发表意见。
（2）希望提出的方案越多越好。
（3）对所有提出的方案不加任何评论。
（4）要求结合别人的意见提设想，借题发挥。

（二）抽象提前法（哥顿法）

抽象提前法是美国人哥顿（Gordon）提出的方法。哥顿法是以会议方式提出改进方案，通常由若干不同背景的人参与会议，会前将所要研究解决的问题加以适当抽象，会议的具体目的只有会议主持人知道。在会上，主持人并不把要解决的问题提出，而是提出一个抽象的功能概念，目的是让与会者开阔思路、多提方案。主持人根据会议的进行情况，将主题逐渐明确，经过讨论，力求取得统一的意见。

（三）专家信函调查法（德尔菲法）

德尔菲法是由组织者将研究对象的问题和要求，函寄给若干有关专家，专家返回意见，经整理出若干方案和建议后，再匿名函寄给有关专家征求意见，再回收整理，经过几次反复后确定出新的功能实现方案。这种方法专家们彼此不见面，可以无所顾虑地大胆提出方案。

二、方案的评价

（一）方案的概略评价与具体化

在进行方案创造时，不同的人可能从不同的角度提出了很多的方案。为获得技术可行、经济上合理、能尽可能地实现用户多要求的各项功能的新方案、新产品，必须对新方案进行整理和评价，从中选出最佳的方案。为了有效地进行筛选，首先要对方案进行整理和归类。整理工作大致分为以下几项：

（1）将构思相同或类似的方案进行归纳分类。通过将一类方案代表方案组作为评价对象，可以节约时间，大大提高价值工程活动的效率。
（2）将抽象或含糊的方案明确化。抽象的方案可以通过具体化方法使其变得易懂；含糊的方案应使其明确并加以说明，以便进一步进行讨论。

(3) 对不同的方案构思进行组合拼装。每个方案各有所长，可以进行组合，这样既节约了评价的时间，又可以完善方案，有助于组合出价值更高的方案。进行方案的概略评价，要将新方案与原方案进行对比，分析新方案在技术上实现功能的可能性、成本的节约情况、有无污染或违反国家某些政策的地方。通过比较分析，最后选出若干个方案以备详细评价，做出最终选择。

方案具体化的内容大致包括各组成成分的具体结构和零件设计、选用的材料和外购配件、加工方法、工艺装配方法、大致的检验手段和方式以及运输库存方法等。同时还要考虑新方案所采用的新材料、新工艺、新结构，其对功能的实现程度如何。如有问题或技术上存在困难，就应设法修正或修改方案。

(二) 方案的详细评价

方案的详细评价是在对经过初步评价所保留的方案进一步整理、充实和完善的基础上，通过详细的调查研究和技术经济分析，选择出最佳方案，并实施。与初步评价相比，详细评价在内容上更为广泛，方法上更为复杂，要求上更为严格。详细评价主要分为技术评价、经济评价、社会评价。

1. 技术评价

技术评价主要是以用户所要求的功能为依据，评价方案的必要功能和功能实现的制约条件以及实现过程如何。一般来说，对一产品方案的技术评价应从以下几个方面进行：

(1) 必要功能能否实现及其实现程度。
(2) 方案各项技术参数能否达到。
(3) 方案在技术上实施的可能性。
(4) 产品的安全性和操作性。
(5) 产品的外观。
(6) 产品的加工性、装配性、搬运性。
(7) 产品本身与周围环境、条件的协调。
(8) 产品中采用技术现有问题的解决程度。

2. 经济评价

一个方案的优劣，不仅取决于它的技术性能，还取决于它的经济性如何。因此，对新创造方案还要进行经济评价。反映一个产品或项目的经济性有以下几项指标：

(1) 费用成本的节省（包括年总成本和单位产品成本）。
(2) 一次性投资的节省。
(3) 投资效果系数与投资回收期。
(4) 市场销路和产品可能获得的利润。

3. 社会评价

社会评价是从国家、企业、用户三个方面的利益出发评价方案的好坏。具体评价时主要考虑如下几个因素：方案需要条件与国家有关技术政策、科技发展规划是否一致；企业所取得的效益与社会效益是否协调一致；方案实施与环境保护、生态平衡是否协调。

方案的社会评价大多采用社会调查法。通过到政府部门调研、与有关群众座谈等方法了解、征求意见和要求，借以对方案进行社会评价。

4. 综合评价

综合评价就是要综合考虑技术、经济和社会等方面对方案进行总体评价，对方案做出评价选择。综合评价的方法有很多，可以采用缺点列举法、加权平分法等。

三、方案的综合选择

方案经过评价，不能满足要求的就淘汰，有价值的就保留，并从中选出技术上先进、经济上合理和社会效益佳的方案。方案综合选择的方法很多，主要有：

（一）优缺点列举法

把每一个方案在技术上、经济上的优缺点详细列出，进行综合分析，并对优缺点作进一步调查，用淘汰法逐步缩小考虑范围，从范围不断缩小的过程中确定最佳的方案。

（二）直接打分法

根据各种方案能够达到各项功能要求的程度，按 10 分制（或 100 分制）打分，然后算出每个方案达到功能要求的总分，比较各方案总分，做出采纳、保留、舍弃的决定，再对采纳、保留的方案进行成本比较，最后确定最优的方案。

（三）加权打分法（矩阵评分法）

这种方法是将功能、成本等各种因素，根据要求的不同进行加权计算，权重大小应根据它在产品中所处的地位而定，算出综合分数，最后与各方案寿命周期费用进行综合分析，选择最优方案。

（四）理想系数法

这种方法先对每种方案在各项功能指标上进行评分，并按下面公式计算功能满足系数 X：

$$X = \frac{\sum_{i=1}^{n} P_i}{nP_{max}} \tag{7-11}$$

式中： P_i——各方案满足功能 i 的分数；

P_{max}——满足功能的最高得分；

n——需要满足的功能数。

首先，可以邀请有经验的行家来评分，评分标准可按表 7-9 而定，然后再按照表 7-10 的格式进行功能满足系数 X 的计算。

表 7-9 功能评价表

方案接近理想完成的程度	给分值
很好的方案	4
好的方案	3
过得去的方案	2
勉强过得去的方案	1
不能满足要求的方案	0

表 7-10 功能满足系数 X 计算

技术功能目标	A 方案	B 方案	C 方案	D 方案
A	3	2	1	4
B	3	2	1	4
C	3	2	1	4
D	4	2	1	4
E	0	3	0	4
F	3	3	3	4
$\sum P$	16	14	7	24
X	$X_A = 0.66$	$X_B = 0.58$	$X_C = 0.29$	$X_D = 1.00$

其次，对各方案的经济性进行评价，计算成本满意度系数 Y：

$$Y = \frac{C_0 - C}{C_0} \tag{7-12}$$

式中：C_0——原产品成本

C——新方案的预计成本

原产品成本的确定，可以将原来老产品成本作为基数来进行计算。如本例中原产品的成本为 13.06 元/个，A、B、C 方案的成本满意度系数如表 7-11 所示。

表 7-11 成本满意系数 Y 计算

方案名称	新方案的预计成本 C（元）	原来产品成本 C_0（元）	成本满意系数 Y
A	12	13.06	$Y_A = 0.08$
B	11	13.06	$Y_B = 0.16$
C	10	13.06	$Y_C = 0.23$

最后对方案进行综合评价，即根据方案的功能满足系数 X 和成本满足系数 Y 计算方案的理想系数 K：

$$K=\sqrt{XY} \tag{7-13}$$

理想系数 K 能综合衡量方案在功能和成本两方面距离理想状况的程度。当 $K=1$ 时，方案完全理想；若 $K=0$，方案完全不理想；一般 $0<K<1$，在众多方案中选择 K 值最高的方案为选定方案。计算如表 7-12 所示。

表 7-12 理想系数 K 的计算

方 案 名 称	功能满足系数 X	成本满足系数 Y	理想系数 K
A	0.66	0.08	0.052 8
B	0.58	0.16	0.092 8
C	0.29	0.23	0.066 7

从表 7-12 可知，B 方案的理想系数最高，所以应该选择 B 方案为最佳方案。

四、试验与提案

选出的最优方案在上报审批之前需要进行试验，具体包括：① 试验方案，包括设备、材料、日期、负责人以及试验结果的评价标准的确定；② 试验；③ 对试验结果进行汇总、整理、比较、评价，形成试验报告；④ 试验通过，可以正式提案。

在提案中，要明确原产品的技术经济指标、用户要求、主要问题、拟达到的目标。同时，还要汇总附上产品功能分析，改进对象的目标和依据，改进前后的试验数据和图纸，改进后的预计成本、预计效益等，一并上报请决策部门审查批准。经批准后列入实施计划。

五、检查、评价与验收

在方案实施过程中，应该对方案的实施情况进行检查，发现问题及时解决。方案实施完成后，要进行总结评价和验收。

（一）企业经济效益评价

可以根据需要计算方案实施后劳动生产率、材料消耗、能源消耗、资金利用、设备利用、产量品种发展、利润、市场占有率等指标值。此外，要进行以下经济效益指标的计算：
（1）全年净节约额。其计算公式为：

$$\text{全年净节约额} = (\text{改进前的单位成本} - \text{改进后的单位成本}) \times \text{年产量} - \text{价值工程活动费用的年度分摊额} \tag{7-14}$$

（2）节约百分比。其计算公式为：

$$\text{节约百分比} = \frac{\text{改进前的成本} - \text{改进后的成本}}{\text{改进后的成本}} \times 100\% \tag{7-15}$$

（3）节约倍数。其计算公式为：

$$节约倍数 = \frac{全年净节约额}{价值工程活动经费} \times 100\% \qquad (7-16)$$

(4) 价值工程活动单位时间节约数。其计算公式为：

$$价值工程活动单位时间节约数 = \frac{全年净节约额}{价值工程活动延续时间} \times 100\% \qquad (7-17)$$

（二）方案实施的社会效果评价

方案实施的社会效果评价包括是否填补国内外科学技术或产品品种的空白，是否满足国家经济发展或国防建设的重点需要，是否节约了贵重稀缺物资材料，是否节约了能源消耗，是否降低了用户购买成本或其他使用成本，以及是否防止或减少了污染公害等。

 扩展阅读　　WK集团的《以价值工程为指导的成本优化》制度

第四节　价值工程案例

上海某手表制造厂生产的 21 钻半自动机械手表尽管内在质量好，但由于其外观质量较差，价格始终处于中低档，无法提升其市场竞争力。为了扩大市场份额，增强产品市场竞争能力，获得较高的利润水平，该厂决定应用价值工程原理对其进行功能价值分析。针对21 钻手表存在的缺点加以全方位分析，确定优选改进方向和技术适用措施，降低成本投入和提高产品价值。

一、对 21 钻手表展开价值工程的思路

在保证 21 钻手表功能不变情况下，该厂拟将 21 钻手表现在的每只成本 1 178 元降至 858 元。为了实现这一目标成本，该厂将价值工程方法引入 21 钻手表工作中，其具体思路是：

(1) 根据 21 钻手表各零配件功能实现情况，建立功能系统图（FAST）。

(2) 邀请 9 位 21 钻手表的设计专家、生产技术人员和成本核算人员，采用 0~4 评分法评出手表各零部件功能重要度系数。将功能重要度系数与以现实成本计算的成本系数相除，确定各零部件的价值系数，进而确定价值工程的重点研究对象。

(3) 将目标总成本按功能重要度系数进行分配，确定各零部件目标成本的分配额和成本降低期望值。

(4) 对所提出的创新方案进行评价，并选择优秀方案实施。

二、功能分析和确定价值工程研究对象

(一) 功能定义及功能系统分析图

功能定义就是通过手表的形式实体,准确抓住 21 钻手表及其各零部件所具有的功能本质要求。首先对 21 钻手表总功能进行分解,对各个功能系统进行认真的分析讨论,列出功能系统分析图,如图 7-6 所示。

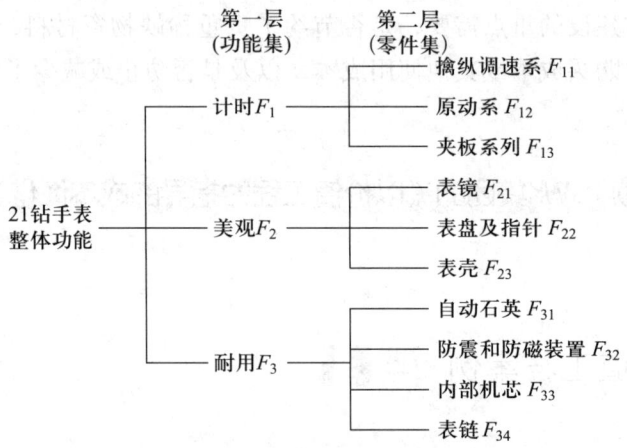

图 7-6 21 钻手表及零件功能系统简图

(二) 功能评价及确定功能重要度系数

确定零部件各功能重要度系数的方法很多,这里采用简便可行的 0~4 评分法评价各零部件功能重要度系数。首先由 9 名设计专家、技术人员和成本核算人员组成评定小组,每个专家都对各零部件进行功能评价和打分,根据每个人打分情况得到表 7-13 所示的功能重要度系数结果。从表 7-13 中可以看出,21 钻手表的表盘及指针 F_{22}、自动石英 F_{31}、防震和防磁装置 F_{32} 和内部机芯 F_{33} 的功能重要度系数较大,说明它们在手表零件功能中占有核心地位。

表 7-13 9 位专家按 0~4 评分法进行的功能评分及功能重要度系数表

序号	功能	一对一比较结果									得分合计	功能重要度系数
		F_{11}	F_{12}	F_{13}	F_{21}	F_{22}	F_{23}	F_{31}	F_{32}	F_{33}	F_{34}		
1	F_{11}	0	3	2	1	1	2	1	1	1	2	14	0.078
2	F_{12}	1	0	1	1	2	2	1	2	1	1	12	0.067
3	F_{13}	2	3	0	1	2	2	1	2	2	2	17	0.094
4	F_{21}	3	3	1	0	1	1	1	1	1	1	13	0.072

续表

序号	功能	一对一比较结果										得分合计	功能重要度系数
		F_{11}	F_{12}	F_{13}	F_{21}	F_{22}	F_{23}	F_{31}	F_{32}	F_{33}	F_{34}		
5	F_{22}	3	2	2	3	0	3	2	2	1	2	20	0.111
6	F_{23}	2	2	2	3	1	0	2	2	1	2	17	0.094
7	F_{31}	3	3	3	3	2	2	0	2	1	2	21	0.117
8	F_{32}	3	2	3	3	2	2	2	0	2	2	21	0.117
9	F_{33}	3	3	3	3	3	3	3	2	0	3	26	0.144
10	F_{34}	2	3	2	3	2	2	2	2	1	0	19	0.106
	合计											180	1

注：该表为9名专家平均打分结果。

（三）计算功能成本系数

功能成本，即消耗在各功能上的人力、物力、财力的总和。把21钻手表各零部件生产的每个环节所耗成本分摊到各个相应功能上，即可得到各个功能的当前成本。如若某一零件具有两个以上功能时，可通过集体讨论，按其对功能所起的作用的大小进行分摊。根据功能来分摊产品所耗的成本，这种方法有利于改善功能成本，提高产品价值。21钻手表各个功能的成本占总成本的比例即为该功能的成本系数，经计算得到各功能成本系数，如表7-14所示。

表7-14 成本系数和价值系数

序号	功能	功能重要度系数	当前成本	成本系数	价值系数
1	F_{11}	0.078	122.5	0.104	0.750
2	F_{12}	0.067	58.9	0.05	1.340
3	F_{13}	0.094	155.5	0.132	0.712
4	F_{21}	0.072	136.6	0.116	0.621
5	F_{22}	0.111	82.5	0.07	1.586
6	F_{23}	0.094	43.6	0.037	2.541
7	F_{31}	0.117	67.1	0.057	2.053
8	F_{32}	0.117	256.8	0.218	0.537
9	F_{33}	0.144	116.6	0.099	1.455
10	F_{34}	0.106	137.8	0.117	0.906
	合计	1	1 177.9	1	1

（四）计算价值系数 V，确定研究对象

价值系数是功能重要度系数与该功能的成本系数的比值。经计算得到各功能的价值系数，如表 7-14 所示。根据价值的功能与成本相匹配原则，当 $V<1$ 时，即功能与成本不当，应设法降低成本或提高功能；当 $V>1$ 时，若经过系统分析不存在功能欠缺或成本过低的情况，则可认为是投入较低成本就可以满足功能需要；当 $V\approx 1$ 时，说明功能与成本基本适当，不需要改进。因此，我们选用 $V<1$ 的擒纵调速系 F_{11}、夹板系 F_{13}、表镜 F_{21}、防震和防磁装置 F_{32}、表链 F_{34} 5 项功能作为提高 2I 钻手表整体功能、增加其价值的重点研究对象；由于表壳 F_{23}、自动石英 F_{31} 属于特殊情况，故暂不予考虑；而原动系 F_{12}、表盘及指针 F_{22}、内部机芯 F_{23} 功能略大于成本，其原因可能是在确定功能重要度系数时评价不准确，而以当前成本就能够可靠实现用户要求的功能，说明当前成本是比较先进的。

（五）计算功能的目标成本和成本降低期望值

那么功能成本应该降到何种程度，才能使之与功能基本相匹配或相适应？在目标成本总量的已经确定情况下（从 1 177.9 元降至 858.1 元），可将功能的目标总成本 858.1 元按其功能重要度系数分配给各功能区域，形成重新分配的区域功能评价值，并从当前成本和重新分配的区域功能评价值中，取最小值作为该功能的目标成本，如 F_{11}，该功能当前成本为 122.5 元高于其功能评价值 66.9 元，所以把功能评价值 66.9 元作为其目标成本，故需要降低成本 55.6 元。而对于 F_{23}，该功能当前成本为 43.6 元低于功能评价值 80.7 元，所以认为当前功能不足，无法满足客户需求。在这种情况下，应增加成本，更好地实现用户要求的功能。最后确定各功能的成本降低（或增加）期望值，计算结果如表 7-15 所示。

表 7-15 目标成本及成本期望降低值

序号	功能	当前成本	功能重要度系数	功能评价值	成本期望降低值	改善顺序
1	F_{11}	122.5	0.078	66.9	55.6	4
2	F_{12}	58.9	0.067	57.5	△	
3	F_{13}	155.5	0.094	80.7	74.8	2
4	F_{21}	136.6	0.072	61.8	74.8	2
5	F_{22}	82.5	0.111	95.2	△	
6	F_{23}	43.6	0.094	80.7	△	
7	F_{31}	67.1	0.117	100.4	△	
8	F_{32}	256.8	0.117	100.4	156.4	1
9	F_{33}	116.6	0.144	123.6	△	
10	F_{34}	137.8	0.106	90.9	46.9	5
合计		1 177.9	1	858.1	408.5	

注：△为功能与成本基本匹配，无须列为 VE 对象或者当前成本即为目标成本。

三、方案的创新与评价

(一) 方案创新

创新方案应具有以下特点:① 针对性强;② 操作方便;③ 经济可行。基于此,VE 小组对选取的 5 项功能改进对象进行了认真的技术经济分析,又考虑到它们之间既有相对的独立性,又有一定的联系,因此 VE 小组与相关的生产技术人员一起,从 21 钻机械手表原理入手,对 F_{11}(擒纵调速器)采取了用一组齿轮组成的传动系来推动擒纵调速器工作,再由离合杆来控制传动系转速的方法,来增强擒纵系计时准时性;而对 F_{13}(夹板系)则采取校正手表机心中对称与非对称传动结构布局,在设计中采用镀金层加强对位钉孔和轴承孔张力度;对 F_{21}(表镜)则采取塑胶表面或石英玻璃表面喷涂来加强表镜耐磨性;对 F_{32}(防震和防磁装置)采取在底盖上安装密封垫或表框等措施增强抗震性;对 F_{34}(表带)则采取了带扣装置或带钩装置以增强承受拉力等增强韧度措施。最后为了降低成本,并保证增强手表正常功能前提下,确定了两套方案供对比选择,如表 7-16 所示。

表 7-16 方案对比表

价值工程对象	方案一	方案二
擒纵调速系 F_{11}	离合杆等	离合杆簧等
夹板系 F_{13}	镀金层 2 μm	镀金层 3~5 μm
表镜 F_{21}	塑胶表面	石英玻璃表面
防震和防磁装置 F_{32}	密封塑垫等	表框加密封垫等
表链 F_{34}	无钛合金	实心钢链
预计减少成本合计(元)	412.7	400.7

(二) 方案的评价与优选

方案创建后,为了寻找最佳方案,确定方案优化的合理性,VE 小组对两套方案进行了详细的综合性评价。① 技术评价:采用技术直接评分法,首先确定工艺供求性、技术应用性、走时精确性和耐用性等为技术评价项目,然后计算出各方案的直接评价值,技术评价值越接近于 1,方案则越理想,结果如表 7-17 所示。由表 7-17 可知,方案一是较为理想的方案。② 经济评价:主要对方案一、二进行预计年平均增加利润幅度和年平均节约寿命周期成本幅度的两项指标的比较。由于两方案的年平均利润增加额几乎没有差别,因而选择寿命周期成本减少幅度较大的方案,评价结果如表 7-18 所示。由表 7-18 看出,方案一比方案二每只手表平均节省寿命周期成本 12 元,由于该厂年生产 21 钻手表的数量为 5 万只,因此方案一较方案二每年约节约成本 60 万元,故方案一为优选方案。③ 综合评价,用加权平均法对方案一、方案二进行综合评价,如表 7-19 所示。通过以上评价,确定方案一为优选方案。

表 7-17 方案的技术评价结果表

方案	评价结果与得分								总分	技术评价值
	工艺供求性		技术应用性		走时精确性		耐用性			
方案一	高	8.5	高	9.5	高	9.2	高	8.8	36.0	0.90
方案二	高	9.3	中	8.4	高	9.1	中	6.9	33.7	0.84
理想方案	理想	10.0	理想	10.0	理想	10.0	理想	10.0	40.0	1.00

注：上表为9名专家平均打分结果。

表 7-18 方案的经济评价表

评价项目	方案一	方案二	两方案比较
1. 预计平均每只手表增加利润（元）	70.7	69.7	1
（增加利润/原利润）×100%	6.8%	6.1%	
2. 预计平均每只手表节约寿命周期成本（元）	412.7	400.7	12
（减少成本/原成本）×100%	35.3%	26.2%	
3. 综合得分	85	75	

注：根据企业内部资料计算；得分为9名专家平均打分结果。

表 7-19 方案的经济评价表

方 案	技术评价		经济评价		社会评价		合计得分
	评价得分	加权0.4	评价得分	加权0.5	评价得分	加权0.1	
方案一	90	36	85	42.5	95	9.5	88.0
方案二	84	33.7	75	37.5	80	8.0	79.2
理想方案	100	40	100	50	100	10	100

（三）方案试验与实施

优选方案确定之后，VE 小组首先按试验检验原则进行了生产试验。试验结果完全符合 VE 小组设定的试验结果评价标准，试验获得成功。之后对向主管部门正式提出价值工程改进方案。在提案中，明确说明了 21 钻手表的各项技术经济指标、用户要求以及主要问题、拟达到的目标。同时附上手表功能分析，改进对象的目标和依据，改进前后的试验数据和图纸，改进后的预计成本、预计效益等。

在得到主管部门批准后进入生产阶段，在生产过程中，VE 小组又根据新出现的情况和成本资料作局部功能调整，加强实施技术跟踪并提出新的改进措施，最大限度地提高了 21 钻手表的功效和产品价值。比如，在擒纵调速系上，应用配套工艺技术改进擒纵系列的保险结构并增加其保险作用，包括增强保险圆头和叉头钉、喇叭口与圆盘钉的保险作用，为使保险装置工作满足功能要求又实施叉瓦式擒纵机构的结构，以稳定振动周期与节拍对照。而在夹板系上，针对主夹板与小夹板的结构及特点，使夹板系列工艺向着高精确度、综合性、参数优化方向发展，形成针对不同对称与非对称传动结构布局，并配套完善了在设计中对位钉孔和轴承孔的合理布局。在表带的改进上，在现有用料设计基础上，利用贵重金属、皮或合成带，在带耳上装上有两个隐蔽的孔眼，用双轴杆或带耳用一个保险环连接，以确保安全佩戴。带孔轴杆设有中空顶头，用以把表带轴固定在扣眼内。带活动部分的金属表链是一种非常复杂的组件，金属表链适于调节佩戴紧度，可逐节或多节调整，增加或减除。表链有一个槽或沟，每块槽、沟上均匀打洞，便于插入轴杆，以备随时调整，链式表链一般均为金质展开式，增加了弹簧扣设计，等等。

不考虑 21 钻手表功能增强，其市场竞争力将有所提高情况下，仅从降低成本方面考虑，每只手表可节约成本 410 元左右，也就是说，通过对关键零部件的价值工程活动，不仅改善了 21 钻手表的功能条件，又可使其成本减少 35% 左右，如果年产量为 50 000 块手表，则预计可以节约年总成本 2 050 万元左右。

本章小结

价值工程是以某个产品或某个系统作为研究对象，通过功能分析和方案的创造、实施，力图以最低的寿命周期成本可靠地实现用户所要求的功能，借以提高研究对象价值的有组织的创造性活动。价值工程致力于提高产品价值，价值工程的工作过程实质上就是分析问题、发现问题和解决问题的过程。开展价值工程，首先要正确选择价值分析对象（即生产中存在的问题）。选择价值工程分析对象常用的方法有经验分析法、ABC 法和价值系数法。通常，在选择价值工程分析对象的同时，应进行情报资料的收集，情报资料的收集是价值工程实施过程中不可缺少的重要环节。

价值工程的核心是功能分析，其区别于其他经济管理方法的一个突出特点就是进行功能分析。功能分析包括功能定义、功能分类、功能整理和功能评价四部分内容。功能评价包括相互交织、相互联系的价值评价和成本评价两个方面。价值评价就是计算和分析评价对象的实际价值，分析成本与功能的合理匹配程度。成本评价就是核算和确定评价对象的实际成本、功能评价值，计算和分析成本改善期望值。经过功能评价，确定了目标成本之后就进入了价值工程方案创造和评价阶段。方案创造的方法有头脑风暴法、抽象提前法和专家调查法。方案评价分为概略评价和详细评价，在价值工程实施过程中，还要进行价值工程成果评价。

关键概念

功能　价值　寿命周期成本　功能分析　功能定义　功能分类　功能整理　功能评价

思考与练习

1. 什么叫价值工程？它对企业的生产经营起什么作用？
2. 价值工程中的价值、成本、功能的含义是什么？
3. 提高产品价值的主要途径有哪些？
4. 试举例说明新产品开发中的价值分析的重要性。
5. 某产品由 12 种零件组成，各种零件的个数和每个零件的成本如表 7-20 所示，用 ABC 分析法选择价值工程研究对象，并画出 ABC 分析图。

表 7-20　某产品零配件构成表

零件名称	A	B	C	D	E	F	G	H	I	J	K	L
零件个数	1	1	2	2	18	1	1	3	5	3	4	8
每个零件成本/元	5.63	4.73	2.05	1.86	0.15	0.83	0.76	0.33	0.35	0.19	0.15	0.10

6. 利用 0-1 评分法对习题 5 的产品进行功能评价，评价后零件的平均得分如表 7-21 所示。利用价值系数判别法，如果取价值系数最小的零件作为价值工程研究对象，应该选哪一种零件？

表 7-21　某产品零配件功能得分表

零件名称	A	B	C	D	E	F	G	H	I	J	K	L
平均得分	8	7	3	4	4	11	10	8	7	11	1	3

7. 为指示危险的装置提出四个方案，每个方案对 6 个功能的满足程度的评分和估计成本如表 7-22 所示。试用理想系数法选择最优方案。

表 7-22　某产品零配件功能的满足程度的评分和估计成本

方案＼功能	A	B	C	D	E	F	估计成本（元）
安全信号器	1	4	4	4	4	1	155
警报器	3	3	1	3	2	1	147
红灯	3	4	3	4	4	3	165

续表

方案 \ 功能	A	B	C	D	E	F	估计成本（元）
中心指示器	3	3	3	4	4	1	172
理想方案	4	4	4	4	4	4	180

8. 已知某产品由 4 个主要零部件，7 种功能组成，经过专家用 0~4 评分法得到的各功能评分值及功能现实成本列于表 7-23 中。若产品目标成本为 49 元，试根据已知资料进行该产品功能改善幅度目标计算。

表 7-23 功能评分值和功能现实成本

序号 \ 项目	功能	功能评分值	功能现实成本（元）
1	F_1	105	14.75
2	F_2	104	11.80
3	F_3	103.5	8.85
4	F_4	109.5	5.90
5	F_5	108	5.31
6	F_6	102	5.02
7	F_7	70	4.72
合计		702	56.35

9. 阅读以下材料，阐述其中的价值工程原理。

2009 年 8 月 28 日，美国加利福尼亚州公路巡警马克·塞勒在非当班时间，驾驶着租来的某型号汽车（F 汽车公司旗下的豪华车品牌）在高速公路上行驶，当时车上还有妻子克莱奥菲、女儿马哈拉，以及妻弟克里斯。忽然间，马克发现自己的车辆持续加速，自己无法制止，他大吃一惊，并让妻弟克里斯赶快报警。当 911 报警电话接通后，克里斯与接线员进行了 49 秒的沟通，马克尝试了各种方法刹车，可无济于事。绝望中的一家人最后只能祈祷。挂断电话后数秒，汽车发生了撞击，腾空翻转数圈后，车子重重地摔落地面，燃起熊熊大火，车内 4 人全部遇难。

2010 年年初，圣地亚哥的一位 F 公司混合动力车主也遭遇车辆速度失控的问题。这位名叫麦克斯的车主事后回忆，自己出现油门踏板卡住状况的时候，时速达到了 94 英里[①]。加利福尼亚州高速公路巡警局被派遣排除这起故障，当时在巡警队一位官员指导下，车辆终于刹车成功。

---

① 1 英里 = 1.609 千米。

除了这两起事故，F公司生产的车型一而再地出现事故。根据美国交通部的调查，因F公司生产汽车忽然加速、无法刹车而导致车祸，已经有34人死亡。F公司对存在问题的车辆进行了召回和处理。

经过调查后，F公司给出相应解释，发生事故并非是汽车刹车不灵，问题出在油门，主要是油门无法复位。无法复位的原因，有部分车型是因为踏板过长，正好回卡在脚垫的边缘；还有一部分车型则是因为油门踏板的机械部分出了问题。具体地说，就是踏板臂和摩擦杆的滑动面经过长时间使用，在低温的条件下使用暖风时，在滑动面会发生结露，使摩擦增大，加速时使用踏板就会有阻滞，可能影响车辆的加减速。极端情况下，加速踏板松开时会发生卡滞，车辆不能及时减速。

为什么其他汽车的油门踏板没有这样的问题呢？F公司的油门踏板主要来自两家厂商，而出现问题并被召回的车辆，无一例外都使用的是A公司的踏板。专业人士将两家踏板拆卸下来进行了比较。比较后发现，两种踏板外形相似，但B公司的踏板却没有卡槽结构，不会出现卡槽咬合异常的问题。而民间还有一种说法，说F公司出于节省成本的需要，设计时在踏板的摩擦部分，使用了材质较硬的钢材，而非摩擦部分，则是材质较软的材料。在开空调后，车内温度升高，两种材料的膨胀系数不同，进而产生卡槽咬合不再如原先那般严丝合缝，因而产生了油门踏板无法复位的问题。但这一说法始终没有得到F公司的正面回应，也没有权威部门出具报告证明。

资料来源：现代快报，2010-04-12，有删节

即测即评

第八章
建设项目可行性研究

学习指导：本章综合应用前面所学章节的知识，对拟建的投资项目进行必要性、可能性、有效性和合理性研究，做出对项目可行或不可行的评价。要求理解可行性研究的作用；重点掌握可行性研究的概念和内容；熟悉可行性研究的程序；熟悉市场分析、市场调研和市场预测中常用的一些方法；掌握决定和制约生产规模的各项因素；熟悉资源条件评价的内容和主要原材料燃料供应方案的分析方法，掌握场址选择的分析内容；掌握技术方案选择的基本要求；熟悉环境影响评价的内容；掌握投资估算的方法与资金筹措；重点掌握财务分析的基本思路、基本内容、财务报表的编制方法和财务分析指标的计算方法；能应用盈亏平衡分析和敏感性分析方法进行项目风险评价。

新闻摘录　京沪高铁建设大事记

新华网北京2011年6月30日电　京沪高铁当日正式通车运营。从项目方案构想到付诸实施，到通车运营，主要经历有：

1990年12月，铁道部完成"京沪高速铁路线路方案构想报告"。

1994年，当时的国家科委、国家计委、国家经贸委、国家体改委和铁道部课题组完成了"京沪高速铁路重大技术经济问题前期研究报告"。

1994年12月，国务院批准开展京沪高速铁路预可行性研究；同月，铁道部成立京沪高速铁路预可行性研究办公室。

1997年4月，完成"京沪高速铁路预可行性研究报告补充研究报告"，并据此上报了项目建议书。

1998年10月至2000年4月，当时的国家计委委托中咨公司对"京沪高速铁路预可行性研究报告"进行了评估。铁道部按评估意见完成了"京沪高速铁路预可行性研究报告（评估补充稿）"。

2000年1月，按国务院要求，铁道部配合中咨公司完成并上报国家计委《关于高速轮轨与高速磁悬浮比较的论证报告》。

2001年，当时的国家计委和国土资源部联合颁发《关于预留京沪高速铁路建设用地的通知》，要求沿线地方政府预留京沪高速铁路建设用地。

2003年7月至10月，完成了设计暂行规定国际咨询。

2003年9月，中咨公司召开了京沪高速铁路建设论证会，评估了京沪高速铁路建设的必要性、轮轨方案和磁浮方案的比选，认为高速轮轨技术是现阶段的必然选择。

2003年12月至2005年7月，完成了设计国际咨询。

2006年2月22日，国务院第126次常务会议批准京沪高速铁路立项。

2006年5月至11月，中咨公司受国家发改委委托完成了可行性研究报告的评估工作。

2007年8月29日，国务院常务会议原则批准京沪高速铁路可行性研究报告，9月12日国家发改委批准京沪高速铁路可行性研究报告。

2007年10月22日，国务院决定成立京沪高速铁路建设领导小组。

2007年11月16日至12月1日，国家发改委组织专家组完成了京沪高速铁路初步设计优化评审工作。

2007年12月5日，铁道部批复初步设计。

2007年12月10日，京沪高速铁路建设领导小组第一次会议召开。

2007年12月26日，国土资源部批复先期用地。

2007年12月27日，京沪高速铁路股份有限公司创立。

2008年1月16日，国务院常务会议同意开工建设。

2008年4月18日，京沪高铁正式开工建设。

2010年11月15日，京沪高铁全线铺通，并开始联调联试和运行试验。

2011年6月30日，京沪高铁正式开通运行。

第一节 可行性研究概述

一、建设项目

项目是为创建某一独特产品、服务或成果而临时进行的一次性努力。对项目更具体的解释是用有限的资源、有限的时间为完成特定目标的一次性工作。

建设项目是指在一个总体设计或初步设计范围内，由一个或几个单项工程所组成，经济上实行统一核算，行政上实行统一管理的工程项目。根据其性质的不同可划分为基本建设项目和更新改造项目；根据其用途和投资主体的活动范围可以划分为竞争性项目、基础性项目和公益性项目；根据其投资主体的不同可划分为国内投资的建设项目和外商投资的建设项目。

二、可行性研究及其作用

可行性研究是在投资决策之前，对拟建项目进行全面技术经济分析论证的科学方法。它是一门运用多种学科的知识，寻求使投资项目达到最好经济效益的综合研究方法。它的任务是以市场为前提，以技术为手段，以经济效益为最终目标，对拟建的投资项目，在投资前期全面、系统地论证该项目的必要性、可能性、有效性和合理性，做出对项目可行或不可行的评价。

可行性研究是20世纪30年代美国开发田纳西流域开始采用的。1978年，联合国工业发展组织为了推动和帮助发展中国家的经济发展，编写出版了《工业可行性研究编制手册》一书，系统地说明了工业项目可行性研究的内容和方法。我国从1982年开始将可行性研究列为工业投资的一项重要程序，1983年颁发了《建设项目进行可行性研究的试行管理办法》，1991年又做了修订，对我国基本建设项目可行性研究的编制程序、内容、审批等进行了规定。2006年，国家发改委、建设部联合发布了《建设项目经济评价方法与参数（第三版）》，为正确应用可行性研究，科学决策项目投资提供了指导原则。目前，项目可行性研究已成为投资决策中一个不可缺少的阶段。

投资项目进行可行性研究的主要目的，从技术与经济多方面为投资决策提供科学依据，以提高项目决策的成功率，提高投资效益。在投资项目的管理中，可行性研究具有以下作用：

（1）作为项目投资决策的依据。
（2）作为向银行等金融组织和金融机构申请贷款、筹集资金的依据。
（3）作为编制设计工作的依据。
（4）作为供环保部门审查的依据和向项目建设所在地政府、规划部门申请建设执照的依据。
（5）作为签订有关合同、协议的依据。
（6）作为建设工程的基础资料。
（7）作为企业组织管理、机构设置、劳动定员和职工培训工作安排的依据。

三、可行性研究的工作阶段

联合国工业发展组织编写的《工业可行性研究编制手册》规定：投资前期的可行性研究工作分为机会研究（投资机会鉴定）、初步可行性研究（预可行性研究）、详细可行性研究（最终研究，或称可行性研究）、项目评估与决策四个阶段。

在可行性研究的任何一个阶段，只要得出"不可行"的结论，就不必再继续进行下一步的研究工作；可行性研究的工作阶段和内容也可以根据项目规模、性质、要求和复杂程度的不同，进行适当的调整和简化。在实践中，只有大中型项目才要求完成全部阶段。小型和简单项目，一般只做初步可行性研究、详细可行性研究、项目评估与决策三个阶段。

四、可行性研究的主要内容

可行性研究的最后成果是编制成一份可行性研究报告作为正式文件。一般工业建设项目的可行性研究应包括以下内容。

(1) 总论。
(2) 市场需求预测和拟建规模。
(3) 原材料、能源及公用设施情况。
(4) 建厂条件和厂址方案。
(5) 工艺技术和设备的选择。
(6) 环境保护与劳动安全。
(7) 企业组织、劳动定员和人员培训。
(8) 项目实施进度的建议。
(9) 投资估算与资金筹措。
(10) 财务分析(也称财务评价)。
(11) 经济分析(也称国民经济评价)。
(12) 敏感性分析与盈亏平衡分析。
(13) 风险分析。
(14) 结论与建议。

综上所述,项目可行性研究的基本内容可概括为三部分。第一部分是市场调查和预测,说明项目建设的"必要性"。第二部分是建设条件和技术方案,说明项目在技术上的"可行性"。第三部分是经济效益的分析与评价,这是可行性研究的核心,说明项目在经济上的"合理性"。可行性研究主要从这三个方面对项目进行优化研究,并为投资决策提供依据。

 扩展阅读　一般工业项目可行性研究报告编制大纲

第二节　市场预测与建设规模

市场预测是指通过必要的市场调查和市场分析手段,对项目产品的市场环境、竞争能力和竞争对手进行分析和判断,进而分析项目产品在可预见的时间内是否有市场,预计可能占有的市场份额,从而确定产品方案和生产规模,这是工业项目可行性研究首当其冲的重要步骤。

一、市场预测的意义

（一）做好市场分析、预测是搞好项目可行性研究的前提和基础，是提高可行性研究工作水平的需要

市场分析、预测将确认（或否定）项目建设的必要性。调查研究产品是否有市场，是否为社会所需要，以确定项目是否有必要建设。可行性研究中的技术分析和经济分析所必需的有关产品的品种、数量、规格、用户要求以及销售量等资料，都有待于市场的分析、预测来提供，并以此为依据。

（二）市场分析、预测是提高投资决策水平，提高社会经济效益的需要

面对激烈的市场竞争，处在日新月异的科技时代，企业要能在变化的市场中求生存、求发展，要想取得满意的投资效果，就必须首先考虑投资项目的产品是否有生命力，是否有竞争力，而搞好市场预测是提高投资决策水平、提高企业经济效益的保证。

二、市场调查和分析

市场调查的作用主要是收集提供制定决策的信息，市场分析是指对调查所得的原始信息进行分类、校编、统计和分析，做出有关结论。市场调查和分析的内容主要包括：
(1) 了解政府部门对有关项目产品的指令性安排、长远规划、产品开发政策和意向。
(2) 调查、预测国内外市场对项目产品的需求
(3) 调查预测项目产品国内外供应量。
(4) 调查预测产品进入国际市场的近况和出口前景。
(5) 对项目产品市场供需的全面分析。

将上述调查所得的基础数据，填入表 8-1 并进行综合分析，从需求量超过供应量的程度，可看出产品是否有可靠的市场。

表 8-1 ××产品市场供需调查预测表

序号	调查内容	单位	目前情况	项目投产时情况	项目投产×年后情况	项目投产×年后情况
1	总需求量					
1.1	国内需要量					
1.1.1	销售量					
1.1.2	未满足量					
1.2	出口需要量					
2	总供应量					

续表

序号	调查内容	单位	目前情况	项目投产时情况	项目投产×年后情况	项目投产×年后情况
2.1	国内现有生产能力					
2.2	进口量					
3	总供需差额					
4	本项目量					

（6）销售预测。结合供需分析、经销渠道和经销措施的论述，以及确定的产品方案、生产规模、预测产品的销售量（涉外产品还要预测出口销售量），及分年的销售计划，论述预测的理由和依据。

（7）销售价格的预测和分析。外销出口的价格的预测难度较大，可参考"国际市场价格参考资料"提供的参考价格进行预测。国内市场销售价格参考现行价格（包括计划价、指导价、议价）确定计算现行价格。在此基础上对竞争能力和市场能接受的价格水平进行分析预测。

除以上对市场需求量预测外，还有市场占有率预测、技术发展预测和资源预测。

三、市场预测的方法

市场预测的方法一般可分为三类，定性预测、定量预测和综合预测。前两者是应用最普遍的方法，而综合预测实际是定性预测与定量预测相结合的方法。

（一）定性预测

定性预测方法多是指以市场调查为基础的经验判断法。

1. 购买者意向调查

购买者意向调查就是在营销环境和条件既定的情况下，预测顾客可能购买些什么。在顾客购买意向非常明显时，此方法非常有效。

2. 专家意见法

这种方法是向专家直接征询意见，依靠专家小组"背靠背"地集体判断，来代替"面对面"的会议，使专家的不同意见能够充分发表。经过客观分析和几次的征询与反馈，使各种意见逐步趋于一致，从而得出比较符合市场发展规律的预测结果。

（二）定量预测

定量预测方法是指以统计资料为基础的分析法。

1. 移动平均法

移动平均法是根据靠近预测期的各期实际销售额的平均数来预测未来的销售额。随着时间的推移，计算平均值所用的各个时期也相应地移动。

2. 加权移动平均法

移动平均法不足之处是把近期数据和远期数据对预测值的影响程度不加区别地等同起来，而实际上往往近期数据对预测数的影响较大。为了区分近期和远期数据的影响程度，可采用加权移动平均法。它的方法是对不同时期的数据予以不同的权数，近期数据权数大，远期数据权数小，然后再加以平均。

四、建设规模

（一）规模经济理论

规模经济是反映因生产规模变动而引起的收益的变动情况。如果规模扩大时收益增加，称为规模经济，如果规模扩大时收益减少，则称为规模不经济。规模经济可以从两方面分析：一是，如果一个生产单位在规模扩大时从自身内部引起收益的增加，这种情况就是内在经济，相反，如果一个生产单位在规模扩大时从自身内部引起了收益的下降，这种情况就是内在不经济；另一是，如果整个行业规模扩大和产量增加使个别厂商成本减少，收益增加，这种情况就是外在经济，相反，如果整个行业规模扩大和产量增加使个别厂商成本增加，收益减少，这种情况就是外在不经济。

规模经济所要研究的就是企业的生产规模对成本和利润的影响，这必然和产品的销售收入、总成本费用、利润等有关。我们把平面直角坐标系上反映规模收益变动以及产量、成本和利润之间的关系的一条曲线称为规模效果曲线，如图 8-1 所示。

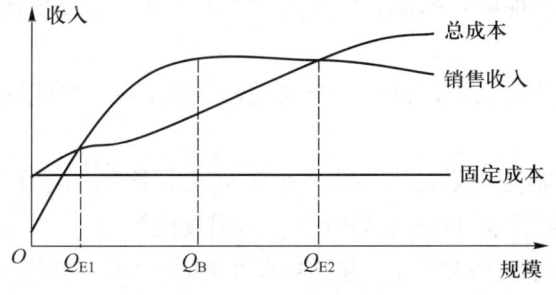

图 8-1　规模效果曲线图

从图 8-1 可以看出，当生产规模达到 Q_{E1} 时，企业不盈不亏；生产规模超过 Q_{E1} 时，企业开始取得净收益；当生产规模达到 Q_{E2} 时，企业又出现不盈不亏的状态；超过该生产规模，企业又开始亏损。在 Q_{E1} 至 Q_B 之间，企业的规模收益一直是递增的，即收益的增加幅度大于生产规模增加的幅度；超过了 Q_B，企业的规模收益递减，即收益的增加幅度小于生产规模增加的幅度，甚至生产规模扩大使边际收益为负值。

据此可以认为，Q_{E1} 至 Q_B 的区间是规模经济区间。

（二）生产规模及其制约因素

衡量项目规模的大小有多种指标，如生产能力、投资额、所需人数等。在可行性研究和项目评估中，评价项目规模的指标主要是生产能力。影响项目规模确定的主要因素有：

1. 国民经济发展规划

建设项目的生产规模应首先适应国家、地区及行业的国民经济发展规划的需要。这是因为项目的建设规模的大小，往往关系到国民经济各部门之间总量的发展和比例关系的协调。确定拟建项目的生产规模要考虑国家产业政策，主要是按照产业政策所规定的投资项目的经济规模标准作为项目的最低生产规模。

2. 市场需求

在确定拟建项目的生产规模时，必须对市场分析的结果进行研究，分析项目产品的市场供求关系，项目产品的市场需求量的大小，并把其作为制约和决定项目生产规模的重要因素。

3. 各工业部门的技术经济特点

由于各工业部门有不同生产技术特点，其规模与技术经济指标的依存关系也不同，故其有各自不同的规模结构。例如机械工业，其产品结构较复杂，品种规格多，就应以少数大型企业为中心，在搞好专业协作的基础上，主要发展中小型企业。采掘业的规模，主要取决于矿物储藏量和地质条件；电力业的规模，主要取决于发电机机组的大小和负荷程度等。

4. 资源、设备制造能力、资金等供应的可能性

资金供应、土地条件、设备条件和原材料、能源、水资源、交通运输条件、协作配套条件等都是影响企业规模的重要因素。如资源供应不稳定或运输困难及价格高昂使生产成本提高，或筹资不足、土地面积限制、协作配套不能满足、技术装配限制等都会限制规模。

5. 规模经济的要求

在建设项目的可行性研究中，按照经济效益的高低，通常可以把项目生产规模分为以下四种类型：

（1）亏损规模。亏损规模是指销售收入小于总成本费用的规模。在图8-1的规模效果曲线图中，小于Q_{E1}和大于Q_{E2}的规模都属于"亏损规模"。

（2）起始规模（最小经济规模）。起始规模也称盈亏临界规模，是指销售收入等于总成本费用的保本最小规模。在图8-1规模效果曲线图中，Q_{E1}点即为"起始规模"。每个行业都有一个最低生产规模界限，高于这个规模界限企业就盈利，低于这个界限企业就亏损。

（3）合理经济规模（适宜经济规模）。合理经济规模是指销售收入大于总成本费用，并保证一定盈利水平的生产规模，在图8-1规模效果曲线图中，合理规模位于Q_{E1}和Q_{E2}之间，可见合理经济规模是一个区间。

（4）最佳经济规模。最佳经济规模是指项目产品的成本最低，而经济效益最高的生产规模，在图8-1规模效果曲线图中，Q_B点即为最佳经济规模。

最佳经济规模是最理想的规模，拟建项目的生产规模最好能达到这个水平。但受许多因素的限制，最佳经济规模一般很难达到，而亏损规模和起始规模，都不符合企业生产的生产动机，这两种规模都不能选择。因此在通常情况下，企业一般选择合理经济规模。

6. 投资主体风险承受能力

规模越大，项目越复杂，投资额也越大，因而投资主体要承担风险也就越大。如果项目主体没有雄厚的实力以及丰富的项目管理经验，投资大项目是十分危险的。

总之，在确定企业规模时，必须对上述几个因素进行综合分析和比较，既要从满足需要出发，又要考虑是否具有可能，更要注意经济效益，切不可把确定企业规模的工作简单化。

第三节 原材料、能源及公用设施分析

在分析确定项目产品方案的同时，还应对项目所需的原材料、辅助材料和燃料的品种、规格、成分、数量、价格、来源及供应方式，进行分析论证，以确保项目建成后正常生产运营，并为计算生产运营成本提供的依据。

一、原料路线

工业有采掘工业和加工工业之分。采掘工业的劳动对象是天然存在的。一般把来自采掘工业和农业的经过人类劳动取得的劳动对象（如铁矿砂、石油、棉花等）称为原料，把经过工业加工的原料（如钢材、粗苯、棉纱等）称为材料，两者合称为原材料。这里所讲的原料实际上指的是原材料。原料费用一般要占工业产品成本的50%以上，正确选择确定原料路线，已成为建设项目决策中迫切需要研究的问题。所谓原料路线，就是制造产品选用什么原料的问题，对很多产品来说，其所需原料有很多种，每种原料可供选择的可能不止一种，因此，就有一个合理选择的问题。

项目原料路线的决策就是要在诸多不同原料路线的备选方案中，选择一个经济效益与社会效益最佳的方案。为保证项目获得较好的效益，厂址、工艺技术路线、机器设备的选择等又受制于原料路线。比如，要建一个发电站，其厂址的选择首先决定于电站的燃料路线。若选择用煤作燃料，那么厂址应选在煤矿附近或在港门、码头或铁路沿线运输方便的地方。若选择水力，则厂址必定建在有水力资源的地方。若以核能为动力，则核电站应建在地质条件十分可靠，靠近海洋或大的江河，同时又离大城市有一定距离的地方。由于原料路线影响到建厂的技术方案，必然会对项目的投资、成本、利润等都产生影响。就以电站来说，在我国同样规模的核电站投资要高出火电站投资约两倍左右，而核电站的发电成本也比火电站高得多。原料路线对生态平衡、环境保护也有很大影响。例如，火电站要产生大量的二氧化硫、烟尘和粉煤灰，核电站发生事故有可能产生放射性污染，水电站则要建坝，会淹没大片土地，有时还会引起邻接地区土地盐碱化。

二、主要原材料供应方案

主要原材料是项目建成后生产运营所需的主要投入物。在建设规模、产品方案、技术方案确定后，应对所需主要原材料的品种、规格、成分、质量、数量、价格、来源、供应方式和运输方式进行分析。

（一）分析确定原材料品种、质量和数量

（1）根据项目产品方案详细分析并提出所需各种物料的品种、规格；在分析评价时，应根据项目的设计生产能力、选用的工艺技术和使用的设备来估算所需要的原材料的数量，并分析预测其供应的稳定性和保证程度。

（2）根据产品方案和技术方案，研究确定所需原材料的质量性能（包括物理性能和化学成分）。

（二）分析确定原材料供应来源与方式

（1）供应企业和地区研究。对可以从市场采购的原材料和辅助材料，应确定采购的地区。

（2）供应方式。一般有市场采购、投资建立原料基地、投资供货企业扩大生产能力等方式。

（3）进口原材料的供应。应调查研究国际贸易情况，分析拟选择的制造企业和供应企业的资信情况，确保原材料供应的可靠性。

（4）大宗原材料的供应。应调查研究主要供应企业的生产经营情况，并在可行性研究阶段与拟选择的供应企业签订供货意向协议。

（三）分析确定原材料运输方式

根据项目所需物料的形态（固态、液态、气态）、运输距离、包装方式、仓储要求、运输费用等因素研究确定物料运输方式。运输费用的高低与运输距离的长短及采用的运输方式是密切相关的，所以就地取材、缩短距离、采用合理的运输方式，将有助于降低运输费用，从而也会减少产品成本。

（四）分析选取原材料价格

在市场预测的基础上，对主要原材料的出厂价、到厂以及进口物料的到岸价和有关税费等做进一步计算，并进行比选。

三、燃料动力供应方案

项目所需燃料动力包括生产工艺燃料动力、公用和辅助设施用燃料动力及其他设施用

燃料动力。建设和生产中所需的燃料通常有煤炭、石油和天然气等,所需动力主要有电力、蒸汽和水等。

燃料及动力供应条件分析评价包括以下主要内容:

(1) 分析和评价项目所需燃料的需求量能否得到满足。首先要依据产品生产过程、成本、质量、区域环境对所用燃料的要求,来选择燃料种类,同时还要分析燃料供应政策、供应数量、质量、来源及供应方式。

(2) 分析和评价供水条件。要根据项目对水源、水质的要求,计算出项目的用水量,再结合当地的供水价格,分析耗水费用对产品成本的影响。

(3) 分析和评价供电条件。要按生产工艺要求计算日耗电量、年耗电量以及对产品成本的影响,要尽可能保证动力供应的稳定性。

(4) 分析和评价其他动力供应条件。在分析评价时,还要对产品生产中所需的其他动力(如各种汽、气等)的总需要量进行测算,并分析其对产品成本的影响。

四、主要原材料、燃料供应方案比选

对主要原材料、燃料供应方案应进行多方案比选。比选的主要内容为:

(1) 满足生产要求的程度,即原材料、燃料动力在品种、质量、性能及数量上能否满足项目建设规格和生产工艺的要求。

(2) 采购来源的可靠程度,包括原材料、燃料供应的稳定程度(包括数量、质量)和大宗原材料、燃料运输的保证程度。

(3) 价格和运输费用是否经济合理。价格比选一般采用定性比较,必要时可采用定量分析,如单位产品边际利润法、盈亏平衡法和原材料最低成本法。运输费用主要比选运输方式和单位运量的费用(如吨·公里运费)。经过比选提出推荐方案。

五、交通、运输条件的评估

交通运输条件对项目的建设生产起着至关重要的作用,要先于项目竣工,要早投入运行。因为项目施工建设如同作战,必须"兵马未动,粮草先行";项目建设所需的设备、材料等,不待投产就必须到位。

(一) 交通条件的评估

项目的交通条件是指项目厂外、厂内交通道路情况。厂外交通,包括厂区离公路主干道、铁路线、河流的距离,以及是否要修建连接公路、铁路专线、码头等。厂内的交通,从平面布置来看,要做到井井有条,因为纵横交错的厂区道路,稍有不慎就会引起物流不畅,影响生产,在进行总图布置时,要将主干道放在最合适的、物流量最大的线路上。

（二）运输条件的评价

运输条件的评估同样要求从厂外、厂内两个方面进行，涉及的内容有运输方式、设备的选择、运输中装、卸、转、储各环节协调和组织管理的问题。

对于厂外运输，要对运输的方式和设备的选择进行多方案的比较与论证，寻求最佳的方案。

对于厂内运输，其运输方式主要有车辆运输、传递运输、起重运输等。对运输条件作经济性评价时，重点是计算运输成本，分析运输环节对未来生产产品成本的影响情况。为此，评估时要抓住以下几个环节：

（1）对各种运输方式进行技术经济比较，经过方案论证，先取经济合理的运输方式；

（2）审查运输的各个环节是否紧凑有序，能否保证生产的连续性与可靠性；

（3）审查并计算运输设备、工具所需的投资是否合理。

第四节 厂址选择

一、厂址选择的概念

厂址选择，是指在一定范围内，选择和确定拟建项目建设的地点和区域，并在该区域内具体地选定项目建设的坐落位置。厂址选择包括两个层次：选点和定址。选点又称建厂地区的选择，是确定工厂所在的地理区域；定址就是确定拟建企业的具体厂址，确定建设项目具体坐落的位置。

二、厂址选择的原则

（一）符合国家政策

在建厂地区选择时必须考虑国家产业布局政策，同时必须考虑保护环境和生态。

（二）满足生产技术的要求

厂址选择要保证项目建成投产后能达到预定的生产规模；要保证为预定的产品质量提供必要条件；要保证生产的安全顺利进行。

（三）综合成本最低

在满足生产技术要求的前提下，应选择成本低的地方作为建厂地点。这里的成本不仅包括土地费用、场地整理费用等，还包括生产期各种原材料的运输费用、劳动力成本等。

三、厂址选择的影响因素

建厂地区的选择是十分复杂的,需要考虑的因素很多,如材料资源、市场、运输、工业基础、行业特点、环境影响、厂址条件、地区发展、经济规模及地区的财税政策等。

(一)材料资源、市场及运输对建厂地区选择的影响

项目建在原材料产地可以最大限度地降低原材料的运输费用。因而,原材料运输费用高的项目、生产过程中原材料失重程度大的项目,一般应选择在原材料产地或附近;产品运输费用高和一些产品不便于运输的项目,应考虑在产品市场地区建厂。

(二)工业基础与地区间均衡发展的影响

工业基础好的地区,一般均拥有较好的协作网,容易实现专业化分工协作,拥有较好的基础设施,如水、电、通信和交通运输系统;居民的受教育水平高,具有良好的经营管理传统基础,容易获得技术熟练的工人、技术人员和管理人员,项目建成后的经营成果比工业基础差的地区要好得多。选择建厂地区时,要充分考虑地区的工业基础情况,利用已有的工业基础,提高项目的经济效益。

(三)厂址条件和环境对建厂地区选择的影响

在厂址选择时一般是确定了建厂地区再选择具体厂址。但也有许多情况是在选择建厂地区时就必须考虑厂址条件。有时,厂址条件相差很大,以致在选择建厂地区时不得不进行多方面的考查和比较,如地质差别,运输条件或水、电、气供应条件差别。随着工业的发展,环境保护问题越来越重要。现代工业投资项目在选择建厂地区时都必须考虑对环境的影响。对于排废项目,在选址时,应使"三废"易于稀释和处理。总之,对于环境污染严重的项目应尽量建设在对社会带来的副作用相对较小的地区。

(四)项目特点的影响

在选择建厂地区时,必须考虑投资项目本身的特点,不同的项目对建厂地区的要求不同,选择时要考虑的因素也不同。如水电站项目,建厂地区的选择主要受资源条件的限制,只能建在水力资源地区。火电站项目的煤炭运输费用较为重要,其产品电力的输送也可能需要巨额成本。这往往要在用户附近与煤矿产地之间做出选择。煤矿产地建电厂可减少煤炭运费,但要远距离输送电力,投资费用也很高。

四、厂址选择的步骤

厂址选择一般可按以下步骤进行:

（一）拟定建厂条件指标

根据设置的生产规模和采用的技术，拟定建厂条件指标，包括：占地面积（生产用房、公用工程、附属工程、仓库、厂区道路等用地以及施工用地和发展预留用地）；全厂原料和燃料的种类及数量；运输量（运进和运出）及运输和储存的特殊要求；用水量及对水质的要求；污水量及其性质；用电量及最高负荷量和负荷等级；需要的高压蒸汽量及低压蒸汽量；全厂定员及生活区占地面积；土建工程内容和工作量；对其他厂协作要求。

（二）进行现场踏勘并收集选厂基础资料

一般应收集以下几方面选厂基础资料：

（1）当地自然条件，包括当地的气温、湿度、日照、一年四季的风向、降水量、微尘和烟气、地面洪水、地震等。

（2）地势条件，包括当地可提供的面积、海拔高度、地理方位、地形、现行土地的使用权及土地价格等。

（3）运输设施，包括可供利用的运输条件和运输费用。

（4）能源供应。要了解可能的供电量、供电方式（高压还是低压）、供电的稳定性、不同消耗水平的电价。

（5）水质。不少项目把水作为原料，对水的供应量和水质有相当的要求。

（6）通信。是否具备好的通信设施。如果采取改进措施所需的费用。

（7）废物处理。确定废气、废水量以及在各个可供选择地点的可能处理方式、相应的处理费用。

（8）生活设施，生活区面积，距商业区、教育区的距离，设置生活服务设施的费用。

（9）费用，包括土地费用、场地费用和开拓费用、环保费用等。

（三）方案比较和分析论证

根据现场踏勘结果，对各个方案进行比较，经过综合论证，提出推荐方案。

（四）提出选址报告

选址报告是厂址选择工作的最终结果，其内容如下：

（1）选厂依据，采用的工艺路线、建厂条件指标以及选厂的主要经过。

（2）建厂地区的概况（包括自然、经济及社会概况）。

（3）厂址建设条件概述。

（4）厂址方案比较，并提出厂址技术方案比较表及厂址建设投资及经营费用比较表。

（5）各厂址方案的综合分析论证，推荐方案及推荐理由。

（6）当地领导部门、环保部门、交通部门、地震、地质部门对厂址的意见。

（7）存在问题及解决方法。

（8）选址报告要附厂址规划示意图和工厂总平面布置示意图。

五、厂址选择的方法

(一) 最小费用法选择厂址

通过对项目不同选址方案的投资费用与经营费用的对比,来做出选址决定。这是一种偏重于经济方面考虑的选择方法。

(二) 评分优选法

如果几个备选的厂址方案都能满足建厂条件,那么采用最小费用法进行比较是可行的,也是比较准确的。但问题是在实际工作中经常遇到几个方案在满足建厂条件时各具特色互有优劣势,而这些优劣势很难把它折算成费用,因此就难以定量计算。这时可采用评分优选法。

采用评分优选法选择厂址方案的步骤:

(1) 列出厂址方案比较主要指标。

(2) 将各指标按其重要程度给予一定的权重(WF),同时将各方案的评比指标根据实际条件分别定出评价值(P)。

(3) 将各方案所有的评价值乘以对应的权重,得出指标评价分($WF \cdot P$)。方案评价分的总和最高者为最优的厂址方案。权重及各方案指标评价值的确定可以采用专家评分法。

 扩展阅读 厂址选择案例

第五节 工艺技术路线选择

一、工艺技术路线

所谓工艺技术路线,就是对原料进行加工或处理使之成为产品的方案和方法,内容包括技术方案、工艺流程、工艺方法、工艺设备。技术方案又包括产品方案、生产技术方案、辅助生产技术方案、三废处理方案、自动控制方案、生产检验方案等。工艺技术路线的选择,就是要从各种可行的工艺技术路线中经过比较,选择一种技术经济效果最好的工艺技术路线。

工艺技术路线选择是可行性研究的核心。产品质量、项目投资、生产成本、劳动条件与环境保护等均主要取决于项目的工艺技术路线。人们对可行性研究往往有一种错误的理解,认为可行性研究主要是进行经济数据的预测和经济效益计算与评价。诚然,进行可行性研究是为了寻找最佳（或较佳）经济效益的方案，但是经济效益不是靠财务计算算出来的，而是工艺技术路线选择的必然结果。如果说市场预测是否正确是项目成功的前提的话，那么工艺技术路线的选择就是项目成功的关键。

二、工艺技术路线选择的基本要求

1. 先进性

项目应尽可能采用先进技术和高新技术。衡量技术先进性的指标，主要有产品质量性能、产品使用寿命、单位产品物耗能耗、劳动生产率、自动化水平和装备水平等。项目采用的技术应尽可能接近国际先进水平或者居国内领先水平。

2. 适用性

工艺技术上的适用性是指拟采用的工艺技术应与建设规模、产品方案，以及管理水平相适应，可以迅速消化、投入、提高并能取得良好的经济效益。具有先进性的工艺技术不一定就能适用，而不适用的工艺技术是不可能取得良好的经济效益的。

3. 可靠性

项目所采用的技术和设备，应经过生产、运行的检验，并有良好的可靠性记录。可靠性是选择工艺的前提。新技术、新工艺要进入生产领域，必须要过实验室研究和中间试验，只有实验阶段基本解决了各种应用技术问题，并经过有权机关综合评价和鉴定后，才能进入生产阶段。

4. 安全性

项目所采用的技术，在正常使用中应确保安全生产运行。主要考察所采用的工艺技术是否会对操作人员造成人身伤害，有无保护措施，是否会破坏自然环境和生态平衡，能否预防等。核电站、产生有毒有害和易燃易爆物质的项目以及地下矿开采、水利水电枢纽等，尤其应注重技术的安全性研究。

5. 经济合理性

在注重所采用的技术设备先进适用、安全可靠的同时，应着重分析所采用的技术是否经济合理，是否有利于节约项目投资和降低产品成本，提高综合经济效益。经济性原则可以表述为以最小的代价获取最大的收益。

三、工艺技术路线选择内容

1. 生产方法选择

（1）分析与项目产品相关的国内外各种生产方法，分析其优缺点及发展趋势，采用先进适用的生产方法。

（2）分析拟采用的生产方法是否与采用的原材料相适应。

（3）分析拟采用生产方法的技术来源的可靠性，若采用引进技术或者专利，应比较购买技术或者专利所需的费用。

（4）分析拟采用生产方法是否符合节能和清洁生产要求，力求能耗低、物耗低，废弃物少。

2. 工艺流程方案选择

（1）分析工艺流程方案对产品质量的保证程度。

（2）分析工艺流程各工序之间的合理衔接，工艺流程应通畅、简捷。

（3）分析选择先进合理的物料消耗定额，提高收益和效率。

（4）分析选择主要工艺参数，如压力、温度、真空度、收率、速度和纯度等。

（5）分析工艺流程的柔性安排，既能保证主要工序生产的稳定性，又能根据市场需要的变化，使生产的产品在品种规格上保持一定的灵活性。

3. 设备选择

（1）所选设备满足设计的产量与质量要求。

（2）所选设备的性价比高。

（3）所选设备的兼容互换性好。

（4）所选设备安全环保。

4. 工艺技术路线的比选论证

技术方案的比选内容主要有：技术的先进程度，技术的可靠程度，技术对产品质量性能的保证程度，技术对原材料的适应性，工艺流程的合理性，自动化控制水平，技术获得的难易程度，对环境的影响程度，以及购买技术或者专利费用等技术经济指标。

比选论证后提出推荐方案。同时应绘制主要工艺流程图，编制主要物料平衡表，车间（或者装置）组成表，主要原材料、辅助材料及水、电、气等消耗定额表。

四、合理布置总平面

工艺流程的另一个问题是工艺布置问题。即以布置图的形式来确定整个项目的范围，确定整个工艺的过程，并且作为具体设计工作的基础。布置图包括地面布置和建筑物内布置。地面布置要使厂内的原料、半成品、制成品、水、电、气及工业废料的流转在经济上和技术上最合理。当然这要根据工艺流程来排定。同时，要使工厂内部运输和服务系统与厂外设施能实现有机的结合，各个车间之间的关系、室内外设备的衔接、厂内道路、专用铁路、堆场和仓库、办公和生产指挥中心、福利设施等，均要在工艺流程的基础上做出妥善的安排。对于建筑物内的布置更是直接与工艺有关。机器和设备布置、产品物料流向、工作场地面积、通道、通风、照明、维修、安全保护等，都要通盘考虑。

第六节 环境影响评价

建设项目一般会引起项目所在地自然环境、社会环境和生态环境的变化，对环境状况、环境质量产生不同程度的影响。环境影响评价是在分析确定厂址方案和技术方案中，调查分析环境条件，识别和分析拟建项目影响环境的因素，提出治理和保护环境的措施，比选和优化环境保护方案。

一、环境影响评价基本要求

工程建设项目应注意保护厂址及其周围地区的水土资源、海洋资源、矿产资源、森林植被、文物古迹、风景名胜等自然环境和社会环境。项目环境影响评价应坚持以下原则：

（1）符合国家环境保护法律、法规和环境功能规划的要求。

（2）坚持污染物排放总量控制和达标排放的要求。

（3）坚持"三同时"原则，即环境治理设施应与项目的主体工程同时设计、同时施工、同时投产使用。

（4）力求环境效益与经济效益相统一，在分析环境保护措施时，应从环境效益、经济效益相统一的角度进行分析论证，力求环境保护治理方案技术可行和经济合理。

（5）注重资源综合利用，对环境治理过程中项目产生的废气、废水、固体废弃物，应提出回水处理和再利用方案。

二、影响环境因素分析

影响环境因素分析，主要是分析项目建设过程中破坏环境，生产运营过程中污染环境，导致环境质量恶化的主要因素。

（1）废气。分析气体排放点，计算污染物产生量和排放量、有害成分和浓度，分析排放特征及其对环境危害程度。

（2）废水。分析工业废水（废液）和生活污水的排放点，计算污染物产生量与排放数量、有害成分和浓度，分析排放特征、排放去向及其对环境危害环境造成的污染程度。

（3）固体废物。分析工业生产活动中产生的固体废渣，计量其产生量和排放量，分析组分特征、排放方式及对环境造成的危害程度。

（4）噪声。分析噪声源位置，计算声压等级，分析噪声特征及其对环境造成的危害程度。

（5）粉尘。分析粉尘排放点，计算产生量与排放量，分析组分与特征、排放方式，及其对环境造成的危害程度。

（6）其他污染物。分析生产过程中产生的电磁波、放射性物质等污染物发生的位置、特征，计算强度值，及其对周围环境的危害程度。

三、环境保护措施

在分析环境影响因素及其影响程度的基础上，按照国家有关环境保护法律、法规的要求，提出治理方案。

（一）治理措施方案

应根据项目的污染源和排放污染物的性质，采用不同的治理措施。

（1）废气污染治理，可采用冷凝、吸附、燃烧和催化转化等方法。

（2）废水污染治理，可采用物理法（如电力分离、离心分离、过滤、蒸发结晶、高磁分离等）、化学法（如中和、化学凝聚、氧化还原等）、物理化学法（如离子交换、反渗透、气泡悬上分离、吸附萃取等）、生物法（如自然氧池、生物滤化、活性污泥、厌氧发酵）等方法。

（3）固体废弃物污染治理，有毒废弃物可采用防渗漏池堆存；放射性废弃物可采用封闭固化；无毒废弃物可采用露天堆存；生活垃圾可采用卫生填埋、堆肥、生物降解或者焚烧方式处理。利用无毒害固体废弃物加工制作建筑材料或者作为建材添加物，进行综合利用。

（4）粉尘污染治理，可采用过滤防尘、湿式除尘、电除尘等方法。

（5）噪声污染治理，可采用吸声、隔音、减振、隔振等措施。

（6）建设和生产运营引起环境破坏的治理，对岩体滑坡、植被破坏、地面塌陷、土壤劣化等，应提出相应治理方案。

在可行性研究中，应在环境治理方案中列出所需的设施、设备和相应的投资费用。

（二）治理方案比选

对环境治理的各局部方案和总体方案进行技术经济比较，并做出综合评价，主要内容有：

（1）技术水平对比。分析对比不同环境保护治理方案所采用的技术和设备的先进性、适用件、可靠性和可得性。

（2）治理效果对比。分析对比不同环境保护治理方案在治理前及治理后环境指标的变化情况，以及能否满足环境保护法律法规的要求。

（3）管理及监测方式对比。分析对比各治理方案所采用的管理和监测方式的优缺点。

（4）环境效益对比。将环境治理保护所需投资和环保设施运行费比与所获得的收益相比较。效益费用比值较大的方案为优。

治理方案经比选后，提出推荐方案。

第七节　财务基础数据估算

财务基础数据估算是指根据项目市场、资源、技术，从项目（或企业）的角度出发，依据现行的经济法规和价格政策，对一系列与项目有关的财务数据进行调查、收集、整理和测算，并编制有关的财务基础数据估算表格的工作。财务基础数据估算需要编制下列财务分析报表：① 建设投资估算表；② 建设期利息估算表；③ 流动资金估算表；④ 项目总投资使用计划与资金筹措表；⑤ 营业收入、营业税金及附加和增值税估算表；⑥ 总成本费用估算表。若用生产要素法编制总成本费用估算表，还应编制下列基础报表：外购原材料费估算表、外购燃料和动力费估算表、固定资产折旧费估算表、无形资产和其他资产摊销估算表、工资及福利费估算表。

财务基础数据估算表之间的相互关系如图8-2所示：

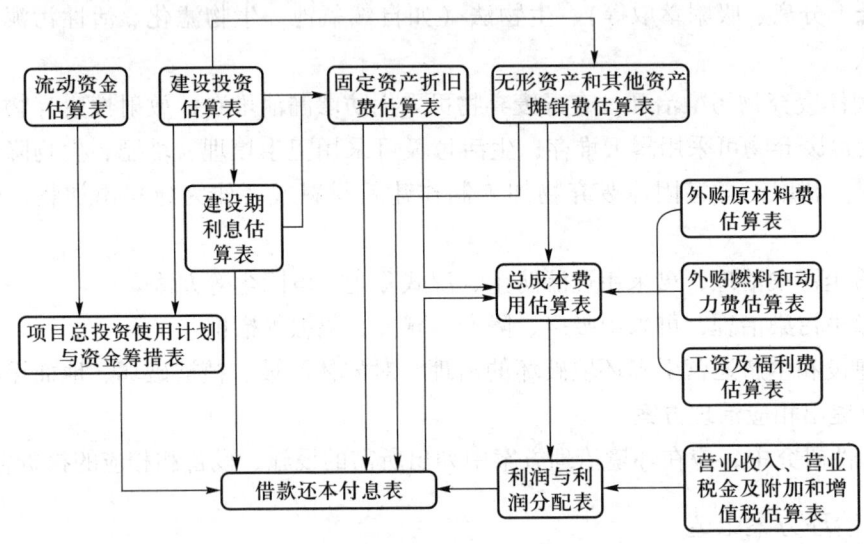

图8-2 财务基础数据估算表关系

一、投资估算

（一）项目总投资

项目总投资是指建设项目从筹建期间开始到项目全部建成投产为止所发生的全部投资费用。新建项目的总投资由建设投资、建设期利息和流动资金三部分组成。建设项目在建成交付使用时，项目投入的全部资金分别形成固定资产、无形资产、其他资产和流动资产。

（二）建设投资估算

建设投资是指建设单位在项目建设期与筹建期间所花费的全部费用，包括固定资产费用、无形资产费用、其他资产费用和预备费。固定资产投资费用由建筑工程费用、设备及工器具购置费用、安装工程费用和工程建设其他费用组成。无形资产费用是指为取得或形成无形资产而发生的费用，包括专利权、非专利技术、商标权、著作权和土地使用权。其他资产费用主要包括开办费。预备费由基本预备费和涨价预备费估算组成。

按照费用归集形式，建设投资可按概算法或形成资产法分类。根据项目前期研究各阶段对投资估算精度的要求、行业特点和相关规定，可选用相应的投资估算方法，固定资产投资估算主要有扩大指标估算法（包括单位生产能力投资估算法和指数估算法）和详细估算法。无形资产投资和其他资产估算通常按照取得时的实际成本计价。

按照要求编制建设投资估算表。

（三）建设期利息

建设期利息是指筹措债务资金时在建设期内发生并按规定允许在投产后计入固定资产原值的利息，即资本化利息。

建设期利息包括银行借款和其他债务资金的利息以及其他融资费用。其他融资费用是指债务融资中发生的手续费、承诺费、管理费、借贷保险费等融资费用，一般情况下应将其单独计算并计入建设期利息。

建设期利息估算计算公式如下：

$$各年应计利息=\left(年初借款本息累计+\frac{本年借款额}{2}\right)\times 年利率 \qquad (8-1)$$

按照要求编制建设期利息估算表。

（四）流动资金估算

流动资金系指营运期内长期占用并周转使用的营运资金，不包括运营中需要的临时性营运资金。

按行业或前期研究阶段的不同，流动资金估算可选用扩大指标估算法或分项详细估算法。

（1）扩大指标估算法。即参照同类企业流动资金占营业收入或经营成本的比例，或者单位产量占营运资金的数额估算流动资金。

（2）分项详细估算法。即利用流动资产与流动负债估算项目占用的流动资金。具体计算公式为：

$$流动资金=流动资产-流动负债$$
$$流动资产=应收账款+预付账款+存货+现金$$
$$流动负债=应付账款+预收账款$$
$$流动资金本年增加额=本年流动资金-上年流动资金$$

按照要求编制流动资金估算表。

（五）融资方案

在投资估算基础上，分析建设投资和流动资金的来源渠道及筹措方式，在明确项目融资主体的基础上，设定初步融资方案，通过对初步融资方案的资金结构、融资成本和融资风险的分析，结合融资后财务分析，比选、确定融资方案。

按照融资主体不同，融资方式分为依托现有法人进行融资活动的既有法人融资和以新组建项目法人进行融资活动的新设法人融资两种。

既有法人融资方式，建设项目所需资金来源于既有法人内部融资（可通过货币资金、资产变现、资产经营权变现和直接使用非现金资产的渠道和方式筹措)、新增资本金（可通过原有股东增资扩股、吸收新股东投资、发行股票和政府投资等渠道和方式筹措）和新增债务资金。

新设法人融资方式，建设项目所需资金来源于项目公司股东投入的资本金（可通过股东直接投资、发行股票和政府投资等渠道和方式筹措）和项目公司承担的债务资金。

债务资金可通过商业银行贷款、政策性银行贷款、外国政府贷款、国际金融组织贷款、出口信贷、银团贷款、企业债券、国际债券、融资租赁等渠道和方式筹措。

按照资金来源和融资方案，编制项目总投资使用计划与资金筹措表。

二、成本费用估算

（一）总成本费用估算

总成本费用估算系指在运营期内为生产产品提供服务所发生的全部费用。总成本费用可按下列方法估算：

1. 生产成本加期间费用估算法

$$总成本费用 = 生产成本 + 期间费用$$
$$生产成本 = 直接材料费 + 直接燃料和动力费 + 直接工资 + 其他直接支出 + 制造费用$$
$$期间费用 = 管理费用 + 营业费用 + 财务费用$$

按照生产成本加期间费用法估算总成本费用，编制总成本费用估算表（生产成本加期间费用法）。

2. 生产要素估算法

$$总成本费用 = 外购原材料、燃料和动力费 + 工资及福利费 + 折旧费$$
$$+ 摊销费 + 修理费 + 财务费用（利息支出）+ 其他费用$$
$$其他费用 = 其他制造费用 + 其他管理费用 + 其他营业费用$$

按照生产要素法估算总成本费用，编制总成本费用估算表（生产要素法）。对于采用生产要素法编制的总成本费用估算表，应编制下列基础报表：外购原材料费估算表、外购燃料和动力费估算表、固定资产折旧费估算表、无形资产和其他资产摊销费估算表和工资及福利费估算表。

（二）经营成本估算

经营成本是项目经济评价中所使用的特定概念，作为项目运营期的主要现金流出，其构成和估算可用下列方法表达：

$$经营成本 = 外购原材料、燃料动力费 + 工资及福利费 + 修理费 + 其他费用$$

或

$$经营成本 = 总成本费用 - 折旧费 - 无形资产、其他资产摊销费 - 利息支出$$

（三）固定成本和可变成本估算

总成本费用可分解为固定成本和可变成本。

固定成本一般包括折旧费、摊销费、修理费、工资及福利费（计件工资除外）和其他费用等，通常把运营期发生的全部利息也作为固定成本。

可变成本主要包括外购原材料、燃料及动力费和计件工资等。

有些成本费用属于半固定半可变成本，必要时可进一步分解为固定成本和可变成本。项目评价中可根据行业特点进行简化处理。

三、营业收入估算

分别计算每一种产品的年营业收入，然后再进行汇总，求出项目生产期的各年营业收入，编制营业收入、营业税金及附加和增值税估算表。

第八节　建设项目财务分析

建设项目财务分析是指依据国家现行财税制度、现行价格和有关法规，鉴定、分析项目可行性研究报告提出的投资、成本、收入、税金和利润等信息，从项目（企业）的角度，考察项目建成投产后的盈利能力、清偿能力和外汇平衡状况，据此评价和判断项目财务可行性的一种经济评价方法。进行财务分析首先要编制一系列报表，计算相应的技术经济指标，并与有关标准进行比较，判断拟建项目从财务角度考虑是否可行，或从中选择最佳方案。

财务分析可分为融资前分析和融资后分析，一般宜先进行融资前分析，在融资前分析结论满足要求的情况下，初步设定融资方案，再进行融资后分析。

财务分析指标体系如表8-2所示。

表8-2　财务分析指标体系

评价内容	基本报表		评价指标	
			静态指标	动态指标
盈利能力分析	融资前分析	项目投资现金流量表	项目投资回收期	项目投资财务内部收益率
				项目投资财务净现值
	融资后分析	项目资本金现金流量表		项目资本金财务内部收益率
		投资各方现金流量表		投资各方财务内部收益率
		利润与利润分配表	总投资收益率	
			项目资本金净利润率	

续表

评价内容	基本报表	评价指标	
		静态指标	动态指标
偿债能力分析	借款还本付息计划表	偿债备付率	
		利息备付率	
	资产负债表	资产负债率	
		流动比率	
		速动比率	
财务生存能力分析	财务计划现金流量表	累计盈余资金	
不确定性分析	盈亏平衡分析	盈亏平衡产量	
		盈亏平衡生产能力利用率	
	敏感性分析	灵敏度	
		不确定因素的临界值	
风险分析	概率分析	$NPV \geq 0$ 的累计概率	
		定性分析	

一、盈利能力分析

(一) 融资前分析

融资前分析排除了融资方案变化的影响，从项目投资总获利能力的角度，考察项目方案设计的合理性。融资前分析应以动态分析（折现现金流量）为主，静态分析（非折现现金流量分析）为辅。

融资前动态分析应以营业收入、建设投资、经营成本和流动资金的估算为基础，考察整个计算期内现金流入和现金流出，编制项目投资现金流量表，利用资金时间价值的原理进行折现，计算项目投资内部收益率和净现值等指标。需要编制项目投资现金流量表。

项目投资现金流量表中的"所得税"应根据息税前利润（EBIT）乘以所得税税率计算，称为"调整所得税"。原则上，息税前利润的计算应完全不受融资方案变动的影响，即不受利息多少的影响，包括建设期利息对折旧的影响（因为折旧的变化会对利润总额产生影响，进而影响息税前利润）。但如此将会出现两个折旧和两个息税前利润（用于计算融资前所得税的息税前利润和利润表中的息税前利润）。为简化起见，当建设期利息占总投资比例不是很大时，也可按利润表中的息税前利润计算调整所得税。

(二) 融资后分析

融资后分析应以融资前分析和初步的融资方案为基础，考察项目在拟定融资条件下的盈利能力、偿债能力和财务生存能力，判断项目方案在融资条件下的可行性。融资后分析用于比选融资方案，帮助投资者做出融资决策。

融资后的盈利能力分析应包括动态分析和静态分析两种。

1. 动态分析

动态分析是通过编制财务现金流量表，根据资金时间价值原理，计算财务内部收益率、财务净现值等指标，分析项目的获利能力。融资后的动态分析包括下列两个层次：

（1）项目资本金现金流量分析。项目资本金现金流量分析是从项目权益投资者整体的角度，考察项目给项目权益投资者带来的收益水平。它是在拟定的融资方案下进行的息税后分析，依据的报表是项目资本金现金流量表。

（2）投资各方现金流量分析。投资者各方现金流量表是从投资者的角度出发，以投资者的出资额作为计算基础，把借款本金偿还和利息支付视为现金流出，实际收入为现金流入，分别编制投资各方现金流量表，计算投资各方的财务内部收益率指标，考察投资各方可能获得的收益水平。

2. 静态分析

静态分析是不采取折现方式处理数据，主要依据利润与利润分配表，并借助现金流量表计算投资利润率、投资利税率、资本金利润率和资本金净利润率等相关盈利能力指标。用公式可表示为：

利润总额＝产品营业（营业）收入-营业税金及附加-增值税-总成本费用

应纳税所得额＝利润总额-弥补以前年度亏损

所得税＝应纳税所得额×所得税税率

缴纳所得税后的利润，按照下列分配顺序分配：① 提取法定盈余公积金；② 提取公益金；③ 提取任意盈余公积金；④ 向投资者分配利润，即应付利润；⑤ 未分配利润即为可供分配利润减去应付利润后的余额。用公式可表示为：

税后利润＝应纳税所得额-所得税

可供分配利润＝税后利润-盈余公积金（含法定盈余公积金、
任意盈余公积金和公益金）
＝应付利润+未分配利润

（三）评价指标

盈利能力分析的主要指标包括项目投资财务内部收益率和财务净现值、项目资本金财务内部收益率、投资回收期、总投资收益率、项目资本金净利润率等。

1. 财务内部收益率（IRR）

财务内部收益率是指能使项目计算期内净现金流量现值累计等于零时的折现率。即 IRR 作为折现率使下式成立：

$$\sum_{t=1}^{n}(CI-CO)_t(1+IRR)^{-t}=0 \tag{8-2}$$

式中： CI——现金流入量；

CO——现金流出量;

$(CI-CO)_t$——第 t 期的净现金流量;

n——项目计算期。

项目投资财务内部收益率、项目资本金财务内部收益率和投资各方财务内部收益率都依据上式计算,但所使用的现金流入和现金流出不同。

当财务内部收益率大于或等于所设定的判别基准 i_c(通常称为基准收益率)时,项目方案在财务上可考虑接受。项目投资财务内部收益率、项目资本金财务内部收益率和投资各方财务内部收益率可有不同的判别标准。

2. 财务净现值(NPV)

财务净现值是指按设定的折现率(一般采用基准收益率 i_c)计算的项目计算期内净现金流量的现值之和,可按下式计算:

$$NPV = \sum_{t=1}^{n} (CI-CO)_t (1+i_c)^{-t} \tag{8-3}$$

式中:i_c——设定的折现率(同基准收益率)。

一般情况下,财务盈利能力分析只计算项目投资财务净现值,可根据需要选择计算所得税前净现值或所得税后净现值。

按照设定的折现率计算的财务净现值大于或等于零时,项目方案在财务上可考虑接受。

3. 项目投资回收期(P_t)

项目投资回收期系指以项目的净收益回收项目投资所需要的时间,一般以年为单位。项目投资回收期宜从项目建设开始年算起。项目投资回收期采用下式计算:

$$\sum_{t=1}^{P_t} (CI-CO)_t = 0 \tag{8-4}$$

项目投资回收期可借助项目投资现金流量表计算。项目投资现金流量表中累计净现金流量由负值变为零的时点,即为项目的投资回收期,可按下式计算:

$$P_t = T - 1 + \frac{\left| \sum_{t=1}^{T-1} (CI-CO)_t \right|}{(CI-CO)_T} \tag{8-5}$$

式中:T——各年累计净现金流量首次为正值或零的年数。

投资回收期短,表明项目投资回收快,抗风险能力强。

4. 总投资收益率(ROI)

总投资收益率表示总投资的盈利水平,系指项目达到设计能力后正常年份的年息前税前利润或运营期内年平均息税前利润(EBIT)与项目总投资(TI)的比率,总投资收益率应按下式计算:

$$ROI = \frac{EBIT}{TI} \times 100\% \tag{8-6}$$

总投资收益率高于同行业的收益率参考值,表明用总投资收益率表示的盈利能力满足要求。

5. 项目资本金净利润率（ROE）

项目资本金净利润率表示项目资本金的盈利水平，系指项目达到设计能力后正常年份的年净利润或运营期内年平均净利润（NP）与项目资本金（EC）的比率；项目资本金净利润率应按下式计算：

$$ROE = \frac{NP}{EC} \times 100\% \tag{8-7}$$

式中：NP——项目正常年份的年净利润或运营期内年平均净利润；
　　　EC——项目资本金。

项目资本金净利润率高于同行业的净利润率参考值，表明用项目资本金净利润率表示的盈利能力满足要求。

二、偿债能力分析

偿债能力分析需编制借款还本付息计划表和资产负债表。

（一）借款还本付息计划表

借款还本付息计划表反映项目计算期内各年借款本金偿还和利息支付情况。

按现行财务制度规定，归还建设投资借款的资金来源主要是当年可用于还本的折旧费和摊销费，当年可用于还本的未分配利润、以前年度结余可用于还本资金和可用于还本的其他资金等。由于流动资金借款本金在项目计算期末一次性回收，因此不必考虑流动资金的偿还问题。

债券的性质应该等同于借款。两者之间的区别是，通过债券筹集建设资金的项目，项目是向债权人支付利息和偿还本金，而不是向贷款金融机构支付利息和偿还本金。

（二）资产负债表

资产负债表用于综合反映项目计算期内各年年末资产、负债和所有者权益的增减变化及对应关系，可用来检查项目的资产、负债及资本结构是否合理和项目是否具有较强的偿还债务能力。资产负债表所反映的基本关系是：

$$资产 = 负债 + 所有者权益$$

（三）评价指标

偿债能力分析可通过计算利息备付率（ICR）、偿债备付率（DSCR）和资产负债率（LOAR）等指标，分析判断财务主体的偿债能力。

1. 利息备付率（ICR）

利息备付率系指在借款偿还期内的息税前利润（EBIT）与应付利息（PI）的比值，它从付息资金来源的充裕性角度反映项目偿付债务利息的保障程度，应按下式计算：

$$ICR = \frac{EBIT}{PI} \tag{8-8}$$

式中：$EBIT$——息税前利润；

PI——计入总成本费用的应付利息。

利息备付率应分年计算。利息备付率高，表明利息偿付的保障程度高。

利息备付率应当大于1，并结合债权人的要求确定。

2. 偿债备付率（$DSCR$）

偿债备付率系指在借款偿还期内，还本付息的资金（$EBITDA-T_{AX}$）与应还本付息金额（PD）的比值，它表示可用于还本付息的资金偿还借款本息的保障程度，应按下式计算：

$$DSCR = \frac{EBITDA - T_{AX}}{PD} \tag{8-9}$$

式中：$EBITDA$——息税前利润加折旧和摊销；

T_{AX}——企业所得税；

PD——应还本付息金额，包括还本金额和计入总成本费用的全部利息。

偿债备付率应分年计算，偿债备付率高，表明可用于还本付息的资金保障程度高。

偿债备付率应大于1，并结合债权人的要求确定。

3. 资产负债率（$LOAR$）

资产负债率指各期末负债总额（TL）同资产总额（TA）的比率，应按下式计算：

$$LOAR = \frac{TL}{TA} \times 100\% \tag{8-10}$$

式中：TL——期末负债总额；

TA——期末资产总额。

适度的资产负债率，表明企业经营安全、稳健，具有较强的筹资能力，也表明企业和债权人的风险较小。项目财务分析中，在长期债务还清后，可不再计算资产负债率。

三、财务生存能力分析

在项目（企业）运营期间，确保从各项经济活动中得到足够的净现金流量是项目能够持续生存的条件。财务分析中应根据财务计划现金流量表，综合考虑项目计算期内各年的投资活动、融资活动和经营活动所产生的各项现金流入和流出，计算净现金流量和累计盈余资金，分析项目是否有足够的净现金流量维持正常运营。为此，财务生存能力分析亦可称为资金平衡分析。

财务生存能力分析应结合偿债能力分析进行，如果拟安排的还款期过短，致使还本付息负担过重，导致为维持资金平衡必须筹措的短期借款过多，可以调整还款期，减轻各年还款负担。通常因运营期前期的还本付息负担过重，故应特别注重运营期前期的财务生存能力分析。

通过以下相辅相成的两个方面可具体判断项目的财务生存能力：

(1) 拥有足够的经营净现金流量是财务可持续的基本条件,特别是在运营初期。一个项目具有较大的经营净现金流量,说明项目方案比较合理,实现自身资金平衡的可能性大,不会过分依赖融资来维持运营;反之,一个项目不能产生足够的经营净现金流量,或经营净现金流量为负值,说明维持项目正常运行会遇到财务上的困难,项目方案缺乏合理性,实现自身资金平衡的可能性小,有可能要靠短期融资来维持运营;或者是非经营项目本身无能力实现自身资金平衡,则要依靠政府补贴等外部支持。

(2) 各年累计盈余资金不出现负值是财务生存的必要条件。在整个运营期间,允许个别年份的净现金流量出现负值,但不能容许任一年份的累计盈余资金出现负值。一旦出现负值时应适时进行短期融资,该短期融资应体现在财务计划现金流量表中,同时短期融资的利息也应纳入成本费用和其后的计算。较大的或较频繁的短期融资,有可能导致以后的累计盈余资金无法实现正值,致使项目难以持续经营。

财务计划现金流量表是项目财务生存能力分析的基本报表,其编制基础是财务分析辅助报表和利润与利润分配表。

四、不确定性分析

项目经济评价所采用的数据大部分来自预测和估算,具有一定程度的不确定性,为分析不确定性因素变化对评价指标的影响,应进行不确定性分析。不确定性分析主要包括盈亏平衡分析和敏感性分析。

(一) 盈亏平衡分析

盈亏平衡分析系指通过计算项目达产年的盈亏平衡点(BEP),分析项目成本与收入的平衡关系,判断项目对产出品数量变化的适应能力和抗风险能力。

盈亏平衡点(BEP)通常根据正常生产年份的产品产量和销售量、变动成本、固定成本、产品价格或营业税金等数据计算,用生产能力利用率或产量表示,其计算公式分别为:

$$BEP(生产能力利用率) = \frac{年固定成本}{年营业收入-年可变成本-年营业税金及附加} \times 100\% \tag{8-11}$$

$$BEP(产量) = \frac{年固定成本}{单位产品价格-单位产品可变成本-单位产品营业税金及附加} \tag{8-12}$$

如果项目有技术转让费、营业外净支出及资源税等,均应从分母中扣除。BEP值越小,表明项目适应市场变化的能力越大,抗风险能力越强。

(二) 敏感性分析

敏感性分析系指通过分析不确定性因素发生增减变化时,对财务或经济评价指标的影响,并计算敏感度系数和临界点,找出敏感因素。

敏感性分析的变化因素主要有产品产量、产品价格、主要原材料和动力价格、其他变动成本、投资、建设工期、外汇汇率等，既可以作单因素敏感性分析，也可以作多因素敏感性分析，通常只进行单因素敏感性分析，主要分析上述因素对内部收益率的影响，必要时可分析对静态投资回收期、借款偿还期和净现值等的影响。

1. 敏感度系数（S_{AF}）

敏感度系数系指项目评价指标变化率与不确定性因素变化率之比，可按下式计算：

$$S_{AF} = \frac{\Delta A/A}{\Delta F/F} \tag{8-13}$$

式中：$\Delta F/F$——不确定性因素 F 的变化率；

$\Delta A/A$——不确定性因素 F 发生 ΔF 变化时，评价指标的相应变化率。

2. 临界点（转换值）

临界点（转换值）系指不确定性因素的变化使项目由可行变为不可行的临界数值，一般采用不确定性因素相对基本方案的变化率或其对应的具体数值表示。临界点可通过敏感性分析图得到近似值，也可采用试算法求解。

 扩展阅读　经济评价案例

本章小结

可行性研究是在投资实施之前，综合运用多方面的知识和手段，对项目建设的必要性、技术先进性、经济合理性和实施可能性进行全面综合调查和技术经济论证，决定项目投资与否，为投资决策提供可靠依据的一种科学方法。

可行性研究可以分为投资机会研究、初步可行性研究、详细可行性研究和评价决策四个阶段。可行性研究的最后成果体现为一份全面规范的可行性研究报告。

项目财务评价是可行性研究的核心工作之一，它从财务的角度通过编制现金流量表、利润与利润分配表、借款偿还表、资产负债表的方法，对项目进行盈利能力分析、偿债能力分析、不确定性分析和抗风险能力分析。分析计算项目的效益、费用、盈利状况及借贷款偿还能力，以考查项目本身的财务可行性。

关键概念

项目　建设项目　机会研究　可行性研究　市场分析　市场调查　市场预测　生产规模

场址选择　工艺技术路线　环境影响　投资估算　融资方案　资金来源　财务基础数据　财务分析　财务分析指标　不确定性　盈亏平衡分析　敏感性分析

思考与练习

1. 机会研究、初步可行性研究与详细可行性研究有何联系与区别？
2. 如何应用定性和定量的预测方法进行需求预测？
3. 资源条件评估与原材料、燃料、动力供应条件评估的主要内容是什么？
4. 某彩电厂家，设计生产能力为月产 6 000 台，产品售价为 4 500 元/台，每月的固定成本为 360 万元。单位产品变动成本为每台 2 000 元，试求出月产量、生产能力利用率、销售价格、单位产品变动成本表示的盈亏平衡点。
5. 某项目借款 40 000 万元，借款中外汇 2 200 万美元，汇率 1 美元 = 6.20 元人民币，每季计息一次，季利率为 1.9%。其余为人民币借款，有 3 种来源，银行贷款占 40%；发行债券占 30%；其余为集资款，年利率分别为 6.5%、6.0%、6.5%。所有资金不分来源等比例使用，第 1~3 年借款分别为贷款总额的 30%、50%、20%，计算建设期利息。

案例计算题

一、项目概况

××素预混剂项目生产工艺为 A 公司自行研究开发，技术先进，产品质量可靠，该项目产品在国内尚属空白，市场潜在需求量较大，同时与国外产品相比，售价不到国外产品的一半，因此，产品竞争力较强，有较好的市场前景，该项目主要原料由 A 公司提供，其他原料也能在 B 市方便地购到，原料供应有保障。该项目选址在 C 股份有限公司内，可充分利用公司的场地、富裕公用工程能力、辅助生产设施等，能节省投资，加快进度，早见成效。

二、基础数据

（一）总投资和资金筹措

该项目总投资为 3 826.30 万元，其中固定资产投资 3 364.75 万元（建设投资 3 301.57 万元，建设期利息 63.18 万元），其中 2 310 万元申请银行贷款，借款年利率 5.47%，其余企业自有。

该项目经济评价在计算期内产品价格及成本，均不考虑通货膨胀因素。

（二）投资估算

该项目投资估算范围包括＊＊素预混剂生产装置费用、辅助生产装置费用、配套的新建公用工程费用、无形资产及递延资产的其他费用、建设期利息、流动资金等。投资估算

内容为:

(1) 建设投资数额、构成 该项目建设投资为 3 301.57 万元,其中:设备购置费 1 710.50 万元,建筑工程费 277.00 万元,安装工程费 614.24 万元,其他工程费 699.83 万元。

(2) 建设期利息计算。该项目向银行贷款 2 310 万元,贷款年利率 5.47%,建设期一年,经计算,建设期贷款利息为 63.18 万元。项目基准收益率 12%。

(三) 流动资金

流动资金按定额估算法,估算出该项目全额流动资金为 1 538.49 万元,其中铺底流动资金 461.55 万元。

(四) 销售收入及生产情况

(1) 产品售价:＊＊素预混剂 8 万元/吨;

(2) 生产规模:1 000 吨/年＊＊素预混剂;

(3) 投产后生产负荷安排:该项目建设期 1 年,生产期 10 年。生产期第 1 年达到设计能力的 80%,第 2 年达到设计能力的 100%。

(五) 人员及工资福利

装置总定员 90 人,工资及福利按每人每年 41 600.00 元计。

(六) 产品成本及其构成

固定资产原值为 2 965.06 万元,采用直线折旧法,折旧年限 10 年,残值率为 4%,则年折旧 284.65 万元,残值为 118.60 万元。无形资产为 120 万元,按 10 年摊销,年摊销 12 万元,递延资产为 279.69 万元,按 5 年摊销,年摊销为 55.94 万元。原材料增值税税率:一次水 6%,循环水不计增值税,压缩空气 13%,其余 17%。

(七) 税金及利润

企业应缴纳增值税、城市维护建设税、交通建设费附加、教育费附加,增值税税率为 17%,其余税种分别按增值税税额的 7%、5% 和 3% 缴纳。所得税按 25% 征收。盈余公积金按税后利润的 10% 提取,公益金按税后利润的 5% 提取。

三、财务评价

计算项目投资财务内部收益率(税前)、项目投资财务内部收益率(税后)、项目投资财务净现值(税前)、项目投资财务净现值(税后)、项目投资回收期(税前)、项目投资回收期(税后)、总投资收益率、项目资本金净利润率、资本金财务内部收益率、利息备付率、偿债备付率和资产负债率。

即测即评

第九章
建设项目可持续发展评价

学习指导：本章是项目可行性研究内容的继续与深化，着重站在社会的角度、站在未来的角度，审视建设项目建设与营运过程中对资源的消耗与节约、对环境的破坏与保护，以及给社会带来的影响，旨在减少投资的短期行为与盲目建设，提高资源配置效率，防止项目开发恶性后果的出现，促进社会可持续发展目标的实现。本章的学习重点为可持续发展的概念与内涵，建设项目可持续发展评价的原则，建设项目资源、环境、社会可持续发展的评价内容与方法。

新闻摘录　昆明PX项目再遭抗议　中国该如何拯救PX

2013年5月4日，近3 000名昆明市民聚集在昆明市中心的南屏广场，抗议即将在昆明安宁新建的PX（对二甲苯）炼油项目。

1. 昆明安宁PX项目立项始末

中国石油云南年产1 000万吨炼油项目于2008年正式启动项目前期研究，期间，中国国际工程咨询公司和国家环境工程评估中心组织工程、技术、环保、节能、安全、卫生等方面的专家，开展了安全、水保、卫生、地震、地质灾害、环境影响、生产加工工艺等53个重大专项研究，相继通过国家和省有关部门严格的专项审查，取得了环境影响报告、危险化学品建设项目安全许可意见书、职业病危害预评价等批复。项目可行性研究报告于2013年1月获得国家的核准。项目选址最终确定在云南省安宁市草铺工业园区。安宁市草铺镇位于昆明市西南方向，距离昆明主城区约45千米。

2. 关于PX：你需要知道的真相

中国是全球最大的PX生产和消费国。截至2010年，产能占全球20%左右，消费量占全球30%左右。每年对PX的需求缺口在400万吨左右。由于PX生产一系列工艺需要用水，再加上为了便于运输，因此，PX项目要求尽可能地靠近江海、港口。而这些地方往往都是资源丰富、人口稠密的经济发达地区。目前并无安全距离一说。美国休斯敦PX装置距城区1.2千米，荷兰鹿特丹PX装置距市中心8千米，韩国釜山PX装置距市中心4千米，新加坡裕廊岛埃克森美孚炼厂PX装置距居民区0.9千米，日本横滨NPRC炼厂PX装置与居民区仅隔一条高速公路。

3. 中国重化工项目四处碰壁

近年来，中国环保维权群体性事件频频发生。由于民众担心生态环境遭到破坏而引发的群体性事件，在发达国家也时有发生。此类社会抗议被称作"邻避冲突"，即虽然承认有生态风险的公共设施可能是必要的，但是，民众不希望垃圾处理场、变电站、核电站等设施建在自家后院。

有评论称，面对邻避冲突，发达国家的经验是将选定厂址、兴建与营运等环节透明化、法治化，并对利益受损方给予合理补偿。在中国过往案例中，往往以领导人下令停建或易地上马收息事宁人之效。完善司法，让更多的环保事件在法庭解决应是根本之道。

在欧美，邻避运动曾推动了法治、政府管理和公民参与水平的不断提高；在中国，如能应对得当，也会对政府改革和体制转轨形成积极推动。

第一节 可持续发展的概念与内涵

一、基本事实

现代科学技术在给人类带来巨大物质财富的同时，消耗了大量的资源与能源，对人类赖以生存的地球大气、水圈、土壤和生物造成巨大的破坏，已严重威胁着人类自身的生存与发展，导致了全球性的三大危机：资源短缺、环境污染、生态破坏。具体表现为：

（一）资源短缺

截至2013年年底，全球已探明可采剩余石油储量（包含加拿大油砂和委内瑞拉奥里尼科重油，不包括页岩油）为1.69万亿桶，世界石油储采比（石油储量/石油产量）为53.3年，即，若没有发现大的储量，剩余可供使用的年限为53.3年。[①] 2011年年末，世界煤炭总储量预计为8 690亿吨（探明储量）。按照2011年煤炭产量和煤炭储量比例分析，世界现已探明的煤炭储量可供开采112年。其中，美国已探明煤炭储量可开采240年，澳大利亚185年，哈萨克斯坦290年，俄罗斯超过470年，印度100年，但中国只有33年。[②] 我国人口占世界总人口20%，已探明的煤炭储量占世界储量的11%、原油占2.4%、天然

---

① 2014年世界能源统计。
② 2013年国际煤炭峰会。

气仅占 1.2%。① 我国人均耕地面积已低于 1.4 亩，② 只有世界平均水平的 40%，排在世界上 190 多个国家的 126 位，人均占有森林面积相当于世界人均占有量的 21.3%，人均森林蓄积量只有世界人均蓄积量的 1/8，人均淡水资源占有量为世界人均占有量的 1/4 左右。③ 总之，全球特别是我国面临很大的资源压力。

（二）环境污染严重

美国康奈尔大学学者研究表明，世界上高达 40% 的临床死亡病例是由环境污染所引起的。据估计，全世界有 20% 的人不能喝到安全的饮用水；80% 的疾病是由饮用被污染的水造成的；50% 儿童的死亡是由饮用被污染的水造成的。④ ① 空气污染每年在全世界范围内杀死 300 万人，不卫生的生活环境导致每年超过 500 万人非正常死亡。⑤ 各国向大气中排放大量有毒化学物质，进而造成癌症频发、出生率下降、人体免疫系统受损和其他一系列严重的健康问题。据《气候变化绿皮书：应对气候变化报告（2013）》数据，近 50 年来我国雾霾天气总体呈增加趋势，其中，雾日数呈明显减少，霾日数明显增加，且持续性霾过程增加显著。其中，珠三角地区和长三角地区雾霾日数增加最快。② 土壤受到重金属以及含有大量的病原体和有毒化学物质污染，这些物质通过直接接触传播、食物和水源传播而危害人类健康。根据环境保护部和国土资源部 2014 年发布的全国土壤污染状况调查公报，耕地土壤环境质量堪忧，工矿业废弃地土壤环境问题突出；全国土壤总的点位超标率为 16.1%，其中，轻微、轻度、中度和重度污染点位比例分别为 11.2%、2.3%、1.5% 和 1.1%。③ 我国水环境污染情况也相当严重，据统计，流经城市的河段普遍遭到污染，75% 的湖泊出现富营养化，滇池、巢湖、太湖受到严重污染。全国 600 多个城市中有 400 多个属于"严重缺水"和"缺水"城市。其中，京津冀人均水资源仅 286 立方米，为全国人均的 1/8，世界人均的 1/32，远低于国际公认的人均 500 立方米的"极度缺水"标准。⑥ 同时，日趋严重的水污染也大大降低了水体使用功能，进一步加剧了水资源短缺的矛盾。工业缺水、农业缺水、城镇缺水，可以说"水危机"已经严重影响到国家的可持续发展。

（三）全球气候变暖

由于二氧化碳等温室气体的大量排放，气候变暖十分明显。2017 年 1 月 18 日，世界气象组织（WMO）公布公告，确认 2016 年成为有气象以来最热年，刷新 2015 年创下的最热纪录，而 2015 年本身就打破了 2014 年的纪录，平均气温比 1961—1990 年平均值高

---

① 张磊，郑丕谔. 我国能源安全面临的问题及应对策略. http://www.price-world.com.cn/show.php?sn=SK-2006.01-4442.

② 1 亩 ≈ 666.67 平方米。

③ http://www.phbang.cn/general/146242.html.

④ http://www.yaolan.com/news/201011251543108.shtml.

⑤ http://news.163.com/07/0816/08/3M0LIEJJ000125LI.html.

⑥ http://lianghui.people.com.cn/2015cppcc/n/2015/0309/c394219-26663260.html.

0.83 ℃。① 联合国政府间气候变化专门委员会（IPCC）的评估报告分析表明：21 世纪全球平均地表气温将会继续升高，到 2100 年将可能比 1990 年上升 1.4~5.8 ℃，是 20 世纪增温值的 2~10 倍。我国是全球气候变暖特征最显著的国家之一。据中国气象局统计，2016 年是我国自 1961 年有气象记录以来第三暖的年份，仅低于 2015 年和 2007 年。虽然年平均气温不是最高，但最高温度突破了历史极值。② 根据科技部、中国气象局和中国科学院发表的《气候变化国家评估报告》预测，2020 年我国年平均气温将比 2000 年增加 1.1~2.1 ℃，2050 年增加 2.3~3.3 ℃，到 2100 年，增加 3.9~6.0 ℃。2013 年 9 月，联合国政府间气候变化专门委员会的第五次评估报告指出，人类活动极可能导致了 20 世纪 50 年代以来的全球气候变暖。

（四）自然生态系统遭到破坏

受气候变暖影响，1980 年至 2016 年中国沿海海平面上升速率为 3.2 毫米/年，2016 年沿海海平面较常年高 82 毫米，比 2015 年高 38 毫米，为 1980 年以来最高。③ 到 2030 年，预计全海域海平面上升将达到 80~130 毫米。我国西北冰川面积从小冰期（17 世纪）至今已减少 24.7%，到 2050 年将继续减少 27.2%，即在 350 年内减少一半。青藏高原冻土深度上限增加，导致高寒草甸草地的覆盖度和生物生产量减少。至今 15 年间，高原高寒沼泽面积减少 28.11%，高寒草甸面积减少 7.98%。④ 西南、三江平原和青海湿地面积减少，草原面积不断减少，退化速度不断加快。《中国气候与环境演变》指出，气候变化引起我国区域作物种植地带普遍北移，小麦、玉米和水稻都将出现减产；气候变化以及过度开采地下水导致的沿海（相对）海平面上升，威胁我国的生态和环境。

（五）灾害发生频率和强度增大

我国是世界上自然灾害最严重的少数几个国家之一。我国的自然灾害种类多，发生频率高，灾情严重。近年来，受气候变化的影响，我国高温、强降水等极端天气气候事件趋多趋强。气候变化引起的灾害发生频率和强度增大，主要表现为：① 旱灾发生频率逐渐加快，灾情逐渐加重，旱灾造成损失逐渐增大；北方干旱常态化、南方季节性干旱扩大化趋势明显。据国家防汛抗旱总指挥部办公室公布，2014 年全国作物受旱面积 3.4 亿亩、受灾面积 1.8 亿亩、成灾面积 8 516 万亩、绝收面积 2 227 万亩，因旱造成粮食损失 2 006 万吨、经济作物损失 276 亿元、直接经济总损失 910 亿元。② 全国大部分地区降水日数显著减少，但降水过程却可能强化。例如，2012 年 7 月 21 日至 22 日 8 时左右，北京及其周边地区遭遇 61 年来最强暴雨及洪涝灾害，共计造成北京 79 人死亡，房屋倒塌 10 660 间，160.2 万人受灾，经济损失 116.4 亿元。③ 低温灾害引起的脆弱性增加，对农业、林业、渔业及

---

① 人民日报，2017 年 2 月 4 日。
② 中国气象局国家气候中心。
③ 国家海洋局. 2016 年中国海平面公报，2017。
④ 科技部、中国气象局、中国科学院等部门发布《第二次气候变化国家评估报告》。

电力、交通均造成巨大影响。2008年1月份，我国南方地区发生大面积雪灾，将北方才会发生的雪灾和冰冻转移到了南方，雨雪、低温、冰冻灾害波及21个省、自治区、直辖市，范围达大半个中国，仅湖南、贵州、江西等几个重点受灾省的面积就达到上百万平方千米，持续的时间接近一个月。总之，我国干旱、洪涝、低温冰冻雨雪等极端灾害出现频率增加，危害呈加重趋势。

二、可持续发展的提出

当代可持续发展思想的提出开始于20世纪70年代，1972年罗马俱乐部成员麦多斯（Mesdows）发表了《增长的极限》，指出人口呈指数增长，而地球资源却十分有限；污染呈指数增长，而地球的自净能力又十分有限，再这样下去，全球性灾难将在21世纪来临。《增长的极限》一书似重磅炸弹，引发关于西方文明"发展观"的反思。1972年联合国第一次人类环境大会的报告中首次提出可持续发展的概念，它要求摒弃自工业革命以来把单纯追求经济总量的增长作为衡量发展唯一标志的传统发展观，而主张经济、社会、资源、环境、科技与人口之间的协调发展。1987年联合国环境与发展委员会发表了《我们共同的未来》报告，科学地给出了可持续发展的定义："可持续发展是在满足当代人需求的同时，不损害人类后代的满足其自身需求的能力。"这一定义得到社会广泛认同。1992年6月，在巴西里约热内卢召开的第二届"世界环境与发展大会"上，通过了《里约热内卢环境与发展宣言》《21世纪议程》等一系列纲领性文件，推动可持续发展从理论探讨走向全球实践。

随着《21世纪议程》的发表，世界各国也分别针对所在国的国情特点，对可持续发展理论体系作进一步调整、补充与扩展。1994年我国通过了《中国21世纪议程》，该议程概括的理论体系包括：可持续发展总体战略、社会可持续发展、经济可持续发展、资源与环境的合理利用与保护四个分系统，确立了中国的可持续发展战略，提出了中国可持续发展的战略框架。

三、可持续发展的概念

可持续发展概念被提出以来，不同的学者分别从自身研究领域出发，赋予其以不同的内涵。例如，国际生态学联合会和国际生物学联合会提出：可持续发展是保护和加强环境系统的生产和更新能力，它强调了可持续发展的自然属性。世界自然保护同盟、联合国环境规划署和世界野生生物基金会的观点是：可持续发展是生存于不超出维持生态系统涵容能力的情况下，提高人类的生活质量，它注重了社会属性上的可持续。还有一些从经济、科技、空间等角度给出的定义。但是，随着人们对可持续发展的理论和实践研究，越来越多的专家开始用系统的观点来看待可持续发展这一命题，认为应该将这些属性结合在一起，形成统一的发展概念，即人类能动地调控"自然—社会—经济"三维复合系统，在不超越资源与环境承载能力的条件下，促进经济持续发展，保持资源永续利用，不断全面地提高生活质量，既满足当代人的需求，又不损害后代人满足其需求的能力。该定义表明，完整意义的可持续发展应当是经济、生态和社会三个方面可持续性的和谐统一。

（一）经济可持续

可持续发展鼓励经济增长，因为它体现国家实力和社会财富。但是，不仅要重视数量的增长，更要追求质量的改善，通过改变传统的生产和消费模式，实施清洁生产和文明消费，提高效益、节约能源、减少废物，以减少经济发展对资源和能源的依赖，减少对环境的压力。

（二）生态可持续

可持续发展要保护环境，包括控制环境污染，改善环境质量，保护生命支持系统，保护生物的多样性，保持地球生态的完整性，保证以持续的方式利用可再生能源，使人类的发展保持在地球承载能力之内。

（三）社会可持续

可持续发展要以改善和提高生活质量为目的，与社会进步相适应。这包括人口与可持续发展、人类居住区与可持续发展、教育卫生与可持续发展、消除贫困与可持续发展、公众参与与可持续发展、机制建设与可持续发展等理论。改善人类生活质量，提高人类健康水平，并创造一个保障人们享有平等、自由、教育、人权和免受暴力的社会环境是可持续发展的目的。

四、可持续发展的内涵

可持续发展作为一个动态的、发展的概念，其内涵极为丰富，主要表现在以下几方面：

第一，可持续发展强调持续性。这种持续是在地球承载力允许的范围内，尽量维持下去或保持继续提高。从自然属性来讲，地球所能提供的资源和环境是有限的，但它本身具有生态和环境的恢复能力，在其承载力范围内，是可以为人类提供持续的发展条件和资源的。但是，如果人类人口急剧膨胀，经济发展继续"高消耗、高消费、高污染"模式，必定导致资源的匮乏和生态环境的恶化，危及人类的生存。所以，在资源和环境的利用方面，要注重提高集约利用和使用可再生资源的比重，避免或减少对环境的污染，降低生态负荷。

第二，可持续发展追求公平性。这种公平包括代内间和代际间的公平。其中代内间的公平核心是强调在地区、国家和全球范围内资源与经济的公平发展；代际间的公平是指在发展过程中，不能以牺牲下代人的利益和发展空间为代价，当代人不应剥夺后代人理应享有的同样的发展机会。

第三，可持续发展注重系统性。可持续发展是全球的协调发展，生态环境问题是全球经济、科技、文化等因素相互作用的产物，必须通过全球的共同发展，综合地、整体地加以解决。系统性是认识可持续发展的基本角度。系统不仅指"自然—社会—经济"的三维复合系统，还指人地系统，要注重对系统中各因素的综合研究，建立综合的决策与管理机制，解决协调发展的问题。

第二节 建设项目可持续发展评价

建设项目从规划设计、组织实施、生产运营直至报废拆除，一般经历几十年甚至上百年，项目在生命周期内与环境诸要素进行着复杂的物质、能量和信息交换，对区域内经济和社会发展、生态环境以及资源利用都产生着巨大的影响，是造成全球性资源短缺、环境污染、生态破坏的主要因素。实践证明，单纯从经济效益角度考察建设项目的可行性，往往带来严重的社会和生态问题，可能是"杀鸡取卵""寅吃卯粮"，既影响项目本身可持续运行，又给社会发展、生态环境带来不可估量的损失。

项目可持续发展是社会经济可持续发展的微观基础。项目可持续发展评价是可持续发展战略在微观项目上的具体实施，对于保证并促进区域甚至全球的可持续发展战略具有重要作用。通过项目可持续评价，有利于增强全局观点与长远的持续发展观点，注意全面考虑项目对经济与社会协调发展的贡献，减少投资的短期行为与盲目建设；可以将有限的资源配置到更好的项目中去，提高资源配置效率；可以防止项目开发恶性后果的出现；有利于促进国家社会发展目标的实现。

一、建设项目可持续发展评价的含义

建设项目持续性评价有两层含义：一是项目对企业持续发展的影响，二是基于社会战略层面，项目对地方、对国家社会经济持续发展的影响。

基于项目自身，持续性是指项目的建设资金投入完成之后，项目既定目标是否能够按期实现，项目对企业发展是否持续地起积极的正向作用，项目是否具有可重复性，是否可在未来以同样的方式建设同类项目。

基于社会战略层面，由于项目的建设总要占用或耗费社会、自然资源，为体现"代内公平"和"代际公平"，实现可持续发展，必须努力避免"先污染后治理"，保证项目在促进经济增长和解决就业的同时，不损害社会公平和公众利益；不以环境的破坏和恶化为代价，保证不可再生资源的优化使用和可再生资源的永续利用，努力维护生态环境的可持续性。

按照可持续发展准则，对建设项目开展可持续发展评价，是从单项、单属性的经济评价向多维、多层次的综合评价方向转变，是对项目投资在区域经济发展、资源利用、环境保护和推动社会进步等方面带来的影响进行综合的分析。

二、建设项目可持续发展评价原则

（一）短期利益与长期利益相结合的原则

要实现项目的可持续发展，就必须处理好短期利益与长远利益的关系。短期利益主要体现为近期内就能获得或实现的效益，长远利益主要体现为长期稳定和盈利增长，两者是对立统一关系。有时候，短期利益与长期利益是统一的，短期利益是长期利益的基础，长期利益寓于短期利益之中，短期利益是长期利益的阶段性实现形式。有时候，短期利益与长期利益又是相互对立的关系。在可持续发展评价中要求重视长期利益，不能只顾眼前利益而损害后代人满足其需求的条件，当然，也不能一味追求长期利益而不顾当前的利益，否则项目也难以为继。在进行项目可持续发展评价的时候，应将短期利益与长期利益结合起来。

（二）经济效益、生态效益与社会效益相结合的原则

经济效益是指一个项目通过生产、销售产品所获得的一定的利润回报。生态效益是指生态环境中诸物质要素，在满足人类社会生产和生活过程中所发挥的作用，它关系到人类生存发展的根本利益和长远利益。在劳动者耗费的劳动量和科技水平一定的条件下，生态环境提供的物质要素质量好、数量多，既可产生好的生态效益又可产生较高的经济效益。而经济效益则是生态效益得以改善的重要社会环境和外部条件。社会效益的解释是"各种经济活动及科学技术、教育、文学、艺术等在社会上产生的非经济性效果和利益"，包括项目对就业、社会安全、当地经济发展、生态环境等的贡献，生态效益是形成社会效益的客观自然基础与重要组成部分。所以，在对项目作可持续发展评价时，必须高度重视经济效益、生态效益、社会效益的统一，正确处理好三者的关系。

（三）定性评价与定量评价相结合的原则

项目可持续评价涉及的因素多种多样，比较复杂，有的可以定量计算，如资源消耗、对当地经济发展的贡献等，但不少因素不能或难以定量计算，如解决就业带来的效应、周边居民对项目的看法与态度、对生态环境的影响、对社会稳定安全、生活质量的影响等，常常不能以一定的公式进行效益的定量计算。因此，定性分析在可持续评价中占有十分重要的地位。在可持续发展评价中，要坚持定量与定性相结合的原则。

（四）静态评价与动态评价相结合的原则

静态评价是指项目建设对现有系统的现状产生的影响评价，包括对当前环境、经济、社会带来的影响，反映项目现实的影响；动态评价就是要考察系统发展的趋势，分析系统结构的稳定性及缓冲能力和应变能力，以掌握可持续发展系统的运行规律，提前进行系统控制与防范。静态评价和动态评价相结合，能从纵横两方面综合反映项目可持续发展系统的全貌。

三、项目可持续发展评价内容

基于社会战略层面,项目可持续发展评价包括资源与能源利用评价、环境可持续发展评价、社会可持续发展评价三方面,如图 9-1 所示。

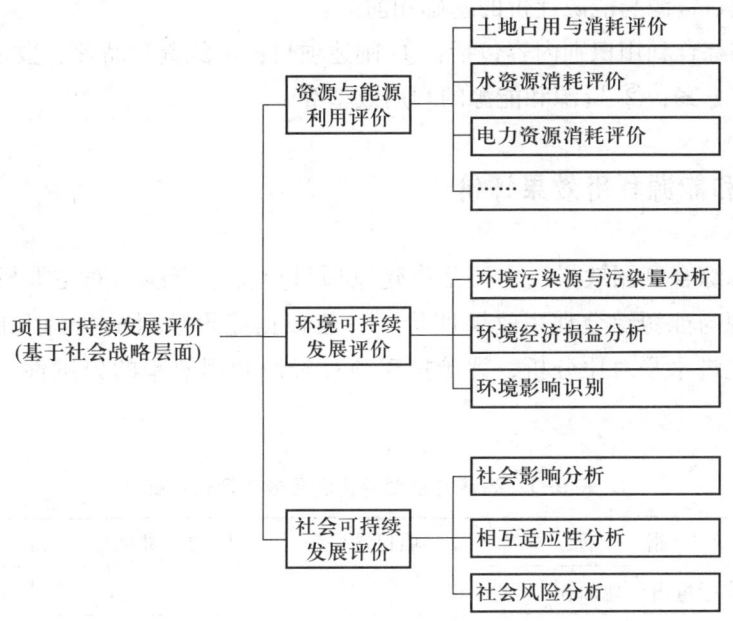

图 9-1　项目可持续发展评价系统

第三节　建设项目资源与能源利用评价

资源与能源的不可再生性、基础性、稀缺性、可耗竭性决定了各国政府都十分重视建设项目对资源与能源消耗与有效利用的评价,倡导循环经济。国务院于 2004 年 7 月发布的关于投资体制改革的决定要求,应从"合理开发利用资源"的角度对投资项目进行核准。国家发展和改革委员会于 2007 年 5 月发布的《项目申请报告通用文本》要求,报送国家发展改革委员会的项目申请报告应对资源利用情况进行专门论述,包括:资源开发方案、资源利用方案、资源节约措施。对非资源开发类项目,资源与能源利用评价主要在资源利用评价、资源节约措施评价。

建设项目资源与能源评价的目的:找出建设项目实施过程中涉及的资源和能源品种和数量;对比分析建设项目的资源和能源利用率指标与国内外先进水平之间的关系,对建设项目的资源和能源利用效率的先进性进行评价;对项目资源和能源节约措施进行分析和评价,提高建设项目的资源和能源利用效率。

一、资源与能源综合利用识别

资源和能源综合利用识别是指通过一定的方法找出建设项目实施和利用过程中所占用的资源和能源利用情况,包括:资源和能源的品种、数量和来源,资源和能源的利用效率等。它是建设项目资源与能源评价的基础和前提。

资源和能源综合利用识别内容包括:① 阐述项目占用的资源品种、数量和来源,提出合理的资源供应方案;② 资源和能源的利用效率等。

二、资源和能源利用效果评价

资源与能源综合利用效果,主要是指建设项目单位生产能力对主要资源消耗量、能源消耗量。资源与能源综合利用效果评价,一般根据建设项目的资源和能源利用状况,通过与国内外先进水平对比分析,评价拟建项目资源利用效率的先进性。主要评价指标见表9-1。

表9-1 资源与能源综合利用效果评价指标

	指　　标	项目水平	国内先进水平	国际先进水平
资源消耗	单位产量占土地面积			
	单位土地投资强度			
	单位产量耗水量			
	单位产量耗钢量			
	单位产量耗铜量			
	……			
能耗	单位产量能耗			
	万元产值能耗			
	单位建筑面积能耗			
	主要工序能耗			

三、资源能源节约措施及效率分析评价

对于原材料等资源的节约利用,应重点关注:① 能够提高资源利用效率、减少生产过程的资源消耗与占用的技术方案、先进设备使用;② 通过延长和拓宽生产技术链,将污染物在企业内进行处理;③ 对废旧物品进行全面回收,通过技术处理可以对重复利用的废弃物进行多次循环利用;④ 对于占用稀缺性资源,或者资源承载能力较低的项目建设方案,

能够提出替代方案。

对节水措施的分析评价，重点关注：① 采用节水型工艺和设备，推广节水灌溉技术，提高水资源利用率，降低水资源无效消耗；② 提高工业用水回收率和重复利用率；③ 供水系统采取防渗、防漏措施；④ 提高再生水回收率；⑤ 有条件的项目应采用海水替代技术；⑥ 对于利用地下水资源的项目，坚持采补平衡、合理调控、保护水质、优质优用、地表水与地下水统筹兼顾的原则，综合开发利用地下水资源。

对节能措施的分析评价，重点关注：① 所采用的工艺技术、设备方案和工程方案对各类能源的消耗种类和数量，是否按照规范标准进行设计；② 是否符合国家规定的能耗准入标准；③ 是否优化了用能结构；④ 节能的效果。

第四节　建设项目环境可持续发展评价

环境是人类赖以生存和发展的物质条件的综合整体，保护环境人人有责。任何建设项目的开发都会对环境产生或诱发一定的影响。其影响程度既与建设项目的工程特征有关，也与建设项目所在地的环境特征有关。

建设项目环境可持续发展评价的目的：找出影响环境的各个因素，特别是不利的因素，评估对环境影响的性质、程度、可能的范围，为污染综合防治指出方向；通过污染综合防治，控制不利影响，使其减少到符合环境质量标准的要求、人们可以接受的程度；对仍不符合环境质量标准的要求或周边居民不接受的项目，建议缓建或不建。

一、建设项目环境影响识别

（一）环境影响及识别的定义

环境影响识别是指通过一定的方法找出建设项目影响环境的主要方面，定性地说明影响的性质、程度及范围。

环境影响分直接影响和间接影响、有利影响和不利影响、短期影响和长期影响、可逆影响和不可逆影响；按对实体影响，又可分为对生产的影响（水净化成本增加、作物产量下降）、对健康的影响（如二氧化硫大气污染引起的 COPD、PHD 等发病率、死亡率的增加）、对环境服务的影响（如景观改变、能见度、游憩价值改变）、对生态和全球系统功能的影响（如生物多样性、洄游、温室效应、臭氧层破坏）等。

环境影响的程度和显著性与拟建项目的"活动"特征、强度以及相关环境要素的承载能力有关。在环境影响程度的识别中，通常按三个等级或五个等级来定性地划分影响程度。如按五个等级划分影响程度为：极端不利、非常不利、中度不利、轻度不利和微弱不利。拟建项目的"活动"一般按四个阶段划分，即：建设前期（勘探、选址选线、可行性研究与方案设计）、建设期、运行期、服务期满后，需要识别不同阶段各"活动"可能带来的影响。

进行环境影响识别可通过环境影响识别表进行。在表上列出建设项目可能对环境产生影响的所有内容。当进行环境影响识别时，用识别表中的各项内容逐一对建设项目提出询问，判断建设项目对其是否产生影响。对识别表中的各项内容逐一识别后，对有影响的各项统一分析，找出主要的环境影响和次要环境影响，据此确定环境影响预测和评价的重点和有关方面。不同的建设项目应有内容不同的环境影响识别表。

建设项目的环境影响识别可使环境影响预测有的放矢，减少盲目性，使提出的减缓污染的防治措施具体、实际、有针对性。

（二）建设项目的环境污染源与污染量分析

项目产生的污染物按其物理、化学、生物特性，可分为物理污染物（噪声、光、热、放射性、电磁波），化学污染物（无机污染物、有机污染物、重金属、油类），生物污染物（病菌、病毒、真菌、寄生虫），综合污染物（烟尘、废渣、致病机体）。按环境要素分类，可分为水环境污染物（感官：乙醛、油类；毒理：苯胺、汞、铰、DDT、六六六；卫生：氨、酸、碱、硫化物、锌；综合：COD、DO、SS、pH等），大气污染物（感官：氰化物、四氯化碳、苯、二硫化碳；毒理：NO_2、SO_2、HF、Cl等；综合污染物：烟尘、粉尘、水雾、酸雾等），土壤污染物。

大气污染物通过降水转变为水污染物和土壤污染物；水污染物通过灌溉转变为土壤污染物，通过蒸发或挥发转变为大气污染物；土壤污染物通过扬尘转变为大气污染物，通过径流转变为水污染物。这三者是可以相互转化的，如表9-2所示。

表9-2　一些主要行业排放的主要监测的污染物

行　业	主要污染物
黑色冶金（包括选矿、烧结、炼焦、炼铁、炼钢、轧钢等）	pH值、悬浮物、COD、硫化物、氟化物、挥发性酚、氰化物、石油类、铜、铅、锌、镉、汞等
火力发电、热电	pH值、悬浮物、硫化物、挥发性酚、石油类、水温、砷、铅、镉等
磷肥	pH值、COD、悬浮物、氟化物、砷、磷等
塑料	COD、BOD_5、硫化物、氟化物、砷、石油类、有机氯、苯类、多环芳烃等
电子、仪表、电器	pH值、COD、苯类、氰化物、汞、镉、铅、六价铬
水泥	pH值、悬浮物
玻璃、玻璃纤维	pH值、悬浮物、COD、挥发性酚、氰化物、砷、铅等
食品	COD、BOD_5、pH值、悬浮物、挥发性酚、氨氮等
纺织	硫化氢、粉尘等

资料来源：施宝忠. 建设项目环境影响评价. 超星图书馆，1999.

案例

某电厂建造的环境影响识别

某发电厂建造工程，选址在郊区，临近有煤炭矿区，区内煤炭资源丰富，厂址周围未发现名胜古迹及文物遗址，也无重要的人文和旅游资源。附近有村庄，人口聚集比较密集，还有森林生态系统自然保护区和国道、京杭运河等。当地以山区丘陵和平原为主，地势开阔平坦，北部有灰场存放灰渣和脱硫石膏。试分析本项目的敏感区是什么？有哪些污染物？

本项目的敏感区在于项目附近的村庄，那里是人口比较密集的地方，另外就是附近的森林生态系统自然保护区。应当主要考虑项目的废气、废水、噪声等对当地村庄居民的影响以及对自然保护区生态环境的影响。

本项目对大气环境产生负影响的因素有 SO_2、NO_2、PM10、pH 值，对水环境产生影响的是 DO、BOD_5、COD_{CR}、TDS、SS、成油、总磷。

二、建设项目环境可持续发展评价

环境资源是有限的，对环境资源应该计价，建设项目所造成环境资源的损失，可以尝试着用货币来计算，并与建设项目的经济效益进行比较，可为决策服务。

（一）企业环境经济损益分析

站在企业的角度，投资项目的环境经济损益分析，就是以货币计量的环保投入与环保效果的比较，它是综合评价判断建设项目的环保投资是否能够补偿或多大程度上补偿了由此可能造成的环境损失的重要依据。

环保投入包括：污染治理费用及辅助费用构成（即为充分发挥治理方案的效益所需要的管理、科研、监测及办公等费用）；对环境污染与生态破坏造成的损失。

环保产出包括：环境保护措施实施后收益，如政府补贴、排污权转让收益、产品品质提高收益等。

1. **企业环境经济成本**

$$企业环境经济成本(C) = 环保费用(C_1) + 污染损失(C_2) \tag{9-1}$$

其中环保费用 C_1 是指为了治理和控制污染需用的投资，由污染治理费用 C_{11} 和辅助费用 C_{12} 构成。

污染治理费用 C_{11} 是指环保设施一次性投资及其运行费用之和：

$$C_{11} = V_1(A/P, i, n) + C_{1j} \tag{9-2}$$

式中：V_1——环保设施一次性投资；

C_{1j}——环保设施年运行费用；

i——资金折现率。

污染辅助费用 C_{12} 是指环境管理、监测、咨询费用等。
$$C_{12} = U_1 + U_2 + U_3 \tag{9-3}$$
式中：U_1——管理费用；
　　　U_2——监测；
　　　U_3——咨询费用。

污染损失 C_2 主要指由于消耗资源和排污而被政府征收的生态环境补偿费，和对员工身体健康或产品价值造成影响的补偿。
$$C_2 = C_{21} + C_{22} + C_{23} + C_{24} + C_{25} \tag{9-4}$$
式中：C_{21}——超标排污费；
　　　C_{22}——为环境污染而支付的赔偿费；
　　　C_{23}——罚款；
　　　C_{24}——企业为员工支付的超过正常水平的保健费或医疗费支出；
　　　C_{25}——企业因环境污染而造成的产品价格低于正常市场价值的损失。

2. 企业环境经济产出

环境经济产出包括直接经济产出 R_1 和间接经济产出 R_2。

（1）直接经济产出 R_1 可用下式计算：
$$R_1 = M_i + N_j + S_k + L_0 + Y_r \tag{9-5}$$
式中：M_i——能源利用效率提高的经济产出，包括各种燃气的回收，固体、液体、气体显热和潜热利用；
　　　N_j——水资源利用效率提高的经济产出，包括水资源利用率提高减少废水外排量而节约的费用；
　　　S_k——固体废物综合利用效率提高的经济产出，包括对各种固体废物、污泥粉尘等的回收综合利用；
　　　L_0——企业治理污染从政府得到的补贴、税赋减免；
　　　Y_r——企业治理污染中得到的副产品收入。

（2）间接经济产出 R_2 可用下式计算：
$$R_2 = J_i + K_j + Z_k \tag{9-6}$$
式中：J_i——控制污染后，产品价值的提高；
　　　K_j——控制污染后，减少的对员工健康的支出；
　　　Z_k——控制污染后，减少的排污费、赔偿费和罚款支出。

3. 环境年净效益与环境效费比

环境年净效益是指扣除环境费用和污染损失后的剩余环境效益，可用下式计算：
$$环境年净效益 = 环境产出 - 环境费用 \tag{9-7}$$

年净效益大于或等于 0 时，表明企业环境经济产出大于环境损失，该项目的环保方案是可行的，年净效益小于 0 时，环保方案是不可行的。

也可采用环境效益与污染控制费用之比，公式如下：
$$环境效费比 = (环境产出 - 环境费用) / 环境费用 \tag{9-8}$$

一般认为：若环境效费比大于或等于1时，该建设项目得到的环境效益大于建设项目环保支出费用，项目投资在环境经济上是合算的；否则，是不合算的。

(二) 社会环境经济损益分析

从经济学的角度讲，环境保护有关费用可分为内部费用和外部费用两部分。内部费用包括企业环保措施的基建费用和运行费用，如污水处理的投资和运行费用就属于内部费用。外部费用应从社会、经济、自然三方面进行考虑：① 社会的：以对社会产生的损失为出发点，如因污染而致的疾病增多、医疗费支出增加、寿命缩短等；② 经济的：因污染造成经济上的损失，如因水质下降使水处理费增加，水体污染造成渔业产量下降等；③ 自然的：因污染造成生态破坏，珍稀动植物资源数量、质量下降，对自然资源乱砍滥伐，过量开发，造成资源枯竭，难以恢复等。

环境收益包括货币和非货币两种类型。货币收益指可以用市场价格直接估值的部分，如建造水库增加电量、供水量以及综合利用、多种经营带来的收益，水质改善使处理费用降低、渔业增产等。非货币效益是指那些不能以货币表示的效益，如自然风光、娱乐游览的改善带来的收益，生态环境的改善使益鸟、珍禽栖息地恢复的收益等。

社会环境经济损益分析，是站在社会的角度，利用一定的手段，分析项目建设与营运期间对社会整个大系统带来的环境损益进行评估，并以货币形式表达出来。一般经过影响的筛选、影响的量化、影响的货币化、货币化结果纳入项目的经济分析四个步骤。

在社会环境经济损益分析中，如何将建设项目诸因素（如硫化物、氟化物）对环境造成的影响货币化是关键。一般有三种方法：基于偏好的估价方法、基于损失的估价方法和基于补偿费用的估价方法。

1. 基于偏好的估价方法

通过考察人们的行为，推断人们对环境的偏好和支付意愿或接受意愿，据此对环境损益进行估价。其大致又可分为两种：一种是显示偏好，即直接观察消费者已经做出的某种选择，通过使用统计或计量经济技术间接估价；另一种是陈述偏好，即通过询问人们的偏好进行估价。

（1）意愿估价法。意愿估价法是一种以调查结果为基础的估价方法，用于在缺乏市场价格，甚至连市场替代价格都无法观察的情况下，通过调查人们对环境物品或服务的支付意愿来评价环境资源的价值。一般地，调查者首先要向被调查者解释所要估价的环境物品或服务的特征及其环境质量变化的影响，以及保护这些环境物品或服务的具体办法，然后询问被调查者，为保护环境不受污染，他最多愿意支付多少钱，或者反过来询问被调查者，他至少需要得到多少钱的补偿，才愿意接受环境被污染和破坏的事实。

（2）产品替代估价法。产品替代估价是用改变环境产生的资产价值变化来估计原有环境的价值。如某区域要建飞机场，飞机场噪声带来的环境损失有多大？可以比较机场的房地产价格在机场建设前与建成投入运行后的变化，估算环境损失。如景观较好的地段房价高，高出平均价格部分可替代为此地景观的价值。

（3）旅行成本法。常常被用来评价那些没有市场价格的自然风景点或者环境资源的价值。通过问卷调查收集大量数据，建立某景观游览次数与旅行费用等相关因素的函数关系，求得环境资源的需求曲线，此需求曲线下面的面积就可作为这种环境资源的价值。

2. 基于损失的估价方法

这类方法从经济活动引起环境质量下降，给人类经济福利带来的损失和代价的角度出发，估算环境影响的价值。

（1）剂量—反应法。通过一定的手段评估项目排放的污染物给环境介质中的受体造成的物理影响效果，并进而通过市场价格（或影子价格）对这种产出的变化进行价值评估。比如，空气污染会损害人们的身体健康，剂量—反应法通过试验方法获取数据，并找出死亡率和发病率与空气污染指数的关系，从而得到空气污染对人体健康的损害程度，通过计量人们健康损害的费用，就可将空气污染这种环境影响进行量化。

（2）生产率变动法。生产率变动法是一种利用生产率的变动来测算环境资源价值变化的一种估价方法。比如，水污染对水稻的产量产生影响，测出水污染造成水稻产量下降的数量，再将下降的产量乘以相应的水稻价格即可得出水污染造成的环境损害。例如，荷兰某地区的相关研究显示，酸雨每年使农业产出损失1 400万美元，可以计为无酸雨环境对该地区农业生产的价值，或酸雨环境带来的负价值。

3. 基于补偿费用的估价方法

此类方法从维护其环境质量不下降所需的补偿费用角度出发，对环境资源进行估价。

（1）防护支出估价。采取补偿法对环境进行估价，以防护支出的花费作为环境价值。如治理噪声污染、防护噪声干扰的花费，计为噪声带来的环境损失，或无噪声的环境价值。如火电厂安装除硫设备，减轻了空气污染，该空气污染的环境损失可以用除硫的费用来表示。

（2）重置支出估价。水土流失、重金属污染、土地退化等环境破坏造成的损失，用恢复环境破坏（或重置相似环境）的费用来表示该环境破坏的价值。

（3）疾病成本法和人力资本法。有些项目污染（如空气和水污染）会对人体健康产生很大影响，这些影响不仅表现为因劳动者发病与死亡率增加而给生产造成影响，而且会表现为因环境质量恶化而导致医疗费开支的增加，以及因为发病或早亡而造成收入损失。

估算由于疾病导致缺勤所引起的收入损失和医疗费用开支增加可用下式计算：

$$L = M_i + N_j \quad (9\text{-}9)$$

式中：L——由于环境质量变化所导致的疾病损失成本；

M_i——i类人由于生病不能工作所带来的平均工资损失；

N_j——j类人的医疗费用（包括门诊费、医药费、治疗费等）。

如果实际的医疗费用存在严重的价格扭曲现象的话，则需要通过影子价格（或影子工资）进行调整。

估算由于过早死亡所带来的影响：利用人力资本法来计算由于过早死亡所带来的损失，则年龄为t的人由于环境变化而过早死亡的经济损失等于他在余下的正常寿命期间的收入损失的现值。计算公式为：

$$V = \sum_{i=1}^{T}(Q_{t+i} \times E_{t+i})/(1+r)^i \tag{9-10}$$

式中：Q_{t+i}——年龄为 t 的人活到 $t+i$ 年的概率；

　　　E_{t+i}——年龄为 $t+i$ 时预期收入；

　　　r——贴现率；

　　　T——退休年龄。

2011 年我国环境保护部还发布《企业环境报告书编制导则》（HJ617—2011），引导和规范企业环境信息公开行为。景兴纸业、民丰特纸、宏达股份、科伦药业等发表了 2016 年度环境报告书，反映企业环境管理的基本方针以及企业为改善环境所做努力。

 扩展阅读　民丰特纸2016年度企业环境报告书　

第五节　建设项目社会评价

社会评价的内容与方法源于对社会发展过程的不断认识与理解，源于各国发展经济中克服项目带来的种种社会问题的需要。从 20 世纪中叶开始，英国、美国、世界银行等纷纷把收入分配、就业、文化传承等社会发展指标引入了项目评价体系。

很长时间以来，我国对建设项目评价，基本上均以技术、财务和经济评价为主。20 世纪 90 年代中期，在可持续发展战略的指导下，我国开始实行对建设项目环境影响评价。然而，大量的项目评价很少关注社会层面的影响。曾经出现过一些投资项目建成了，由于有害物质污染环境，引起周围居民不满，不能开工生产；有的水利项目由于移民安置解决不好，导致部分人民生活水平下降等。近年来，我国先后对一些流域、区域开展过社会影响评价的实践，但总体上还是起步阶段，还需要不断深入和加强。

一、建设项目社会评价的识别

（一）社会评价的定义

建设项目社会评价，是指分析评价项目为实现国家和地方的各项社会发展目标所做贡献与影响，以及项目与社会的相互适应性的一种系统的调查、研究、分析、评价方法。

开展项目社会评价的主要的目的是消除或尽量减少因项目的实施所产生的社会负面影响，使项目的建设符合项目所在地区的宏观发展目标、实际情况和目标人口的具体发展需要，并使项目能为项目所在区域社会发展目标，如减轻或消除贫困、促进社会性别平等、维护社会稳定等做出贡献，促进经济与社会的协调发展。

开展项目社会评价的主要任务可以概括如下：① 识别关键利益相关者，包括项目影响群体和项目目标群体，制定适当的框架机制使他们参与项目的方案选择、设计、实施、监测和评估，尤其要为贫困和弱势群体的参与制定恰当的机制；② 确保利益相关者能够接受项目的目标及项目实施所带来的社会变化；③ 评估投资项目的社会影响，并在确认有负面影响的情况下，提出减轻产生负面影响的行动方案，并使方案的实施措施和手段符合当地的社会习俗；④ 提高项目建设单位在社区参与、冲突解决和服务提供等方面的能力。

项目社会评价分析的一般步骤：第一，项目社会状况描述，包括社会背景，明确利益相关者，社会描述常用指标体系；第二，分析社会影响，包括项目构建制定所需数据清单，设计访谈问卷，查询当地有关资料，访谈利益相关者；第三，社会影响评价，针对不同的利益相关者，分析评估项目的正面、负面、潜在影响；第四，政策建议。

（二）社会评价的内容

社会评价主要分析项目对社会环境、社会经济方面的正面影响和负面影响，主要包括：

(1) 对促进国民经济布局结构改善、宏观效益提高的影响。
(2) 对促进地区经济发展的影响。
(3) 对所在地居民收入与就业的影响。
(4) 对公平分配效益的影响，如当地居民分配是否公平，贫困户、妇女是否受益。
(5) 项目的技术进步效益。
(6) 项目节约时间的效益。
(7) 对当地文化、教育、卫生的影响，特别需关注项目对所在地区少数民族风俗习惯和宗教的影响。
(8) 项目对当地基础设施、社会服务容量和城市化进程的影响。
(9) 对人民卫生保健的影响。
(10) 对社会安全的影响。
(11) 对社会稳定的影响。
(12) 对社区人民生活习惯、道德规范的影响。
(13) 对社区凝聚力的影响。
(14) 对社区人民社会福利、社会保障的影响。
(15) 其他社会影响。

二、建设项目社会可持续发展评价

建设项目社会可持续发展评价主要从项目与所在地区的互适性分析、项目的社会风险分析和项目的公众参与性分析等几个方面，分析评价项目为实现国家和地方的各项社会发展目标所做的贡献与影响。

（一）建设项目的互适性分析

主要分析预测项目的建设和运营是否为当地的社会环境、人文条件所接纳，以及当地政府、居民支持项目存在与发展的态度。主要包括：

（1）项目是否适应国家、地区（省、市）发展规划。

（2）项目的文化与技术的可接受性——分析预测与项目直接相关的不同利益群体、各类组织对项目建设和运营的态度、支持程度，对可能阻碍项目存在与发展的因素提出防范措施。

（3）项目的参与水平——分析研究当地干部、群众参与项目各项活动的态度、要求，可能的参与水平，提出参与规划。

（二）建设项目的社会风险分析

对可能影响项目的各种社会因素进行识别和排序，选择影响面大、持续时间长，并容易导致较大矛盾的社会因素进行预测，分析可能出现这种风险的社会环境和条件。例如，投资项目征地、拆迁和移民将会引起很多社会方面的问题。投资项目除了主体工程外，还将涉及辅助性的社会基础设施问题，包括道路、供水、供电、学校、医院等服务设施的提供，这些辅助性的社会基础设施的分担与提供，投资项目与地方社区之间会经常产生分歧，甚至矛盾，从而制约项目的顺利实施。社会风险分析的主要内容包括：

（1）项目存在社会风险的程度。项目有无社会风险，严重程度如何，当地干部与群众会有何反应。

（2）受损群众的补偿问题。分析项目使谁受益，谁受损，特别是有无脆弱群体受损；分析影响受益与受损的因素，研究如何防止效益流失与减少受损群众的数量以及补偿的措施等。特别是项目是否为贫困户、妇女与受损群众所接受，他们是否存在不满。

（3）防止社会风险发生的措施。研究采取相应的措施解决，以保证项目生存的持续性，包括研究是否要建立非政府组织以协助项目承担机构的工作。

（三）建设项目的公众参与性分析

越来越多的事实证明公众参与项目规划及实施可扩大收益人群，提高项目的执行力和责任性，并减轻对环境及社会的冲击，是确保项目长期可持续发展的关键。早在1981年世界银行就将公众参与作为一项政策予以实施，在其《工作运行指令》O.D4.00附件A《环境评价》中明确提出，"世界银行期望借款方在项目设计和执行，特别是在制定环境影响评价时，充分考虑受影响群体和非政府组织的意见。"所以在项目社会评价中，要认真地识别关键利益相关群体，评估利益相关群体的利益以及项目的潜在影响，设计并确定利益相关群体参与的策略，包括信息共享、咨询、协商、赋权，化解利益相关群体与项目的矛盾和对立。

 扩展阅读　国际贷款项目社会评价实例

第六节　建设项目后评价概述

一、建设项目后评价内涵

项目后评价是在项目建设完成并投入生产一段时间后，通过对项目的准备、立项决策、设计施工、生产运营、经济效益和社会效益等进行的全面而系统的分析和评价，衡量项目的实际情况及与预测（计划）情况的差距，并分析其原因，从中吸取经验教训，为改进项目提出切实可行的对策措施，并不断提高投资项目决策水平和投资效果。

开展项目后评价的意义主要表现在以下几个方面：

(1) 提高项目决策科学化水平。项目可行性研究是项目投资决策的依据，但可行性研究中所做的预测是否准确，需要后评价来检验。一方面，通过建立完善的项目后评价制度和科学的方法体系，帮助评价人员努力提高事前决策水平，提高项目预测的准确性；另一方面，可以通过项目后评价的反馈信息，及时纠正项目决策中存在的问题，提高未来项目决策的科学化水平。例如，浙江某厂在20世纪80年代中期投资上亿元引进录像带生产线，结果由于市场严重的供大于求，以及后来出现新的替代产品（VCD\DVD），不得不关、停、并、转，此项目投资失误集中反映了可行性研究阶段对市场分析深度不够。

(2) 提高项目管理水平。投资项目管理是一项十分复杂的活动，它涉及设计、施工、物资供应等许多部门，只有这些部门密切合作，项目才能顺利完成。有的项目设计很好，但施工质量较差，最终也影响生产。通过后评价，发现在项目管理各环节以及各部门配合方面存在的问题，或总结其成功经验，对改正项目管理水平大有益处。

(3) 提高项目投资效益。项目取得好的经济效益是重要目的，有的项目投产后多年还达不到原设计能力，到底是什么原因？是设计施工中没有把问题处理好，影响到生产，还是技术本身存在问题？是市场、原料、电力供应等外部环境发生了变化，还是企业内部管理不善，人员素质不高影响了生产？后评价就是要把问题分析透，针对具体问题，提出解决问题的方案。

(4) 提高项目可持续发展能力。项目投产后，项目给当地社会、经济、环境带来的影响基本上已显示出来，对资源的消耗情况也基本清楚，因此，可以系统地分析哪些是正影响？哪些是负影响？在此基础上，针对项目给当地生态环境、社会公平、资源消耗等造成的负面影响，提出进一步改正的措施，将有利于项目可持续发展。

后评价是一个向实践学习的过程，同时又是一个对投资活动的监督过程。项目后评价的监督功能与项目可行性研究、实施监督结合在一起，构成对投资活动的监督机制。

二、后评价与可行性研究的区别

项目后评价与可行性研究有很大的区别，主要表现在以下几方面：

（1）在建设过程中所处的阶段不同。可行性研究属于项目前期工作，为投资决策提供依据，后评价则是项目竣工投产后，对项目全过程的建设和运行情况及产生的效益进行评价。

（2）评价的依据不同。项目后评价是项目实施后或实施中的评价，所依据的数据是实际记录的数据和实际发生的情况，以及根据已经发生的数据与情况预测未来的数据，比前评价有较高的现实性和可靠性。

（3）评价的内容不同。可行性研究的内容主要是项目建设条件、工程设计方案、项目的实施计划及经济社会效益的评价和预测，后评价主要是针对前评价的内容进行再评价，而且对项目决策、项目实施效率进行评价，以及对项目全过程的建设和运行情况及产生的效益进行评价。

（4）在决策中的作用不同。可行性研究直接作用于项目投资决策，其结论作为项目取舍的依据，后评价是投资决策的各种信息的反馈，对项目实施结果进行鉴定，鉴定结论间接作用于未来项目的投资决策，从而提高未来项目决策科学化水平。

三、项目后评价内容

一般工业项目后评价的内容可以有不同的划分法，从与项目前评价内容相对称的角度，项目后评价的内容可分为以下几方面：

（一）项目建设必要性的后评价

项目投产后，以国内外市场上产品的实际供求状况来验证可行性研究中所做的市场需求预测是否正确，包括分析产品销售量、占领市场范围、持续时间、产品价格、市场竞争能力变化，并作新的趋势预测。如果项目实施结果偏离预测目标较远，要分析产生偏离的原因，并提出相应的补救措施。

（二）项目生产建设条件的后评价

分析和衡量项目实际生产条件、建设条件，并与前评价的预测情况相比较，若两者存在较大的偏差，应分析其原因并提出对策建议。生产建设条件后评价的内容包括：厂址条件的再评价；实际影响建设项目人文、地质、矿量、品位、成分以及开采、利用条件的再评价；原料、辅助材料、燃料的种类、数量、来源渠道和供应方式的再评价；所需公用设施的数量、供应方式和供应条件的再评价；生产组织管理机构的设置、运行效率、招聘工人的方式、人员结构和人员培训的再评价等。

(三)项目技术方案的后评价

工程设计方案的后评价内容包括：设计方案合理性、先进性评价；技术来源、主要技术工艺及设备选型和工艺流程的再评价；项目施工方式和技术方案的再评价；项目实施进度、质量的再评价。

(四)项目经济后评价

项目经济后评价包括项目财务后评价和项目国民经济后评价两个组成部分。项目财务后评价是从企业（项目）角度对项目投产后的实际财务效益进行的再评价；国民经济后评价是从宏观国民经济角度出发，对项目投产后的国民经济效益进行的再评价。

项目效益后评价的主要内容与项目的评估无大的差别，主要分析指标还是内部收益率、净现值、贷款偿还期等项目盈利能力和清偿能力的指标，如表9-3所示。

表9-3 项目经济效益指标对比

序号	分析内容	报表	评估指标名称	指标值		偏离值	偏离原因
				前评估	后评估		
1	盈利性分析	全投资现金流量表	全部投产回收期				
2			财务内部收益率				
3			财务净现值				
4		项目资本金现金流量表	财务内部收益率				
5			财务净现值				
6		损益表	资金利润率				
7			资金利税率				
8			资本金利润率				
9	偿还能力分析	资金来源与运用表	借款偿还期、偿债准备率				
10		资产负债表	资产负债表				
11			流动比率				
12			速动比率				

(五)项目影响后评价

项目影响后评价内容包括经济影响、环境影响和社会影响，具体有以下几个方面：① 经济影响评价，主要分析评价项目对所在地区、所属行业和国家所产生的经济方面的影响，如分配、就业、国内资源成本、技术进步等。② 环境影响评价。项目的环境影响评价一般包括项目的污染控制、地区环境质量、自然资源利用和保护、区域生态平衡和环境管理等几个方面。③ 社会影响评价。项目的社会影响评价是对项目所在地区和社会的影响，包括贫困、平等、参与、妇女和持续性等内容。

本章小结

建设项目在建设与运营过程中,不仅要消耗大量的资源、能源,且要向外部排放大量的污染物,对区域经济和社会发展、生态环境以及资源利用产生着巨大的影响,既是发展经济的主平台,又是造成全球性资源短缺、环境污染、生态破坏的重要源头。因此,坚持用可持续发展的理论指导项目建设全过程,摒弃"先污染后治理"、摒弃只顾当代人的利益而不顾子孙后代的利益增长方式,是保持社会可持续发展的微观基础。工程技术人员要从对社会负责、对子孙后代负责、对地球负责的高度,在产品开发、技术选择、设备选择、工艺路线选择等方面重视可持续发展。

建设项目可持续发展评价主要包括三方面内容:资源与能源利用评价、环境可持续发展评价、社会可持续发展评价。

资源与能源利用评价主要是分析项目对土地、能源、重要的原材料的消耗与占用水平,其消耗与占用水平和国内先进、国际先进水平相比较,提出进一步降低高消耗与占用水平上的潜力与相应措施建议。

环境可持续发展评价主要包括污染物数量、污染影响度、企业环境投资经济效益分析、社会环境经济损益分析,以及进一步降低环境污染的潜力与相应措施建议等。

社会可持续发展评价主要是分析项目建设与营运过程中对当地社会经济产生的影响,包括对地区经济发展的影响、所在地居民收入与就业的影响、技术进步效益,对当地文化、教育、卫生的影响等,项目是否为当地的社会生态环境、人文条件所接纳,以及当地政府、居民支持项目存在与发展的态度等。

项目后评估是项目建设完成并投入生产一段时间后,通过对项目实施情况的全面而系统的分析和评价,旨在发现问题、解决问题,提高科学决策水平、项目管理水平。研究的角度与可行性研究有很大的不同,可行性研究是事先评价,项目后评估是事后评价,但分析的方法基本相同。

关键概念

建设项目可持续发展评价　　建设项目社会评价　　企业环境经济成本　　企业环境经济产出　　建设项目后评价

思考与练习

1. "可持续发展"是在什么样的背景下提出来的？包括哪些主要观点？
2. 自然资源有没有价格？为什么？
3. 三峡工程建设对环境生态的主要影响见表9-4。请分析在以下的主要影响中，哪些是可逆转影响，哪些是不可逆转的影响？哪些是负面作用较大的影响，哪些是负面作用较小的影响？应该采取什么措施减少负面影响？

表9-4 三峡工程建设对环境生态的主要影响

效应	正面效应	负面效应
区域	主要在中下游	主要在库区
对环境生态影响	（1）减轻洪水对中下游地区生态与环境的破坏 （2）减轻洞庭湖的萎缩和泥沙淤积 （3）增加中下游枯水期流量，改善枯水期水质 （4）调节局部气候 （5）减轻环境污染及酸雨危害等 （6）有利于中下游血吸虫病的防治	（1）水库将淹没土地、耕地及部分文物古迹 （2）农村移民开发产生新的水土流失和环境污染等问题 （3）水库诱发地震、滑坡 （4）库区泥沙淤积加重 （5）影响三峡的自然景观 （6）影响水生生物和珍稀物种的生存环境 （7）水库增加蚊虫滋生，影响人群健康

4. 某市拟建一个垃圾处理项目，试分析有哪些利益相关者，试建立项目可持续发展评价指标体系。
5. 假若你是某市市长，也在计划引进大型PX项目，您会如何处理可能发生的类似昆明PX项目的事件。
6. 某地铁建设工程，总投资80亿元，线路长19千米，全部为地下线，整个施工过程中需要对地下水疏干降水，同时还涉及施工拆迁和城市道路的局部开挖、弃土的堆放等。试分析施工期和营运期可能对环境产生影响的因素有哪些。
7. 项目后评估的意义何在？它与可行性研究的区别有哪些？

即测即评

附录
复利系数表

(1%)

n	(F/P, i, n)	(P/F, i, n)	(F/A, i, n)	(A/F, i, n)	(P/A, i, n)	(A/P, i, n)	(A/G, i, n)
1	2	3	4	5	6	7	8
1	1.010 0	0.990 1	1.000 0	1.000 0	0.990 1	1.010 0	0.000
2	1.020 1	0.980 3	2.010 0	0.497 5	1.970 4	0.507 5	0.498
3	1.030 3	0.970 6	3.030 1	0.330 0	2.941 0	0.340 0	0.993
4	1.040 6	0.961 0	4.060 4	0.246 3	3.902 0	0.256 3	1.488
5	1.051 0	0.951 5	5.101 0	0.196 0	4.853 4	0.206 0	1.980
6	1.061 5	0.942 0	6.152 0	0.162 5	5.795 5	0.172 5	2.471
7	1.071 2	0.932 7	7.213 5	0.138 6	6.728 2	0.148 6	2.960
8	1.082 9	0.923 5	8.285 7	0.120 7	7.651 7	0.130 7	3.448
9	1.093 7	0.914 3	9.368 5	0.106 7	8.566 0	0.116 7	3.934
10	1.104 6	0.905 3	10.462 2	0.095 6	9.471 3	0.105 6	4.418
11	1.115 7	0.896 3	11.566 8	0.086 5	10.367 6	0.096 5	4.901
12	1.126 8	0.887 4	12.682 5	0.078 8	11.255 1	0.088 8	5.381
13	1.138 1	0.878 7	13.809 3	0.072 4	12.133 7	0.082 4	5.861
14	1.149 5	0.870 0	14.947 4	0.066 9	13.003 7	0.076 9	6.338
15	1.161 0	0.861 3	16.096 9	0.062 1	13.865 1	0.072 1	6.814
16	1.172 6	0.852 8	17.257 9	0.057 9	14.717 9	0.067 9	7.289
17	1.184 3	0.844 4	18.430 4	0.054 3	15.562 3	0.064 3	7.761
18	1.196 1	0.836 0	19.614 7	0.051 0	16.398 3	0.061 0	8.232
19	1.208 1	0.827 7	20.810 9	0.048 1	17.226 0	0.058 1	8.702
20	1.220 2	0.819 5	22.019 0	0.045 4	18.045 6	0.055 4	9.169
21	1.232 4	0.811 4	23.239 2	0.043 0	18.857 0	0.053 0	9.635
22	1.244 7	0.803 4	24.471 6	0.040 9	19.660 4	0.050 9	10.100

n	$(F/P, i, n)$	$(P/F, i, n)$	$(F/A, i, n)$	$(A/F, i, n)$	$(P/A, i, n)$	$(A/P, i, n)$	$(A/G, i, n)$
1	2	3	4	5	6	7	8
23	1.257 2	0.795 4	25.716 3	0.038 9	20.455 8	0.048 9	10.563
24	1.269 7	0.787 6	26.973 5	0.037 1	21.243 4	0.047 1	11.024
25	1.282 4	0.779 8	28.243 2	0.035 4	22.023 2	0.045 4	11.483
26	1.295 3	0.772 0	29.525 6	0.033 9	22.795 2	0.043 9	11.941
27	1.308 2	0.764 4	30.820 9	0.032 4	23.559 6	0.042 4	12.397
28	1.321 3	0.756 8	32.129 1	0.031 1	24.316 4	0.041 1	12.852
29	1.334 5	0.749 3	33.450 4	0.029 9	25.065 8	0.039 9	13.304
30	1.347 8	0.741 9	34.784 9	0.028 7	25.807 7	0.038 7	13.756
35	1.416 6	0.705 9	41.660 2	0.024 0	29.408 5	0.034 0	15.981
40	1.488 9	0.671 7	48.886 4	0.020 5	32.834 7	0.030 5	18.178
45	1.564 8	0.639 1	56.481 1	0.017 7	36.094 5	0.027 7	20.327
50	1.644 6	0.608 0	64.463 2	0.015 5	39.196 1	0.025 5	22.436
55	1.728 5	0.578 5	72.852 5	0.013 7	42.147 2	0.023 7	24.505
60	1.816 7	0.550 4	81.669 7	0.012 2	44.955 0	0.022 2	26.533
65	1.909 4	0.523 7	90.936 6	0.011 0	47.626 6	0.021 0	28.522
70	2.006 8	0.498 3	100.676 3	0.009 9	50.168 5	0.019 9	30.470
75	2.109 1	0.474 1	110.912 8	0.009 0	52.587 1	0.019 0	32.379
80	2.216 7	0.451 1	121.671 5	0.008 2	54.888 2	0.018 2	34.249
85	2.329 8	0.429 2	132.979 0	0.007 5	57.077 7	0.017 5	36.080
90	2.448 6	0.408 4	144.863 3	0.006 9	59.160 9	0.016 9	37.872
95	2.573 5	0.388 6	157.353 8	0.006 4	61.143 0	0.016 4	39.626
100	2.704 8	0.369 7	170.481 4	0.005 9	63.028 9	0.015 9	41.343

(2%)

n	$(F/P, i, n)$	$(P/F, i, n)$	$(F/A, i, n)$	$(A/F, i, n)$	$(P/A, i, n)$	$(A/P, i, n)$	$(A/G, i, n)$
1	2	3	4	5	6	7	8
1	1.020 0	0.980 4	1.000 0	1.000 0	0.980 4	1.020 0	0.000
2	1.040 4	0.961 2	2.020 0	0.495 0	1.941 6	0.515 0	0.495
3	1.061 2	0.942 3	3.060 4	0.326 8	2.883 9	0.346 8	0.987
4	1.082 4	0.923 8	4.121 6	0.242 6	3.807 7	0.262 6	1.475
5	1.104 1	0.905 7	5.204 0	0.192 2	4.713 5	0.212 2	1.960
6	1.126 2	0.888 0	6.308 1	0.158 5	5.601 4	0.178 5	2.442
7	1.148 7	0.870 6	7.434 3	0.134 5	6.472 0	0.154 5	2.921
8	1.171 7	0.853 5	8.583 0	0.116 5	7.325 5	0.136 5	3.396
9	1.195 1	0.836 8	9.754 6	0.102 5	8.162 2	0.122 5	3.868
10	1.219 0	0.820 3	10.949 7	0.091 3	8.982 6	0.111 3	4.337

续表

n	(F/P, i, n)	(P/F, i, n)	(F/A, i, n)	(A/F, i, n)	(P/A, i, n)	(A/P, i, n)	(A/G, i, n)
1	2	3	4	5	6	7	8
11	1.243 4	0.804 3	12.168 7	0.082 2	9.786 8	0.102 2	4.802
12	1.268 2	0.788 5	13.412 1	0.074 6	10.575 3	0.094 6	5.264
13	1.293 6	0.773 0	14.680 3	0.068 1	11.348 4	0.088 1	5.723
14	1.319 5	0.757 9	15.973 9	0.062 6	12.106 2	0.082 6	6.179
15	1.345 9	0.743 0	17.293 4	0.057 8	12.849 3	0.077 8	6.631
16	1.372 8	0.728 4	18.639 3	0.053 7	13.577 7	0.073 7	7.080
17	1.400 2	0.714 2	20.012 1	0.050 0	14.291 9	0.070 0	7.526
18	1.428 2	0.700 2	21.412 3	0.046 7	14.992 0	0.066 7	7.968
19	1.456 8	0.686 4	22.840 6	0.043 8	15.678 5	0.063 8	8.407
20	1.485 9	0.673 0	24.297 4	0.041 2	16.351 4	0.061 2	8.843
21	1.515 7	0.659 8	25.783 3	0.038 8	17.011 2	0.058 8	9.276
22	1.546 0	0.646 8	27.299 0	0.036 6	17.658 0	0.056 6	9.705
23	1.576 9	0.634 2	28.845 0	0.034 7	18.292 2	0.054 7	10.132
24	1.608 4	0.621 7	30.421 9	0.032 9	18.913 9	0.052 9	10.555
25	1.640 6	0.609 5	32.030 3	0.031 2	19.523 5	0.051 2	10.974
26	1.673 4	0.597 6	33.670 9	0.029 7	20.121 0	0.049 7	11.391
27	1.706 9	0.585 9	35.344 3	0.028 3	20.706 9	0.048 3	11.804
28	1.741 0	0.574 4	37.051 2	0.027 0	21.281 3	0.047 0	12.214
29	1.775 8	0.563 1	38.792 2	0.025 8	21.844 4	0.045 8	12.621
30	1.811 4	0.552 1	40.568 1	0.024 6	22.396 5	0.044 6	13.025
35	1.999 8	0.500 0	49.994 4	0.020 0	24.998 6	0.040 0	14.996 1
40	2.208 0	0.452 9	60.402 0	0.016 6	27.355 5	0.036 6	16.889
45	2.437 9	0.410 2	71.892 7	0.013 9	29.490 2	0.033 9	18.703
50	2.691 6	0.371 5	84.579 4	0.011 8	31.423 6	0.031 8	20.442
55	2.971 7	0.336 5	98.586 5	0.010 1	33.174 8	0.030 1	22.106
60	3.281 0	0.304 8	114.051 5	0.008 8	34.760 9	0.028 8	23.696
65	3.622 5	0.276 1	131.126 2	0.007 6	36.197 5	0.027 6	25.215
70	3.999 6	0.250 0	149.977 9	0.006 7	37.498 6	0.026 7	26.663
75	4.415 8	0.226 5	170.791 8	0.005 9	38.677 1	0.025 9	28.043
80	4.875 4	0.205 1	193.772 0	0.005 2	39.744 5	0.025 2	29.357
85	5.382 9	0.185 8	219.143 9	0.004 6	40.711 3	0.024 6	30.606
90	5.943 1	0.168 3	247.156 7	0.004 0	41.586 9	0.024 0	31.793
95	6.561 7	0.152 4	278.085 0	0.003 6	42.380 0	0.023 6	32.919
100	7.244 6	0.138 0	312.232 3	0.003 2	43.098 4	0.023 2	33.986

(3%)

n	(F/P, i, n)	(P/F, i, n)	(F/A, i, n)	(A/F, i, n)	(P/A, i, n)	(A/P, i, n)	(A/G, i, n)
1	2	3	4	5	6	7	8
1	1.030 0	0.970 9	1.000 0	1.000 0	0.970 9	1.030 0	0.000
2	1.060 9	0.942 6	2.030 0	0.492 6	1.913 5	0.522 6	0.493
3	1.092 7	0.915 1	3.090 9	0.323 5	2.828 6	0.353 5	0.980
4	1.125 5	0.888 5	4.183 6	0.239 0	3.717 1	0.269 0	1.463
5	1.159 3	0.862 6	5.309 1	0.188 4	4.579 7	0.218 4	1.941
6	1.194 1	0.837 5	6.468 4	0.154 6	5.417 2	0.184 6	2.414
7	1.229 9	0.813 1	7.662 5	0.130 5	6.230 3	0.160 5	2.882
8	1.266 8	0.789 4	8.892 3	0.112 5	7.019 7	0.142 5	3.345
9	1.304 8	0.766 4	10.159 1	0.098 4	7.786 1	0.128 4	3.803
10	1.343 9	0.744 1	11.463 9	0.087 2	8.530 2	0.117 2	4.256
11	1.384 2	0.722 4	12.807 8	0.078 1	9.252 6	0.108 1	4.705
12	1.425 8	0.701 4	14.192 0	0.070 5	9.954 0	0.100 5	5.148
13	1.468 5	0.681 0	15.617 8	0.064 0	10.635 0	0.094 0	5.587
14	1.512 6	0.661 1	17.086 3	0.058 5	11.296 1	0.088 5	6.021
15	1.558 0	0.641 9	18.598 9	0.053 8	11.937 9	0.083 8	6.450
16	1.604 7	0.623 2	20.156 9	0.049 6	12.561 1	0.079 6	6.874
17	1.652 8	0.605 0	21.761 6	0.046 0	13.166 1	0.076 0	7.294
18	1.702 4	0.587 4	23.414 4	0.042 7	13.753 5	0.072 7	7.708
19	1.753 5	0.570 3	25.116 9	0.039 8	14.323 8	0.069 8	8.118
20	1.806 1	0.553 7	26.870 4	0.037 2	14.877 5	0.067 2	8.523
21	1.860 3	0.537 5	28.676 5	0.034 9	15.415 0	0.064 9	8.923
22	1.916 1	0.521 9	30.536 8	0.032 7	15.936 9	0.062 7	9.319
23	1.973 6	0.506 7	32.452 9	0.030 8	16.443 6	0.060 8	9.709
24	2.032 8	0.491 9	34.426 5	0.029 0	16.935 5	0.059 0	10.095
25	2.093 8	0.477 6	36.459 3	0.027 4	17.413 1	0.057 4	10.477
26	2.156 6	0.463 7	38.553 0	0.025 9	17.876 8	0.055 9	10.853
27	2.221 3	0.450 2	40.709 6	0.024 6	18.327 0	0.054 6	11.226
28	2.287 9	0.437 1	42.930 9	0.023 3	18.764 1	0.053 3	11.593
29	2.356 6	0.424 3	45.218 9	0.022 1	19.188 5	0.052 1	11.956
30	2.427 3	0.412 0	47.575 4	0.021 0	19.600 4	0.051 0	12.314
35	2.813 8	0.355 3	61.462 0	0.016 5	21.487 2	0.046 5	14.037
40	3.262 0	0.306 6	75.401 3	0.013 3	23.114 8	0.043 3	15.650
45	3.781 6	0.264 4	92.719 9	0.010 8	24.518 7	0.040 8	17.156
50	4.383 9	0.228 1	112.796 9	0.008 9	25.729 8	0.038 9	18.558
55	5.082 1	0.196 8	136.071 6	0.007 3	26.774 4	0.037 3	19.860

n	(F/P, i, n)	(P/F, i, n)	(F/A, i, n)	(A/F, i, n)	(P/A, i, n)	(A/P, i, n)	(A/G, i, n)
1	2	3	4	5	6	7	8
60	5.891 6	0.169 7	163.053 4	0.006 1	27.675 6	0.036 1	21.067
65	6.830 0	0.146 4	194.332 8	0.005 1	28.452 9	0.035 1	22.184
70	7.917 8	0.126 3	230.594 1	0.004 3	29.123 4	0.034 3	23.215
75	9.178 9	0.108 9	272.630 9	0.003 7	29.701 8	0.033 7	24.163
80	10.640 9	0.094 0	321.363 0	0.003 1	30.200 8	0.033 1	25.035
85	12.335 7	0.081 1	377.857 0	0.002 6	30.631 2	0.032 6	25.835
90	14.300 5	0.069 9	443.348 9	0.002 3	31.002 4	0.032 3	26.567
95	16.578 2	0.060 3	519.272 0	0.001 9	31.322 7	0.031 9	27.235
100	19.218 6	0.052 0	607.287 7	0.001 6	31.598 9	0.031 6	27.844

(4%)

n	(F/P, i, n)	(P/F, i, n)	(F/A, i, n)	(A/F, i, n)	(P/A, i, n)	(A/P, i, n)	(A/G, i, n)
1	2	3	4	5	6	7	8
1	1.040 0	0.961 5	1.000 0	1.000 0	0.961 5	1.040 0	0.000
2	1.081 6	0.924 6	2.040 0	0.490 2	1.886 1	0.530 2	0.490
3	1.124 9	0.889 0	3.121 6	0.320 3	2.775 1	0.360 3	0.974
4	1.169 9	0.854 8	4.246 5	0.235 5	3.629 9	0.275 5	1.451
5	1.216 7	0.821 9	5.416 3	0.184 6	4.451 8	0.224 6	1.922
6	1.265 3	0.790 3	6.633 0	0.150 8	5.242 1	0.190 8	2.386
7	1.315 9	0.759 9	7.898 3	0.126 6	6.002 1	0.166 6	2.843
8	1.368 6	0.730 7	9.214 2	0.108 5	6.732 7	0.148 5	3.294
9	1.423 3	0.702 6	10.582 8	0.094 5	7.435 3	0.134 5	3.739
10	1.480 2	0.675 6	12.006 1	0.083 3	8.110 9	0.123 3	4.177
11	1.539 5	0.649 6	13.486 4	0.074 1	8.760 5	0.114 1	4.609
12	1.601 0	0.624 6	15.025 8	0.066 6	9.385 1	0.106 6	5.034
13	1.665 1	0.600 6	16.626 8	0.060 1	9.985 6	0.100 1	5.453
14	1.731 7	0.577 5	18.291 9	0.054 7	10.563 1	0.094 7	5.866
15	1.800 9	0.555 3	20.023 6	0.049 9	11.118 4	0.089 9	6.272
16	1.873 0	0.533 9	21.824 5	0.045 8	11.652 3	0.085 8	6.672
17	1.947 9	0.513 4	23.697 5	0.042 2	12.165 7	0.082 2	7.066
18	2.025 8	0.493 6	25.645 4	0.039 0	12.659 3	0.079 0	7.453
19	2.106 8	0.474 6	27.671 2	0.036 1	13.133 9	0.076 1	7.834
20	2.191 1	0.456 4	29.778 1	0.033 6	13.590 3	0.073 6	8.209
21	2.278 8	0.438 8	31.969 2	0.031 3	14.029 2	0.071 3	8.578
22	2.369 9	0.422 0	34.248 0	0.029 2	14.451 1	0.069 2	8.941
23	2.464 7	0.405 7	36.617 9	0.027 3	14.856 8	0.067 3	9.297

n	(F/P, i, n)	(P/F, i, n)	(F/A, i, n)	(A/F, i, n)	(P/A, i, n)	(A/P, i, n)	(A/G, i, n)
1	2	3	4	5	6	7	8
24	2.563 3	0.390 1	39.082 6	0.025 6	15.247 0	0.065 6	9.648
25	2.665 8	0.375 1	41.645 9	0.024 0	15.622 1	0.064 0	9.993
26	2.772 5	0.360 7	44.311 7	0.022 6	15.982 8	0.062 6	10.331
27	2.883 4	0.346 8	47.084 2	0.021 2	16.329 6	0.061 2	10.664
28	2.998 7	0.333 5	49.967 6	0.020 0	16.663 1	0.060 0	10.991
29	3.118 7	0.320 7	52.966 3	0.018 9	16.983 7	0.058 9	11.312
30	3.243 4	0.308 3	56.084 9	0.017 8	17.292 0	0.057 8	11.627
35	3.946 0	0.253 4	73.652 2	0.013 58	18.664 6	0.053 5	13.119
40	4.801 0	0.208 3	95.025 5	0.010 5	19.792 8	0.050 5	14.477
45	5.841 2	0.171 2	121.029 4	0.008 3	20.720 0	0.048 3	15.705
50	7.106 7	0.140 7	152.667 1	0.006 6	21.482 2	0.046 6	16.812
55	8.646 4	0.115 7	191.159 2	0.005 2	22.108 6	0.045 2	17.807
60	10.519 6	0.095 1	237.990 7	0.004 2	22.623 5	0.044 2	18.697
65	12.798 7	0.078 1	294.968 4	0.003 4	23.046 7	0.043 4	19.491
70	15.571 6	0.064 2	364.290 5	0.002 7	23.394 5	0.042 7	20.196
75	18.945 3	0.052 8	448.631 4	0.002 2	23.680 4	0.042 2	20.821
80	23.049 8	0.043 4	551.245 0	0.001 8	23.915 4	0.041 8	21.372
85	28.043 6	0.035 7	676.090 1	0.001 5	24.108 5	0.041 5	21.857
90	34.119 3	0.029 3	827.983 3	0.001 2	24.267 3	0.041 2	22.283
95	41.511 4	0.024 1	1 012.784 6	0.001 0	24.397 8	0.041 0	22.655
100	50.504 9	0.019 8	1 237.623 7	0.000 8	24.505 0	0.040 8	22.980

(5%)

n	(F/P, i, n)	(P/F, i, n)	(F/A, i, n)	(A/F, i, n)	(P/A, i, n)	(A/P, i, n)	(A/G, i, n)
1	2	3	4	5	6	7	8
1	1.050 0	0.952 4	1.000 0	1.000 0	0.952 4	1.050 0	0.000
2	1.102 5	0.907 0	2.050 0	0.487 8	1.859 4	0.537 8	0.488
3	1.157 6	0.863 8	3.152 5	0.317 2	2.723 2	0.367 2	0.967
4	1.215 5	0.822 7	4.310 1	0.232 0	3.546 0	0.282 0	1.439
5	1.276 3	0.783 5	5.525 6	0.181 0	4.329 5	0.231 0	1.903
6	1.340 1	0.746 2	6.801 9	0.147 0	5.075 7	0.197 0	2.358
7	1.407 1	0.710 7	8.142 0	0.122 8	5.786 4	0.172 8	2.805
8	1.477 5	0.676 8	9.549 1	0.104 7	6.463 2	0.154 7	3.245
9	1.551 3	0.644 6	11.026 6	0.090 7	7.107 8	0.140 7	3.676
10	1.628 9	0.613 9	12.577 9	0.079 5	7.721 7	0.129 5	4.099

续表

n	(F/P, i, n)	(P/F, i, n)	(F/A, i, n)	(A/F, i, n)	(P/A, i, n)	(A/P, i, n)	(A/G, i, n)
1	2	3	4	5	6	7	8
11	1.710 3	0.584 7	14.206 8	0.070 4	8.306 4	0.120 4	4.514
12	1.795 9	0.556 8	15.917 1	0.062 8	8.863 3	0.112 8	4.922
13	1.885 6	0.530 3	17.713 0	0.056 5	9.393 6	0.106 5	5.322
14	1.979 9	0.505 1	19.598 6	0.051 0	9.898 6	0.101 0	5.713
15	2.078 9	0.481 0	21.578 6	0.046 3	10.379 7	0.096 3	6.097
16	2.182 9	0.458 1	23.657 5	0.042 3	10.837 8	0.092 3	6.474
17	2.292 0	0.436 3	25.840 4	0.038 7	11.274 1	0.088 7	6.842
18	2.406 6	0.415 5	28.132 4	0.035 5	11.689 6	0.085 5	7.203
19	2.527 0	0.395 7	30.539 0	0.032 7	12.085 3	0.082 7	7.557
20	2.653 3	0.376 9	33.066 0	0.030 2	12.462 2	0.080 2	7.903
21	2.786 0	0.358 9	35.719 3	0.028 0	12.821 2	0.078 0	8.242
22	2.925 3	0.341 8	38.505 2	0.026 0	13.163 0	0.076 0	8.573
23	3.071 5	0.325 6	41.430 5	0.024 1	13.488 6	0.074 1	8.897
24	3.225 1	0.310 1	44.502 0	0.022 5	13.798 6	0.072 5	9.214
25	3.386 4	0.295 3	47.727 1	0.021 0	14.093 9	0.071 0	9.524
26	3.555 7	0.281 2	51.113 5	0.019 6	14.375 2	0.069 6	9.827
27	3.733 5	0.267 8	54.669 1	0.018 3	14.643 0	0.068 3	10.122
28	3.920 1	0.255 1	58.402 6	0.017 1	14.898 1	0.067 1	10.411
29	4.116 1	0.242 9	62.322 7	0.016 0	15.141 1	0.066 0	10.694
30	4.321 9	0.231 4	66.438 8	0.015 1	15.372 5	0.065 1	10.969
35	5.516 0	0.181 2	90.320 3	0.011 0	16.374 1	0.061 0	12.249
40	7.040 0	0.142 0	120.799 8	0.008 3	17.159 1	0.058 3	13.377
45	8.985 0	0.111 3	159.700 2	0.006 3	17.774 1	0.056 3	14.364
50	11.467 4	0.087 2	209.348 0	0.004 8	18.255 9	0.054 8	15.223
55	14.635 6	0.068 3	272.712 6	0.003 7	18.633 5	0.053 7	15.966
60	18.679 2	0.053 5	353.583 7	0.002 8	18.929 3	0.052 8	16.606
65	23.839 9	0.041 9	456.798 0	0.002 2	19.161 1	0.052 2	17.154
70	30.426 4	0.032 9	588.528 5	0.001 7	19.342 7	0.051 7	17.621
75	38.832 7	0.025 8	756.653 7	0.001 3	19.485 0	0.051 3	18.018
80	49.561 4	0.020 2	971.228 8	0.001 0	19.596 5	0.051 0	18.353
85	63.254 4	0.015 8	1 245.087 1	0.000 8	19.683 8	0.050 8	18.635
90	80.730 4	0.012 4	1 594.607 3	0.000 6	19.752 3	0.050 6	18.871
95	103.034 7	0.009 7	2 040.693 5	0.000 5	19.805 9	0.050 5	19.069
100	131.501 3	0.007 6	2 610.025 2	0.000 4	19.847 9	0.050 4	19.234

(6%)

n	(F/P, i, n)	(P/F, i, n)	(F/A, i, n)	(A/F, i, n)	(P/A, i, n)	(A/P, i, n)	(A/G, i, n)
1	2	3	4	5	6	7	8
1	1.060 0	0.943 4	1.000 0	1.000 0	0.943 4	1.060 0	0.000
2	1.123 6	0.890 0	2.060 0	0.485 4	1.833 4	0.545 4	0.485
3	1.191 0	0.839 6	3.183 6	0.314 1	2.673 0	0.374 1	0.961
4	1.262 5	0.792 1	4.374 6	0.228 6	3.465 1	0.288 6	1.427
5	1.338 2	0.747 3	5.637 1	0.177 4	4.212 4	0.237 4	1.884
6	1.418 5	0.705 0	6.975 3	0.143 4	4.917 3	0.203 4	2.330
7	1.503 6	0.665 1	8.393 8	0.119 1	5.582 4	0.179 1	2.768
8	1.593 8	0.627 4	9.897 5	0.101 0	6.209 8	0.161 0	3.195
9	1.689 5	0.591 9	11.491 3	0.087 0	6.801 7	0.147 0	3.613
10	1.790 8	0.558 4	13.180 8	0.075 9	7.360 1	0.135 9	4.022
11	1.898 3	0.526 8	14.971 6	0.066 8	7.886 9	0.126 8	4.421
12	2.012 2	0.497 0	16.869 9	0.059 3	8.383 8	0.119 3	4.811
13	2.132 9	0.468 8	18.882 1	0.053 0	8.852 7	0.113 0	5.192
14	2.260 9	0.442 3	21.015 1	0.047 6	9.295 0	0.107 6	5.564
15	2.396 6	0.417 3	23.276 0	0.043 0	9.712 2	0.103 0	5.926
16	2.540 4	0.393 6	25.672 5	0.039 0	10.105 9	0.099 0	6.279
17	2.692 8	0.371 4	28.212 9	0.035 4	10.477 3	0.095 4	6.624
18	2.854 3	0.350 3	30.905 7	0.032 4	10.827 6	0.092 4	6.960
19	3.025 6	0.330 5	33.760 0	0.029 6	11.158 1	0.089 6	7.287
20	3.207 1	0.311 8	36.785 6	0.027 2	11.469 9	0.087 2	7.605
21	3.399 6	0.294 2	39.992 7	0.025 0	11.764 1	0.085 0	7.915
22	3.603 5	0.277 5	43.392 3	0.023 0	12.041 6	0.083 0	8.217
23	3.819 7	0.261 8	46.995 8	0.021 3	12.303 4	0.081 3	8.510
24	4.048 9	0.247 0	50.815 6	0.019 7	12.550 4	0.079 7	8.795
25	4.291 9	0.233 0	54.864 5	0.018 2	12.783 4	0.078 2	9.072
26	4.549 4	0.219 8	59.156 4	0.016 9	13.003 2	0.076 9	9.341
27	4.822 3	0.207 4	63.705 8	0.015 7	13.210 5	0.075 7	9.603
28	5.111 7	0.195 6	68.528 1	0.014 6	13.406 2	0.074 6	9.857
29	5.418 4	0.184 6	73.639 8	0.013 6	13.590 7	0.073 6	10.103
30	5.743 5	0.174 1	79.058 2	0.012 6	13.764 8	0.072 6	10.342
35	7.686 0	0.130 1	111.434 7	0.008 9	14.498 2	0.068 9	11.431
40	10.285 7	0.097 2	154.762 0	0.006 5	15.046 3	0.066 5	12.359
45	13.764 6	0.072 7	212.743 5	0.004 7	15.455 8	0.064 7	13.141
50	18.420 2	0.054 3	290.335 9	0.003 4	15.761 9	0.063 4	13.796
55	24.650 3	0.040 6	394.172 0	0.002 5	15.990 5	0.062 5	14.341

续表

n	(F/P, i, n)	(P/F, i, n)	(F/A, i, n)	(A/F, i, n)	(P/A, i, n)	(A/P, i, n)	(A/G, i, n)
1	2	3	4	5	6	7	8
60	32.987 7	0.030 3	533.128 2	0.001 9	16.161 4	0.061 9	14.791
65	44.145 0	0.022 7	719.082 9	0.001 4	16.289 1	0.061 4	15.160
70	59.075 9	0.016 9	967.932 2	0.001 0	16.384 5	0.061 0	15.461
75	79.056 9	0.012 6	1 300.948 7	0.000 8	16.455 8	0.060 8	15.706
80	105.796 0	0.009 5	1 746.599 9	0.000 6	16.509 1	0.060 6	15.903
85	141.578 9	0.007 1	2 342.981 7	0.000 4	16.548 9	0.060 4	16.062
90	189.464 5	0.005 3	3 141.075 2	0.000 3	16.578 7	0.060 3	16.189
95	253.546 3	0.003 9	4 209.104 2	0.000 2	16.600 9	0.060 2	16.290
100	339.302 1	0.002 9	5 638.368 1	0.000 2	16.617 5	0.060 2	16.371

(7%)

n	(F/P, i, n)	(P/F, i, n)	(F/A, i, n)	(A/F, i, n)	(P/A, i, n)	(A/P, i, n)	(A/G, i, n)
1	2	3	4	5	6	7	8
1	1.070 0	0.934 6	1.000 0	1.000 0	0.934 6	1.070 0	0.000
2	1.144 9	0.873 4	2.070 0	0.483 1	1.808 0	0.553 1	0.483
3	1.225 0	0.816 3	3.214 9	0.311 1	2.624 3	0.381 1	0.955
4	1.310 8	0.762 9	4.439 9	0.225 2	3.387 2	0.295 2	1.416
5	1.402 6	0.713 0	5.750 7	0.173 9	4.100 2	0.243 9	1.865
6	1.500 7	0.666 3	7.153 3	0.139 8	4.766 5	0.209 8	2.303
7	1.605 8	0.622 7	8.654 0	0.115 6	5.389 3	0.185 6	2.730
8	1.718 2	0.582 0	10.259 8	0.097 5	5.971 3	0.167 5	3.147
9	1.838 5	0.543 9	11.978 0	0.083 5	6.515 2	0.153 5	3.552
10	1.967 2	0.508 3	13.816 4	0.072 4	7.023 6	0.142 4	3.946
11	2.104 9	0.475 1	15.783 6	0.063 4	7.498 7	0.133 4	4.330
12	2.252 2	0.444 0	17.888 5	0.055 9	7.942 7	0.125 9	4.703
13	2.409 8	0.415 0	20.140 6	0.049 7	8.357 7	0.119 7	5.065
14	2.578 5	0.387 8	22.550 5	0.044 3	8.745 5	0.114 3	5.417
15	2.759 0	0.362 4	25.129 0	0.039 8	9.107 9	0.109 8	5.758
16	2.952 2	0.338 7	27.888 1	0.035 9	9.446 6	0.105 9	6.090
17	3.158 8	0.316 6	30.840 2	0.032 4	9.763 2	0.102 4	6.411
18	3.379 9	0.295 9	33.999 0	0.029 4	10.059 1	0.099 4	6.722
19	3.616 5	0.276 5	37.379 0	0.026 8	10.335 6	0.096 8	7.024
20	3.869 7	0.258 4	40.995 5	0.024 4	10.594 0	0.094 4	7.316
21	4.140 6	0.241 5	44.865 2	0.022 3	10.835 5	0.092 3	7.599
22	4.430 4	0.225 7	49.005 7	0.020 4	11.061 2	0.090 4	7.872
23	4.740 5	0.210 9	53.436 1	0.018 7	11.272 2	0.088 7	8.137

续表

n	$(F/P, i, n)$	$(P/F, i, n)$	$(F/A, i, n)$	$(A/F, i, n)$	$(P/A, i, n)$	$(A/P, i, n)$	$(A/G, i, n)$
1	2	3	4	5	6	7	8
24	5.072 4	0.197 1	58.176 7	0.017 2	11.469 3	0.087 2	8.392
25	5.427 4	0.184 2	63.249 0	0.015 8	11.653 6	0.085 8	8.639
26	5.807 4	0.172 2	68.676 5	0.014 6	11.825 8	0.084 6	8.877
27	6.213 9	0.160 9	74.483 8	0.013 4	11.986 7	0.083 4	9.107
28	6.648 8	0.150 4	80.697 7	0.012 4	12.137 1	0.082 4	9.329
29	7.114 3	0.140 6	87.346 5	0.011 4	12.277 7	0.081 4	9.543
30	7.612 3	0.131 4	94.460 8	0.010 6	12.409 0	0.080 6	9.749
35	10.676 5	0.093 6	138.236 8	0.007 2	12.947 6	0.072 3	10.668
40	14.974 5	0.066 8	199.635 1	0.005 0	13.331 7	0.075 0	11.423
45	21.002 5	0.047 6	285.749 3	0.003 5	13.605 5	0.073 5	12.036
50	29.457 0	0.033 9	406.528 9	0.002 5	13.800 7	0.072 5	12.529
55	41.315 0	0.024 2	575.928 6	0.001 7	13.939 9	0.071 7	12.921
60	57.946 4	0.017 3	813.520 4	0.001 2	14.039 2	0.071 2	13.232
65	81.272 9	0.012 3	1 146.755 2	0.000 9	14.109 9	0.070 9	13.476
70	113.989 4	0.008 8	1 614.134 2	0.000 6	14.160 4	0.070 6	13.666
75	159.876 0	0.006 3	2 269.657 4	0.000 4	14.196 4	0.070 4	13.814
80	224.234 4	0.004 5	3 189.062 7	0.000 3	14.222 0	0.070 3	13.927
85	314.500 3	0.003 2	4 478.576 1	0.000 2	14.240 3	0.070 2	14.015
90	441.103 0	0.002 3	6 287.185 4	0.000 2	14.253 3	0.070 2	14.081
95	618.669 7	0.001 6	8 823.853 5	0.000 1	14.262 6	0.070 1	14.132
100	867.716 3	0.001 2	12 381.661 8	0.000 1	14.269 3	0.070 1	14.170

(8%)

n	$(F/P, i, n)$	$(P/F, i, n)$	$(F/A, i, n)$	$(A/F, i, n)$	$(P/A, i, n)$	$(A/P, i, n)$	$(A/G, i, n)$
1	2	3	4	5	6	7	8
1	1.080 0	0.925 9	1.000 0	1.000 0	0.925 9	1.080 0	0.000
2	1.166 4	0.857 3	2.080 0	0.480 8	1.783 3	0.560 8	0.481
3	1.259 7	0.793 8	3.246 4	0.308 0	2.577 1	0.388 0	0.949
4	1.360 5	0.735 0	4.506 1	0.221 9	3.312 1	0.301 9	1.404
5	1.469 3	0.680 6	5.866 6	0.170 5	3.992 7	0.250 5	1.846
6	1.586 9	0.630 2	7.335 9	0.136 3	4.622 9	0.216 3	2.276
7	1.713 8	0.583 5	8.922 8	0.112 1	5.206 4	0.192 1	2.694
8	1.850 9	0.540 3	10.636 6	0.094 0	5.746 6	0.174 0	3.099
9	1.999 0	0.500 2	12.487 6	0.080 1	6.246 9	0.160 1	3.491
10	2.158 9	0.463 2	14.486 6	0.069 0	6.710 1	0.149 0	3.871

续表

n	$(F/P, i, n)$	$(P/F, i, n)$	$(F/A, i, n)$	$(A/F, i, n)$	$(P/A, i, n)$	$(A/P, i, n)$	$(A/G, i, n)$
1	2	3	4	5	6	7	8
11	2.331 6	0.428 9	16.645 5	0.060 1	7.139 0	0.140 1	4.240
12	2.518 2	0.397 1	18.977 1	0.052 7	7.536 1	0.132 7	4.596
13	2.719 6	0.367 7	21.495 3	0.046 5	7.903 8	0.126 5	4.940
14	2.937 2	0.340 5	24.214 9	0.041 3	8.244 2	0.121 3	5.273
15	3.172 2	0.315 2	27.152 1	0.036 8	8.559 5	0.116 8	5.594
16	3.425 9	0.291 9	30.324 3	0.033 0	8.851 4	0.113 0	5.905
17	3.700 0	0.270 3	33.750 2	0.029 6	9.121 6	0.109 6	6.204
18	3.996 0	0.250 2	37.450 2	0.026 7	9.371 9	0.106 7	6.492
19	4.315 7	0.231 7	41.446 3	0.024 1	9.603 6	0.104 1	6.770
20	4.661 0	0.214 5	45.762 0	0.021 9	9.818 1	0.101 9	7.037
21	5.033 8	0.198 7	50.422 9	0.019 8	10.016 8	0.099 8	7.294
22	5.436 5	0.183 9	55.456 8	0.018 0	10.200 7	0.098 0	7.541
23	5.871 5	0.170 3	60.893 3	0.016 4	10.371 1	0.096 4	7.779
24	6.341 2	0.157 7	66.764 8	0.015 0	10.528 8	0.095 0	8.007
25	6.848 5	0.146 0	73.105 9	0.013 7	10.674 8	0.093 7	8.225
26	7.396 4	0.135 2	79.954 4	0.012 5	10.810 0	0.092 5	8.435
27	7.988 1	0.125 2	87.350 8	0.011 4	10.935 2	0.091 4	8.636
28	8.627 1	0.115 9	95.338 8	0.010 5	11.051 1	0.090 5	8.829
29	9.317 3	0.107 3	103.965 9	0.009 6	11.158 4	0.089 6	9.013
30	10.062 7	0.099 4	113.283 2	0.008 8	11.257 8	0.088 8	9.190
35	14.785 3	0.067 6	172.316 8	0.005 8	11.654 5	0.085 8	9.961
40	21.724 5	0.046 0	259.056 5	0.003 9	11.924 6	0.083 9	10.570
45	31.920 4	0.031 3	386.505 6	0.002 6	12.108 4	0.082 6	11.045
50	46.901 6	0.021 3	573.770 2	0.001 7	12.233 5	0.081 7	11.411
55	68.913 9	0.014 5	848.923 2	0.001 2	12.318 6	0.081 2	11.690
60	101.257 1	0.009 9	1 253.213 3	0.000 8	12.376 6	0.080 8	11.902
65	148.779 8	0.006 7	1 847.248 1	0.000 5	12.416 0	0.080 5	12.060
70	218.606 4	0.004 6	2 720.080 1	0.000 4	12.442 8	0.080 4	12.178
75	321.204 5	0.003 1	4 002.556 6	0.000 2	12.461 1	0.080 2	12.266
80	471.954 8	0.002 1	5 886.935 4	0.000 2	12.473 5	0.080 2	12.330
85	693.456 5	0.001 4	8 655.706 1	0.000 1	12.482 0	0.080 1	12.377
90	1 018.915 1	0.001 0	12 723.938 6	0.000 1	12.487 7	0.080 1	12.412
95	1 497.120 5	0.000 7	18 701.506 9	0.000 1	12.491 7	0.080 1	12.437
100	2 199.761 3	0.000 5	27 484.515 7	0.000 0	12.494 3	0.080 0	12.455

(9%)

n	$(F/P, i, n)$	$(P/F, i, n)$	$(F/A, i, n)$	$(A/F, i, n)$	$(P/A, i, n)$	$(A/P, i, n)$	$(A/G, i, n)$
1	2	3	4	5	6	7	8
1	1.090	0.917 4	1.000	1.000 00	0.917 4	1.090 00	0.000
2	1.188	0.841 7	2.090	0.478 47	1.759 1	0.568 47	0.478
3	1.295	0.772 2	3.278	0.305 05	2.531 3	0.395 05	0.943
4	1.412	0.708 4	4.573	0.218 67	3.239 7	0.308 67	1.393
5	1.539	0.649 9	5.985	0.167 09	3.889 7	0.257 09	1.828
6	1.677	0.596 3	7.523	0.132 92	4.485 9	0.222 92	2.250
7	1.828	0.547 0	9.200	0.108 69	5.033 0	0.198 69	2.657
8	1.993	0.501 9	11.028	0.090 67	5.534 8	0.180 67	3.051
9	2.172	0.460 4	13.021	0.076 80	5.995 2	0.166 80	3.431
10	2.367	0.422 4	15.193	0.065 82	6.417 7	0.155 82	3.798
11	2.580	0.387 5	17.560	0.056 95	6.805 2	0.146 95	4.151
12	2.813	0.355 5	20.141	0.049 65	7.160 7	0.139 65	4.491
13	3.066	0.326 2	22.953	0.043 57	7.486 9	0.133 57	4.818
14	3.342	0.299 2	26.019	0.038 43	7.786 2	0.128 43	5.133
15	3.642	0.274 5	29.361	0.034 06	8.060 7	0.124 06	5.435
16	3.970	0.251 9	33.003	0.030 30	8.312 6	0.120 30	5.724
17	4.328	0.231 1	36.974	0.027 05	8.543 6	0.117 05	6.002
18	4.717	0.212 0	41.301	0.024 21	8.755 6	0.114 21	6.269
19	5.142	0.194 5	46.018	0.021 73	8.950 1	0.111 73	6.524
20	5.604	0.178 4	51.160	0.019 55	9.128 5	0.109 55	6.767
21	6.109	0.163 7	56.765	0.017 62	9.292 2	0.107 62	7.001
22	6.659	0.150 2	62.873	0.015 90	9.442 4	0.105 90	7.223
23	7.258	0.137 8	69.532	0.014 38	9.580 2	0.104 38	7.436
24	7.911	0.126 4	76.790	0.013 02	9.706 6	0.103 02	7.638
25	8.623	0.116 0	84.701	0.011 81	9.822 6	0.101 81	7.832
26	9.399	0.106 4	93.324	0.010 72	9.929 0	0.100 72	8.016
27	10.245	0.097 6	102.723	0.009 73	10.026 6	0.099 73	8.191
28	11.167	0.089 5	112.968	0.008 85	10.116 1	0.098 85	8.357
29	12.172	0.082 2	124.135	0.008 06	10.198 3	0.098 06	8.515
30	13.268	0.075 4	136.308	0.007 34	10.273 7	0.097 34	8.666
35	20.413	0.048 9	215.710	0.004 6	10.566 8	0.094 6	9.308
40	31.409	0.031 8	337.882	0.002 96	10.757 4	0.092 96	9.796
45	48.327	0.020 7	525.859	0.001 90	10.881 2	0.091 90	10.160

续表

n	$(F/P, i, n)$	$(P/F, i, n)$	$(F/A, i, n)$	$(A/F, i, n)$	$(P/A, i, n)$	$(A/P, i, n)$	$(A/G, i, n)$
1	2	3	4	5	6	7	8
50	74.358	0.013 4	815.084	0.001 23	10.961 7	0.091 23	10.430
55	114.408	0.008 7	1 260.092	0.000 79	11.014 0	0.090 79	10.626
60	176.031	0.005 7	1 944.792	0.000 51	11.048 0	0.090 51	10.768
65	270.846	0.003 7	2 998.288	0.000 33	11.070 1	0.090 33	10.870
70	416.730	0.002 4	4 619.223	0.000 22	11.084 4	0.090 22	10.943
75	641.191	0.001 6	7 113.232	0.000 14	11.093 8	0.090 14	10.994
80	986.552	0.001 0	10 950.574	0.000 09	11.099 8	0.090 09	11.030
85	1 517.932	0.000 7	16 854.800	0.000 06	11.103 8	0.090 06	11.055
90	2 335.527	0.000 4	25 939.184	0.000 04	11.106 4	0.090 04	11.073
95	3 593.497	0.000 3	39 916.635	0.000 03	11.108 0	0.090 03	11.085
100	5 529.041	0.000 2	61 422.675	0.000 02	11.109 1	0.090 02	11.093

(10%)

n	$(F/P, i, n)$	$(P/F, i, n)$	$(F/A, i, n)$	$(A/F, i, n)$	$(P/A, i, n)$	$(A/P, i, n)$	$(A/G, i, n)$
1	2	3	4	5	6	7	8
1	1.100	0.909 1	1.000	1.000 00	0.909 1	1.100 00	0.000
2	1.210	0.826 4	2.100	0.476 19	1.735 5	0.576 19	0.476
3	1.331	0.751 3	3.310	0.302 11	2.486 9	0.402 11	0.937
4	1.464	0.683 0	4.641	0.215 47	3.169 9	0.315 47	1.381
5	1.611	0.620 9	6.105	0.163 80	3.790 8	0.263 80	1.810
6	1.772	0.564 5	7.716	0.129 61	4.355 3	0.229 61	2.224
7	1.949	0.513 2	9.487	0.105 41	4.868 4	0.205 41	2.622
8	2.144	0.466 5	11.436	0.087 44	5.334 9	0.187 44	3.004
9	2.358	0.424 1	13.579	0.073 64	5.759 0	0.173 64	3.372
10	2.594	0.385 5	15.937	0.062 75	6.144 6	0.162 75	3.725
11	2.853	0.350 5	18.531	0.053 96	6.495 1	0.153 96	4.064
12	3.138	0.318 6	21.384	0.046 76	6.813 7	0.146 76	4.388
13	3.452	0.289 7	24.523	0.040 78	7.103 4	0.140 78	4.699
14	3.797	0.263 3	27.975	0.035 75	7.366 7	0.135 75	4.996
15	4.177	0.239 4	31.772	0.031 47	7.606 1	0.131 47	5.279
16	4.595	0.217 6	35.950	0.027 82	7.823 7	0.127 82	5.549
17	5.054	0.197 8	40.545	0.024 66	8.021 6	0.124 66	5.807
18	5.560	0.179 9	45.599	0.021 93	8.201 4	0.121 93	6.053
19	6.116	0.163 5	51.159	0.019 55	8.364 9	0.119 55	6.286
20	6.727	0.148 6	57.275	0.017 46	8.513 6	0.117 46	6.508

续表

n	(F/P, i, n)	(P/F, i, n)	(F/A, i, n)	(A/F, i, n)	(P/A, i, n)	(A/P, i, n)	(A/G, i, n)
1	2	3	4	5	6	7	8
21	7.400	0.135 1	64.002	0.015 62	8.648 7	0.115 62	6.719
22	8.140	0.122 8	71.403	0.014 01	8.771 5	0.114 01	6.919
23	8.954	0.111 7	79.543	0.012 57	8.883 2	0.112 57	7.108
24	9.850	0.101 5	88.497	0.011 30	8.984 7	0.111 30	7.288
25	10.835	0.092 3	98.347	0.010 17	9.077 0	0.110 17	7.458
26	11.918	0.083 9	109.182	0.009 16	9.160 9	0.109 16	7.619
27	13.110	0.076 3	121.100	0.008 26	9.237 2	0.108 26	7.770
28	14.421	0.069 3	134.210	0.007 45	9.306 6	0.107 45	7.914
29	15.863	0.063 0	148.631	0.006 73	9.369 6	0.106 73	8.049
30	17.449	0.057 3	164.494	0.006 08	9.426 9	0.106 08	8.176
35	28.102	0.035 5	271.024 3	0.003 69	9.644 1	0.103 6	8.708
40	45.259	0.022 1	442.593	0.002 26	9.779 1	0.102 26	9.096
45	72.890	0.013 7	718.905	0.001 39	9.862 8	0.101 39	9.374
50	117.391	0.008 5	1 163.909	0.000 86	9.914 8	0.100 86	9.570
55	189.059	0.005 3	1 880.591	0.000 53	9.947 1	0.100 53	9.708
60	304.482	0.003 3	3 034.816	0.000 33	9.967 2	0.100 33	9.802
65	490.371	0.002 0	4 893.707	0.000 20	9.979 6	0.100 20	9.867
70	789.747	0.001 3	7 887.470	0.000 13	9.987 3	0.100 13	9.911
75	1 271.895	0.000 8	12 708.954	0.000 08	9.992 1	0.100 08	9.941
80	2 048.400	0.000 5	20 474.002	0.000 05	9.995 1	0.100 05	9.961
85	3 298.969	0.000 3	32 979.690	0.000 03	9.997 0	0.100 03	9.974
90	5 313.023	0.000 2	53 120.226	0.000 02	9.998 1	0.100 02	9.983
95	8 556.676	0.000 1	85 556.760	0.000 01	9.998 8	0.100 01	9.989
100	13 780.612	0.000 1	137 796.123	0.000 01	9.999 3	0.100 01	9.993

(12%)

n	(F/P, i, n)	(P/F, i, n)	(F/A, i, n)	(A/F, i, n)	(P/A, i, n)	(A/P, i, n)	(A/G, i, n)
1	2	3	4	5	6	7	8
1	1.120	0.892 9	1.000	1.000 00	0.892 9	1.120 00	0.000
2	1.254	0.797 2	2.120	0.471 70	1.690 1	0.591 70	0.472
3	1.405	0.711 8	3.374	0.296 35	2.401 8	0.416 35	0.925
4	1.574	0.635 5	4.779	0.209 23	3.037 3	0.329 23	1.359
5	1.762	0.567 4	6.353	0.157 41	3.604 8	0.277 41	1.775
6	1.974	0.506 6	8.115	0.123 23	4.111 4	0.243 23	2.172
7	2.211	0.452 3	10.089	0.099 12	4.563 8	0.219 12	2.551
8	2.476	0.403 9	12.300	0.081 30	4.967 6	0.201 30	2.913

续表

n	$(F/P, i, n)$	$(P/F, i, n)$	$(F/A, i, n)$	$(A/F, i, n)$	$(P/A, i, n)$	$(A/P, i, n)$	$(A/G, i, n)$
1	2	3	4	5	6	7	8
9	2.773	0.360 6	14.776	0.067 68	5.328 2	0.187 68	3.257
10	3.106	0.322 0	17.549	0.056 98	5.650 2	0.176 98	3.585
11	3.479	0.287 5	20.655	0.048 42	5.937 7	0.168 42	3.895
12	3.896	0.256 7	24.133	0.041 44	6.194 4	0.161 44	4.190
13	4.363	0.229 2	28.029	0.035 68	6.423 5	0.155 68	4.468
14	4.887	0.204 6	32.393	0.030 87	6.628 2	0.150 87	4.732
15	5.474	0.182 7	37.280	0.026 82	6.810 9	0.146 82	4.980
16	6.130	0.163 1	42.753	0.023 39	6.974 0	0.143 39	5.215
17	6.866	0.145 6	48.884	0.020 46	7.119 6	0.140 46	5.435
18	7.690	0.130 0	55.750	0.017 94	7.249 7	0.137 94	5.643
19	8.613	0.116 1	63.440	0.015 76	7.365 8	0.135 76	5.838
20	9.646	0.103 7	72.052	0.013 88	7.469 4	0.133 88	6.020
21	10.804	0.092 6	81.699	0.012 24	7.562 0	0.132 24	6.191
22	12.100	0.082 6	92.503	0.010 81	7.644 6	0.130 81	6.351
23	13.552	0.073 8	104.603	0.009 56	7.718 4	0.129 56	6.501
24	15.179	0.065 9	118.155	0.008 46	7.784 3	0.128 46	6.641
25	17.000	0.058 8	133.334	0.007 50	7.843 1	0.127 50	6.771
26	19.040	0.052 5	150.334	0.006 65	7.895 7	0.126 65	6.892
27	21.325	0.046 9	169.374	0.005 90	7.942 6	0.125 90	7.005
28	23.884	0.041 9	190.699	0.005 24	7.984 4	0.125 24	7.110
29	26.750	0.037 4	214.583	0.004 66	8.021 8	0.124 66	7.207
30	29.960	0.033 4	241.333	0.004 14	8.055 2	0.124 14	7.297
35	52.799 6	0.018 9	431.663	0.002 3	8.175 5	0.122 32	7.657
40	93.051	0.010 7	767.091	0.001 30	8.243 8	0.121 30	7.899
45	163.988	0.006 1	1 358.230	0.000 74	8.282 5	0.120 74	8.057
50	289.002	0.003 5	2 400.018	0.000 42	8.304 5	0.120 42	8.160
55	509.321	0.002 0	4 236.005	0.000 24	8.317 0	0.120 24	8.225
60	897.597	0.001 1	7 471.641	0.000 13	8.324 0	0.120 13	8.266
65	1 581.872	0.000 6	13 173.937	0.000 08	8.328 1	0.120 08	8.292
70	2 787.800	0.000 4	23 223.332	0.000 04	8.330 3	0.120 04	8.308
75	4 913.056	0.000 2	40 933.799	0.000 02	8.331 6	0.120 02	8.318
80	8 658.483	0.000 1	72 145.693	0.000 01	8.332 4	0.120 01	8.324

(15%)

n	$(F/P, i, n)$	$(P/F, i, n)$	$(F/A, i, n)$	$(A/F, i, n)$	$(P/A, i, n)$	$(A/P, i, n)$	$(A/G, i, n)$
1	2	3	4	5	6	7	8
1	1.150	0.869 6	1.000	1.000 00	0.869 6	1.150 00	0.000
2	1.323	0.756 1	2.150	0.465 12	1.625 7	0.615 12	0.465
3	1.521	0.657 5	3.473	0.287 98	2.283 2	0.437 98	0.907
4	1.749	0.571 8	4.993	0.200 27	2.855 0	0.350 27	1.326
5	2.011	0.497 2	6.742	0.148 32	3.352 2	0.298 32	1.723
6	2.313	0.432 3	8.754	0.114 24	3.784 5	0.264 24	2.097
7	2.660	0.375 9	11.067	0.090 36	4.160 4	0.240 36	2.450
8	3.059	0.326 9	13.727	0.072 85	4.487 3	0.222 85	2.781
9	3.518	0.284 3	16.786	0.059 57	4.771 6	0.209 57	3.092
10	4.046	0.247 2	20.304	0.049 25	5.018 8	0.199 25	3.383
11	4.652	0.214 9	24.349	0.041 07	5.233 7	0.191 07	3.655
12	5.350	0.186 9	29.002	0.034 48	5.420 6	0.184 48	3.908
13	6.153	0.162 5	34.352	0.029 11	5.583 1	0.179 11	4.144
14	7.076	0.141 3	40.505	0.024 69	5.724 5	0.174 69	4.362
15	8.137	0.122 9	47.580	0.021 02	5.847 4	0.171 02	4.565
16	9.358	0.106 9	55.717	0.017 95	5.954 2	0.167 95	4.752
17	10.761	0.092 9	65.075	0.015 37	6.047 2	0.165 37	4.925
18	12.375	0.080 8	75.836	0.013 19	6.128 0	0.163 19	5.084
19	14.232	0.070 3	88.212	0.011 34	6.198 2	0.161 34	5.231
20	16.367	0.061 1	102.444	0.009 76	6.259 3	0.159 76	5.365
21	18.822	0.053 1	118.810	0.008 42	6.312 5	0.158 42	5.488
22	21.645	0.046 2	137.632	0.007 27	6.358 7	0.157 27	5.601
23	24.891	0.040 2	159.276	0.006 28	6.398 8	0.156 28	5.704
24	28.625	0.034 9	184.168	0.005 43	6.433 8	0.155 43	5.798
25	32.919	0.030 4	212.793	0.004 70	6.464 1	0.154 70	5.883
26	37.857	0.026 4	245.712	0.004 07	6.490 6	0.154 07	5.961
27	43.535	0.023 0	283.569	0.003 53	6.513 5	0.153 53	6.032
28	50.066	0.020 0	327.104	0.003 06	6.533 5	0.153 06	6.096
29	57.575	0.017 4	377.170	0.002 65	6.550 9	0.152 65	6.154
30	66.212	0.015 1	434.745	0.002 30	6.566 0	0.152 30	6.207
35	133.175	0.007 5	881.170 1	0.001 3	6.616 6	0.151 3	6.401
40	267.864	0.003 7	1 779.090	0.000 56	6.641 8	0.150 56	6.517
45	538.769	0.001 9	3 585.128	0.000 28	6.654 3	0.150 28	6.583
50	1 083.657	0.000 9	7 217.716	0.000 14	6.660 5	0.150 14	6.620
55	2 179.622	0.000 5	14 524.148	0.000 07	6.663 6	0.150 07	6.641

续表

n	(F/P, i, n)	(P/F, i, n)	(F/A, i, n)	(A/F, i, n)	(P/A, i, n)	(A/P, i, n)	(A/G, i, n)
1	2	3	4	5	6	7	8
60	4 383.999	0.000 23	29 219.992	0.000 034	6.665 1	0.150 034	6.653
65	8 817.787	0.000 11	58 778.583	0.000 017	6.665 9	0.150 017	6.659
70	17 735.720	0.000 06	118 231.467	0.000 008	6.666 3	0.150 008	6.663
75	35 672.868	0.000 03	237 812.453	0.000 004	6.666 5	0.150 004	6.665
80	71 750.879	0.000 01	478 332.529	0.000 002	6.666 6	0.150 002	6.666

(20%)

n	(F/P, i, n)	(P/F, i, n)	(F/A, i, n)	(A/F, i, n)	(P/A, i, n)	(A/P, i, n)	(A/G, i, n)
1	2	3	4	5	6	7	8
1	1.200	0.833 3	1.000	1.000 00	0.833 3	1.200 00	0.000
2	1.440	0.694 4	2.200	0.454 55	1.527 8	0.654 55	0.455
3	1.728	0.578 7	3.640	0.274 73	2.106 5	0.474 73	0.879
4	2.074	0.482 3	5.368	0.186 29	2.588 7	0.386 29	1.274
5	2.488	0.401 9	7.442	0.134 38	2.990 6	0.334 38	1.641
6	2.986	0.334 9	9.930	0.100 71	3.325 5	0.300 71	1.979
7	3.583	0.279 1	12.916	0.077 42	3.604 6	0.277 42	2.290
8	4.300	0.232 6	16.499	0.060 61	3.837 2	0.260 61	2.576
9	5.160	0.193 8	20.799	0.048 08	4.031 0	0.248 08	2.836
10	6.192	0.161 5	25.959	0.038 52	4.192 5	0.238 52	3.074
11	7.430	0.134 6	32.150	0.031 10	4.327 1	0.231 10	3.289
12	8.916	0.112 2	39.581	0.025 26	4.439 2	0.225 26	3.484
13	10.699	0.093 5	48.497	0.020 62	4.532 7	0.220 62	3.660
14	12.839	0.077 9	59.196	0.016 89	4.610 6	0.216 89	3.817
15	15.407	0.064 9	72.035	0.013 88	4.675 5	0.213 88	3.959
16	18.488	0.054 1	87.442	0.011 44	4.729 6	0.211 44	4.085
17	22.186	0.045 1	105.931	0.009 44	4.774 6	0.209 44	4.198
18	26.623	0.037 6	128.117	0.007 81	4.812 2	0.207 81	4.298
19	31.948	0.031 3	154.740	0.006 46	4.843 5	0.206 46	4.386
20	38.338	0.026 1	186.688	0.005 36	4.869 6	0.205 36	4.464
21	46.005	0.021 7	225.026	0.004 44	4.891 3	0.204 44	4.533
22	55.206	0.018 1	271.031	0.003 69	4.909 4	0.203 69	4.594
23	66.247	0.015 1	326.237	0.003 07	4.924 5	0.203 07	4.647
24	79.497	0.012 6	392.484	0.002 55	4.937 1	0.202 55	4.694
25	95.396	0.010 5	471.981	0.002 12	4.947 6	0.202 12	4.735
26	114.475	0.008 7	567.377	0.001 76	4.956 3	0.201 76	4.771
27	137.371	0.007 3	681.853	0.001 47	4.963 6	0.201 47	4.802

续表

n	(F/P, i, n)	(P/F, i, n)	(F/A, i, n)	(A/F, i, n)	(P/A, i, n)	(A/P, i, n)	(A/G, i, n)
1	2	3	4	5	6	7	8
28	164.845	0.006 1	819.223	0.001 22	4.969 7	0.201 22	4.829
29	197.814	0.005 1	984.068	0.001 02	4.974 7	0.201 02	4.853
30	237.376	0.004 2	1 181.882	0.000 85	4.978 9	0.200 85	4.873
35	590.668	0.001 7	2 948.341	0.000 34	4.991 5	0.200 34	4.941
40	1 469.772	0.000 68	7 343.858	0.000 136	4.996 6	0.200 136	4.973

(25%)

n	(F/P, i, n)	(P/F, i, n)	(F/A, i, n)	(A/F, i, n)	(P/A, i, n)	(A/P, i, n)	(A/G, i, n)
1	2	3	4	5	6	7	8
1	1.250	0.800 0	1.000	1.000 00	0.800 0	1.250 00	0.000
2	1.563	0.640 0	2.250	0.444 44	1.440 0	0.694 44	0.444
3	1.953	0.512 0	3.813	0.262 30	1.952 0	0.512 30	0.852
4	2.441	0.409 6	5.766	0.173 44	2.361 6	0.423 44	1.225
5	3.052	0.327 7	8.207	0.121 85	2.689 3	0.371 85	1.563
6	3.815	0.262 1	11.259	0.088 82	2.951 4	0.338 82	1.868
7	4.768	0.209 7	15.073	0.066 34	3.161 1	0.316 34	2.142
8	5.960	0.167 8	19.842	0.050 40	3.328 9	0.300 40	2.387
9	7.451	0.134 2	25.802	0.038 76	3.463 1	0.288 76	2.605
10	9.313	0.107 4	33.253	0.030 07	3.570 5	0.280 07	2.797
11	11.642	0.085 9	42.566	0.023 49	3.656 4	0.273 49	2.966
12	14.552	0.068 7	54.208	0.018 45	3.725 1	0.268 45	3.115
13	18.190	0.055 0	68.760	0.014 54	3.780 1	0.264 54	3.244
14	22.737	0.044 0	86.949	0.011 50	3.824 1	0.261 50	3.356
15	28.422	0.035 2	109.687	0.009 12	3.859 3	0.259 12	3.453
16	35.527	0.028 1	138.109	0.007 24	3.887 4	0.257 24	3.537
17	44.409	0.022 5	173.636	0.005 76	3.909 9	0.255 76	3.608
18	55.511	0.018 0	218.045	0.004 59	3.927 9	0.254 59	3.670
19	69.389	0.014 4	273.556	0.003 66	3.942 4	0.253 66	3.722
20	86.736	0.011 5	342.945	0.002 92	3.953 9	0.252 92	3.767
21	108.420	0.009 2	429.681	0.002 33	3.963 1	0.252 33	3.805
22	135.525	0.007 4	538.101	0.001 86	3.970 5	0.251 86	3.836
23	169.407	0.005 9	673.626	0.001 48	3.976 4	0.251 48	3.863
24	211.758	0.004 7	843.033	0.001 19	3.981 1	0.251 19	3.886
25	264.698	0.003 8	1 054.791	0.000 95	3.984 9	0.250 95	3.905
26	330.872	0.003 0	1 319.489	0.000 76	3.987 9	0.250 76	3.921

续表

n	$(F/P, i, n)$	$(P/F, i, n)$	$(F/A, i, n)$	$(A/F, i, n)$	$(P/A, i, n)$	$(A/P, i, n)$	$(A/G, i, n)$
1	2	3	4	5	6	7	8
27	413.590	0.002 4	1 650.361	0.000 61	3.990 3	0.250 61	3.935
28	516.988	0.001 9	2 063.952	0.000 48	3.992 3	0.250 48	3.946
29	646.235	0.001 5	2 580.939	0.000 39	3.993 8	0.250 39	3.955
30	807.794	0.001 2	3 227.174	0.000 31	3.995 0	0.250 31	3.963
35	2 465.190	0.000 4	9 856.761	0.000 10	3.998 4	0.250 10	3.986
40	7 523.164	0.000 13	30 088.655	0.000 033	3.999 5	0.250 033	3.995

参考文献

[1] 陈立文,陈敬武. 技术经济学概论 [M]. 2版. 北京:高等教育出版社,2014.

[2] 何建洪. 技术经济学:原理与方法 [M]. 北京:清华大学出版社,2012.

[3] 刘长滨,等. 建筑工程技术经济学 [M]. 4版. 北京:中国建筑工业出版社,2016.

[4] 邵颖红. 工程经济学概论 [M]. 3版. 北京:电子工业出版社,2015.

[5] 左建,靳轶群,梁素韬. 建筑工程经济学 [M]. 2版. 北京:中国水利水电出版社,2014.

[6] 许庆瑞. 研究、发展与技术创新管理 [M]. 2版. 北京:高等教育出版社,2010.

[7] 杰勒德·H·盖纳. 技术周期管理 [J]. 王国成,等,译. 北京:中信出版社,2003.

[8] 陈劲,王飞绒. 创新政策:多国比较和发展框架 [M]. 杭州:浙江大学出版社,2005.

[9] 冯德连. 中国中小企业技术创新机制研究 [M]. 北京:中国财政经济出版社,2001.

[10] 傅家骥,雷家骕,程源. 技术经济学前沿问题 [M]. 北京:经济科学出版社,2003.

[11] 刘晓君,等. 技术经济学 [M]. 北京:科学出版社,2008.

[12] 孙薇,李金颖. 技术经济学 [M]. 北京:机械工业出版社,2009.

[13] 王柏轩. 技术经济学 [M]. 上海:复旦大学出版社,2007.

[14] 许晓峰,肖翔. 建设项目后评价 [J]. 北京:中华联合工商出版社,2000.

[15] 袁明鹏,胡艳,庄越. 新编技术经济学 [M]. 北京:清华大学出版社,2007.

[16] 彭运芳. 新编技术经济学 [M]. 北京:北京大学出版社,2009.

[17] 刘满强,陈平. 技术经济学:回顾与展望 [J]. 技术经济与管理研究,2010(s1):3-7.

[18] 陈佳琪. 技术创新产生模式研究综述 [J]. 西北师范大学学报(社会科学版),2007,44(3):91-94.

[19] 邵云飞,唐小我,陈光.我国技术创新研究综述[J].电子科技大学学报(社会科学版),2002,4(1):48-52.

[20] 盛辉.论企业技术创新过程中的知识产权保护[J].科技管理研究,2007,27(1):145-147.

[21] 李艳飞,戚安邦.我国工程项目风险管理制度问题与对策分析[J].项目管理技术,2010(2):79-82.

[22] 汪红梅.知识产权保护与企业创新之间关系的研究[J].太原理工大学学报:社会科学版,2007,25(2):51-55.

[23] 王朝纲,李开孟.投资项目社会评价专题讲座(八)第四讲 投资项目社会评价的主要方法[J].中国工程咨询,2004(8):50-51.

[24] 王芳,孙承志.技术创新与相关概念的关系[J].工业技术经济,2000(4):91-92.

[25] 杨秋波,张水波.世行项目管理中公众参与的技术与工具[J].项目管理技术,2008(9):13-17.

[26] 袁明鹏.可持续发展环境政策及其评价研究[D].武汉理工大学,2003.

[27] 张华新.企业创新系统探析[J].武汉理工大学学报,2002,24(8):105-107.

[28] 张征.环境评价学[M].北京:高等教育出版社,2006.

郑重声明

高等教育出版社依法对本书享有专有出版权。任何未经许可的复制、销售行为均违反《中华人民共和国著作权法》，其行为人将承担相应的民事责任和行政责任；构成犯罪的，将被依法追究刑事责任。为了维护市场秩序，保护读者的合法权益，避免读者误用盗版书造成不良后果，我社将配合行政执法部门和司法机关对违法犯罪的单位和个人进行严厉打击。社会各界人士如发现上述侵权行为，希望及时举报，本社将奖励举报有功人员。

反盗版举报电话　（010）58581999　58582371　58582488
反盗版举报传真　（010）82086060
反盗版举报邮箱　dd@hep.com.cn
通信地址　北京市西城区德外大街4号
　　　　　高等教育出版社法律事务与版权管理部
邮政编码　100120